半部論語治天下

——孔子谈领导力

李曰春 著

齊魯書社

序 言

曰春将他的书稿传给我，让我给他写几句话。我作为他的老师，在为学生能够如此下功夫、如此执着坚毅、取得如此大的成果而高兴的同时，觉得曰春如此信任自己，无论如何都应该勉力为之，这也是老师的本分和责任。

曰春任教于汶上党校，而汶上是孔子初仕的地方。公元前501年，即鲁定公九年，孔子被任命为中都宰，才开始拥有了实现政治抱负、施展政治才华的舞台。《孔子家语》载："孔子初仕，为中都宰。制为养生送死之节，长幼异食，强弱异任，男女别涂，路无拾遗，器不雕伪。为四寸之棺，五寸之椁，因丘陵为坟，不封不树。行之一年，而西方之诸侯则焉。"（《孔子家语·相鲁》）古之中都，即今之汶上。中都宰，就是中都的地方长官，相当于今天汶上县的县长。孔子是《汶上县志》记载的汶上县第一位县长。汶上是孔子为政生涯的起始地，也是其治国理政思想的实践地。孔子宰中都，成为汶上一个非常重要的儒家文化的来源。近年来，曰春紧紧围绕这一问题广泛收集资料，深入挖掘其重要价值，并在《大众日报》《领导科学》等有影响力的报刊上发表了数篇文章。我想，他之所以选择“孔子谈领导力”这个专题进行研究，大概是对“孔子宰中都”研究之后的拓展和深化吧。

众所周知，孔子一生是以“治国平天下”为自己的理想抱负的，孔子和弟子谈论最多的就是如何“治国平天下”。这实际上就是个“领导力”问题。作者从“领导力”的角度研究孔子，可谓抓住了“要害”，是一种“创造性转化和创新性发展”，给人以耳目一新之感。

其实，“孔子谈领导力”并非只是坐而论道，而是有着实践基础的。因为孔子是做过官或者说是当过“领导”的人，由“中都宰”到“司空”，到“大司寇”，再到“摄相事”，可谓“官运亨通”；最后由于“领导”得太好了，作为近邻的齐国感到了威胁，便想了个“歪点子”：选了80名美女、120匹好马送给了鲁国国君，结果鲁国国君没能抵御住诱惑，开始怠于政事。孔子被冷落到一边，辉煌的政治生涯也因此而黯然收场。孔子从政的时间虽然比较短，但在每个职位上都能胜任，政绩卓著。所以，孔子自身就有着非凡的“领导力”，是伟大的政治家。这就使“孔子谈领导力”极具说服力，不是泛泛空谈。

孔子是具有非常丰富而深刻的领导力思想的。《论语》中的内容乍读起来似乎杂乱无章，其实是“有迹可查”“有章可循”的，一些学者对此也作了深入探讨。作者最大的一个贡献，就是深入而系统地梳理了“孔子领导力”的丰富内容。全书分别从“思想领导力”“责任担当力”“道德示范力”“谋划决策力”“知人用人力”“团结合作力”“沟通协调力”“实践执行力”“形象影响力”“学习创新力”“自省自律力”十一个方面逐一展开陈述，建构了“孔子领导力”思想的完整体系。由此可以看出,“孔子谈领导力”几乎涉及了领导力的各个方面,而且每一方面都有极为精彩而深刻的见解。

应该说,深入研究“孔子领导力”思想,是一个非常具有时代价值的课题。现在,随着中国的快速发展,尤其是中国特色社会主义进入新时代,中国正在日益走向世界舞台的中央,中国共产党的非凡领导力也日益引起国际社会的高度关注。2017 年 11 月 30 日至 12 月 3 日在北京举行的“中国共产党与世界政党高层对话会”中,有世界各国近 300 个政党和政治组织的领导人参会,就充分说明了这一点。那么,需要深入思考的一个问题是,中国共产党的领导力究竟来自哪里?或者说“中国共产党为什么能”呢?答案应该是多方面的。但其中有一个不能忽视的维度,那就是历史文化的维度。正如中国特色社会主义道路是从中华五千年文明中走出来的一样,中国共产党的领导力也植根于历史悠久的中华传统文化。而处于中华文化核心位置上的孔子,其影响力也是其他任何一个历史人物所难以企及的。在某种意义上,我们可以说,孔子关于领导力的思想是中国共产党领导力的一个重要思想源头。而且,它至今仍有着强大的生命力,发挥着重要的影响。如“大道之行,天下为公”的思想,“为政以德,为国以礼”的思想,“钓而不纲,弋不射宿”的思想,“政者正也,为民之表”的思想,“修己以敬,修己以安人”的思想,“不迁怒、不贰过”的思想,等等,作为“中国智慧”的重要内容,为解决人类面临的共同问题提供“中国方案”,给人以深刻的启迪。

对于每一位领导者而言,孔子的教导同样值得珍视。孔子关于领导力的许多论述,揭示了领导活动的“普遍规律”,具有重要的价值。比如,他说“政者,正也。子帅以正,孰敢不正”(《论语·颜渊》),突出强调了以身作则的重要性。而“以身作则”原则,至今仍是领导力的核心内容之一。不仅如此,书中讲到的“孔子领导力思想”的十一个方面,都是一个人成长为好的领导者不可不修炼的内容。

需要强调的是,“领导力”和“领导者”不是一个概念。“领导者”需要组织赋予实施领导活动的权力。而“领导力”本质上是一种影响力,人人都可以拥有领导力。只要你不断地完善自己、提升自己,以至于“出类拔萃”,你就会自然产生一种吸引力和凝聚力,正如孔子所说:“德不孤,必有邻。”(《论语·里仁》)于是你就拥有了领导力。从这个意义上说,“孔子谈领导力”关乎每个人的成长,具有普遍意义。

作者来自汶上,属于孔孟之乡济宁,因此,该书的出版对于济宁干部政德教育也具有重要意义。济宁是儒学原乡、文化圣地。2013 年习近平总书记视察曲阜,提出要大力弘扬优秀传统文化。济宁认真贯彻落实习近平总书记的讲话精神,着力打造运用优秀传统文化进行干部政德教育的基地,现在干部政德教育已经成为济宁一张靓丽的名片。汶上作为孔子的初仕地,也正在积极建设“孔子宰中都政德教育馆”,建成后将成为济宁干部政德教育基地的重要组成部分。在紧锣密鼓地推进硬件建设的同时,济宁以及有关县市区也在大力提升软件建设,其中政德教育教材课程建设就是非常重要的内容,并且已经出版了一些书,取得了初步成果。作者的这本书,当然也是一个贡献,是一本有益的政德教育读物。

在研究方法上,作者的视野比较开阔,立足于孔子而又不局限于孔子，立足于古代而又着眼于当下，立足于我们的先圣而又自觉放眼世界。在写作方式上，作者力求写得生动活泼，追求科学性和趣味性的统一。作者的努力主要表现在以下两方面：一是思想和实践相结合。从大的方面来说，本书的主体部分是“孔子谈领导力”，侧重于“孔子领导力思想”；而附录部分——孔子的从政经历，则是“孔子领导力思想”的生动实践，二者相互印证、相得益彰，实现了思想和实践的统一，增强了内容的厚重感和说服力。二是释义和事例相结合。作者一方面注重准确引用《论语》《孔子家语》等文献中关于孔子谈领导力的原文，并加以简要阐释，力求严格忠实于孔子的原意；另一方面，又十分注重讲故事，通过讲孔子的故事、讲孔子弟子的故事等，让读者在故事中领略孔子及其弟子卓越的领导力，最大程度地避免了空洞乏味的说教。这是值得嘉许的。

是为序。

济宁学院儒学与地域文化研究传播中心副主任、教授，孔子研究院特聘研究员　刘振佳

前　言

孔子有帝王之德，而无帝王之位，晚年知道不行，退而删定六经，以教万世，其微言大义，实可为万世之准则。后之为人君者，必遵孔子之教，乃足以治一国，所谓“循之则治，违之则乱”。后之为士大夫者，亦必遵孔子之教，乃足以治一身，所谓“君子修之吉，小人悖之凶”。此万世之公言，非一人之私论也。

——（清）皮锡瑞《经学历史》

学习、借鉴我国古代治国理政的经验，绕不开孔子，也绕不开《论语》。孔子生活在人类文明的“轴心时代”，那是奠定人类精神基础的时代，是制定人类生活准则的时代，也是制定治国理政原则的时代，而这些基本的价值准则正像衣食住行一样成为人类永恒需要的东西，否则，人类就不足以立存于世。孔子是那个时代参与制定规则的先哲们中的重要一员。孔子的思想被集中记录在《论语》《孔子家语》等儒家原典中。古人云：半部《论语》治天下。《论语》中记载的不仅是孔子弟子问政的情形，还有当时鲁国、齐国等国君臣问政的情形。《论语》实际上就是孔子告诉弟子和当政者如何治国理政的书。孔子因此成为历代帝王师，《论语》亦成为历代从政者的教科书。可以说，孔子是世界上最伟大的领导力教授。

然而，令人奇怪的是，长久以来，我却很少发现关于孔子谈领导力的书。一天，我在网上一搜，赫然发现一本《孔子论领导力》，心中感到惊喜，仿佛忽然遇到了知音。可是一看作者，竟然是个外国人——英国的领导力专家约翰·阿代尔（John Adair）。我除了感到意外，就是叹服外国人的厉害了——他们的目光真敏锐啊，我们祖先的好东西，他们也盯上了。

其实，早在两千多年前，孔子关于领导力的许多思想如以身作则、忠诚守信、崇尚实干等，都是和当代领导力原理高度契合的，这使我们不得不敬佩我们祖先卓越的智慧和非凡的洞察力。孔子丰富而深刻的领导力思想，是东方领导力理论的重要源头，是值得我们深入挖掘、研究和学习的宝藏。

本书立足于《论语》《孔子家语》等主要反映孔子思想的经典，又旁及诸子百家、历代典籍，以求尽可能地展示东方领导力的博大精深。在此基础上，本着古为今用的原则，力图让传统和现在对接，探寻关于领导力的一般规律和东方领导力的独特魅力，让人们更深切地认识到领导力也是有历史渊源的。

笔者在学习《论语》《孔子家语》等儒家经典的过程中，从思想领导力、责任担当力、道德示范力、谋划决策力、知人用人力、团结合作力、沟通协调力、实践执行力、形象影响力、学习创新力、自省自律力十一个方面对孔子关于领导力的论述进行认真的分析和梳理,力争比较全面系统地反映孔子领导力的思想,以期在总结借鉴我国古代治国理政经验、推进国家治理体系和治理能力现代化方面有所助益。

目 录

第一章　天之木铎——思想领导力

子曰:“……己所不欲,勿施于人。”

——《论语·颜渊》

思想决定行动,统一思想,才能统一行动。在所有构成领导力的要素中,思想的领导无疑是最重要的领导。儒家思想对中国乃至世界的影响至深、至巨、至远。总体而言,自汉代独尊儒术以来的长达两千多年的传统社会里,儒家思想一直占据统治地位,成为统治者的指导思想。儒学之所以具有这种卓越的思想领导力,一是因为思想本身的内生力量,二是因为思想武装的教育力量。作为儒家创始人的孔子,既是伟大的思想家,又是伟大的教育家,可谓集两种力量于一身,从而使儒学一开始就具备了非凡思想领导力的内在基因。这种思想领导力,又因历代儒者薪火相传的发展和推广,兼以统治者的一再倡导而变得更加强大,从而深刻影响了中华民族的历史命运。今天,在实现中华民族伟大复兴的中国梦和促进人类和平发展的伟大事业中,以孔子思想为代表的儒家学说又焕发出新的生机和活力,放射出熠熠夺目的思想光辉。

中国历史上长期占主导地位的思想

自汉武帝接受董仲舒“独尊儒术,罢黜百家”的建议后,儒家思想便在绵延两千多年的中国历史中,成为长期居于主导地位的思想。儒家思想卓越的领导力主要表现在:第一,有效地保持了封建社会形态的长期稳定和统一。虽然,封建王朝历经多次政权更替,但其改变的只是一家一姓而已,封建社会的基本形态并没有根本改变,儒家思想作为社会主导思想的地位也没有根本改变。不仅如此,在儒家思想的主导下还出现了贞观之治、康乾盛世等天下太平的良好局面,促进了社会生产力的发展,使中国的封建社会成为当时世界上比较先进的社会形态。第二,有力地促进了中华民族的不断融合和统一,形成了强大的民族向心力和凝聚力。中华民族是一个大家庭,这个大家庭的形成和发展是与儒家思想密切相关的。儒家思想从某种意义上说就是“家”的思想,由个人之家到天下一家,由孝敬父母到以孝治天下,中国是家国同构的。国家国家,家是最小国,国是最大家。“家”的观念把所有中华儿女的心联结在了一起。只要看一看每年春节中国人为了回家团聚而形成的世界上绝无仅有的大迁徙,就知道“家”在中国人的心目中占有何等重要的位置了。第三,在长期的历史过程中创造了光辉灿烂的中华文明。五千年绵绵不断的中华文明以孔子为中心分成了前后两个两千多年,孔子在继承前人思想文化的基础之上创立的儒家学说成为官方的意识形态后,又把中华文明推向一个更为重要、更为辉煌的历史时期,使中国长期处于世界的前列,成为当时世界的经济、文化中心，成为国际社会向往和学习的地方。

儒家思想的这种卓越领导力来源于它强大的生命力，而这种强大的生命力又来源于儒家思想自身的特点。儒学以其开放性、包容性和创新性，自创立以来便随着社会形势的不断发展变化而与时俱进。从创始人孔子开始，历代大儒在继承前人的基础上不断创新，相继出现了先秦原始儒学、两汉经学、宋明理学、现代新儒学四个显著的发展阶段，分别体现了人文化、神学化、哲学化、现代化的特征，并以极强的创造力和适应性延续了儒学两千多年来一以贯之的生生之道。儒家思想就像一棵根深叶茂的大树，随着时代的发展，总能在新的时空环境中吸收新的阳光雨露，萌发出新的根须和枝叶，呈现出老木逢春的新气象。

正是因为儒家思想这种与时俱进的强大领导力，所以，它的创始人孔子才不断受到后世的赞誉和礼遇。司马迁在《史记·孔子世家》赞叹道："天下君王至于贤人众矣，当时则荣，没则已焉。孔子布衣，传十余世，学者宗之。自天子王侯，中国言六艺者折中于夫子，可谓至圣矣！"

中华民族的文化基因

中国人何以为中国人？最根本的标志就是文化，是中华文化的基因决定了中国人的本质特征。中华民族最基本的文化基因就是儒家所主张的"仁、义、礼、智、信"，这也成为整个封建社会的核心价值观。中国的封建社会经历过许多次惊天动地的改朝换代，但是，由于儒家的核心价值观这个最基本的文化基因没有发生根本改变，而且随着时代的发展而发展，并逐步形成了一套核心价值体系，所以，无论谁成为皇帝，封建社会的基本形态都没有发生根本性变化。

不仅如此，儒家的这种文化基因，并没有随着传统社会的结束而停止它的存在和影响。经过五四运动的革命性批判，经过“文化大革命”的严重破坏，它还是根植于中国人的生命基因中，至今仍然深刻地影响着中国人的思维方式和行为方式。当然，当今社会，传统的做法很难照样做了，但是，传统思想观念仍在起着作用。比如，由于人们比较繁忙，红白喜事的时间和程序都被大大压缩了：大多数地方把结婚典礼的所有程序都压缩在一天里，按照百姓的话说，这一天过去了，什么事都没有了；丧事也简化了，有的把一年的礼数都集中在一天里完成，就是说，在这一天里，人们把死者死后各个时间节点应烧的冥币统统都烧了，有的甚至把三年的冥币都烧完了。虽然，时间和程序都被压缩了，但传统中应该有的礼数仍在。在人们的心里，按照祖先的礼节做了，也就心安理得了。由此可见，传统并未在现代人们的思想意识中消失，而是以适应现代社会的方式存在着、改变着、发展着。我们还是中国人，集传统与现代于一身的中国人——我们是从历史中走来的中国人。

> 子张问：“十世可知也？”子曰：“殷因于夏礼，所损益，可知也；周因于殷礼，所损益，可知也。其或继周者，虽百世，可知也。”（《论语·为政》）

历史文化既是继承的，也是发展的，有损有益，其发展是有规律可循的，因而孔子认为“百世可知”。中国人不会像康有为在《大同书》中所想象的那样，完全变得和白种人一样，因为中国人始终是中国历史文化中的中国人。

我们要在新的历史条件下把以儒家思想为代表的优秀传统文化发扬光大。这是历史赋予我们当代人的神圣使命。

涵养核心价值观的重要源泉

儒家的思想精华，经过现代性的革命改造，是可以成为构建社会主义核心价值体系的丰富养料的。

下面，我们以“民主、平等、自由”这些看起来好像是西方才有的价值观，而非中国传统文化的价值观为例，说明中华传统文化中包含着社会主义核心价值观的思想渊源。

关于民主。《论语》载：

> 定公问：“一言而可以兴邦，有诸？”孔子对曰：“言不可以若是其几也。人之言曰：‘为君难，为臣不易。’如知为君之难也，不几乎一言而兴邦乎？”曰：“一言而丧邦，有诸？”孔子对曰：“言不可以若是其几也。人之言曰：‘予无乐乎为君，唯其言而莫予违也。’如其善而莫之违也，不亦善乎？如不善而莫之违也，不几乎一言而丧邦乎？”（《论语·子路》）

中国封建社会实行的是中央集权的专制制度，因此，从总体上说，中国缺乏民主传统。但是，这并不意味着中国缺乏民主思想和一些具体的民主设计。比如,孔子就认为,如果说当权者以“唯其言而莫予违也”为自己的最大乐趣,就有可能带来亡国的危险:如果你说得对,没有人违背你,那还好;如果你说得不对而没有人违背你,那就差不多“一言而丧邦”了。可见,作为领导者要有民主的决策意识,注意听取臣下乃至国人的意见,以防止个人决策的错误。这里面就隐含着“民主集中”的思想萌芽,因为古人早就意识到个人的智慧是有限的——“任一人之能,不足以治三亩之宅也”(《淮南子·原道训》)。

更为重要的是,中国的民本思想源远流长,影响深远:

> 皇祖有训,民可近不可下,民惟邦本,本固邦宁。(《尚书·五子之歌》)
>
> 孟子曰:“民为贵,社稷次之,君为轻。”(《孟子·尽心下》)
>
> 古者以天下为主,君为客,凡君之所毕世而经营者,为天下也;今也以君为主,天下为客,凡天下之无地而得安宁者,为君也。(黄宗羲《明夷待访录》)

民本思想虽然不同于民主思想,但它是民主思想的自然前提,蕴含着民主思想的“基因”,经过引导和转化,是有利于培育现代民主意识的。

当代新儒家徐复观认为,“在上述中国文化的基本精神与基本性格中,它表现在政治上……它自然与民主政治相合,因而决不能承认专制、独裁”,他还认为,“对西方的民主政治,可以扩大、加深其精神基础,解消其不断所发生的危机”。中国专制政治,从思想上言,儒、道两家皆不能负此责任。中国近代的民主政治运动,虽系受西方民主政治的启发,但之所以易受此启发,是因为其与中国文化的基本精神与基本性格无形中互相契合。

关于自由。儒家的“自由”思想有其独特之处,具有丰富而深刻的内涵。

子曰:“……己所不欲,勿施于人。”(《论语·颜渊》)

子曰:“无为而治者其舜也与?夫何为哉?恭己正南面而已矣。”(《论语·卫灵公》)

子曰:“仁远乎哉?我欲仁,斯仁至矣。”(《论语·述而》)

自由是人类孜孜以求的核心价值观之一。这种追求植根于人的本性。人类一切的奋斗和进步,都可以归结为一点,就是争取“更自由”。儒家学说作为人的学说,自然也反映了人类对自由的这种渴望。儒家关于自由的思想具有鲜明的特色和深刻的内涵。第一,表现在人与人的关系上,自由就是“己所不欲,勿施于人”,充分理解并尊重他人的独立和尊严,不以自己的好恶而干预他人的生活。第二,表现在政府与个人的关系上,自由就是“无为而治”,充分理解并尊重个人作为社会主体的地位和权利,减少政府对社会成员的干预。儒道两家在政治上都主张“无为而治”,正是这一自由思想的体现。当然,两家的含义不尽相同,道家主张的是“自然”的无为,而儒家主张的是“德化”的无为。第三,表现在个人与自我的关系上,自由就是“我欲仁,斯仁至矣”,充分理解并尊重自己意志的独立和自我实现的自由，减少外界的诱惑和干扰。熊十力在《十力语要·示菩儿》一篇中精辟地揭示了儒家的这种自由思想："自由者，非猖狂纵欲，以非理非法破坏一切纪纲可谓自由也；非颓然放肆，不自奋、不自制可谓自由也。西人有言：人得自由，而必以他人之自由为界，此当然之理也。然最精之义，则莫如吾夫子所谓'我欲仁，斯仁至矣'。言自由者，至此而极矣。夫人而不仁，即非人也；欲仁而仁斯至，自由孰大于是，而人顾不争此自由何耶？"综上所述，儒家实含有真正自由之思想。

关于平等。孔子的"平等观"像他的其他思想一样深刻影响了历史。这方面我们研究得还很不够。

> 丘也闻有国有家者，不患寡而患不均，不患贫而患不安。盖均无贫，和无寡，安无倾。（《论语·季氏》）
>
> 大道之行也，天下为公，选贤与能，讲信修睦。故人不独亲其亲，不独子其子，使老有所终，壮有所用，幼有所长，鳏、寡、孤、独、废疾者皆有所养，男有分，女有归。（《礼记·礼运》）
>
> 子曰："有教无类。"（《论语·卫灵公》）

有人认为儒家没有"平等"思想。其实，评判"平等"思想的关键在于对"平等"概念内涵的理解。我们不能简单地以西方的价值观为衡量标准。熊十力认为："平等者，非谓无尊卑上下也。天伦之地，亲尊而子卑，兄尊而弟卑。社会上有先觉先进与后觉后进之分，其尊卑亦秩然也。政界上有上级下级，其统属亦不容紊也。然则平等之义安在耶？曰：以法治言之，在法律上一切平等，国家不得以非法侵犯其人民之思想、言论等自由，而况其他乎？以性分言之，人类天性本无差别，故佛说一切众生皆得成佛，孔子曰'当仁不让于师'（言仁德吾所固有，直下担当，虽师之尊，亦不让彼之独成乎仁也），孟子曰'人皆可以为尧舜'，此皆平等义也。而今人迷妄，不解平等真义，顾乃以灭理犯分为平等，人道于是乎大苦矣。"（熊十力《十力语要·示菩儿》）简言之，人道与天道皆有自然之秩序，而平等并非以反对和破坏这种秩序为前提。儒家自有自己的"平等观"，如反对社会的贫富悬殊，提倡天下为公的大同社会；认为人皆可以为尧舜的人性上的平等；主张有教无类的教育平等；朋友之间的人格平等，等等。这种儒家的平等意识，甚至被起义的农民军利用，成为农民起义的口号：

陈胜吴广起义："王侯将相，宁有种乎？"

唐末黄巢起义："天补均平。""吾疾贫富不均，今为汝等均之。"

宋朝钟相杨幺起义："法分贵贱，非善法；我行法，当等贵贱，均贫富。"

宋朝王小波、李顺起义："吾疾贫富不均，今为汝等均之。"

明末李自成起义："迎闯王，不纳粮。"

太平天国洪秀全起义："一律平均。""无处不均匀，无人不饱暖。天下人田，天下人同耕。"

儒家的平等意识有助于培育现代意义上的平等观。其实，中国历史上形成的具有鲜明特色的基本制度为古代中国的平等精神奠定了制度性基础：土地私有化摧毁了土地的世袭垄断制度，推动了社会成员全国性的流动和土地的自由流转；以郡县制为基础的科层化官僚制度把平民的流动性引入政治，官职由君主任命而无法世袭，因而贵族政治退出了历史舞台；科举制设定了平民进入国家管理部门的统一标准，“朝为田舍郎，暮登天子堂”在中国古代社会成为可能；析产继承制决定了中国社会难以形成代代世袭的地方豪强，社会难以形成固化的等级。这四个因素使平等精神成为中华民族最强大的历史基因。古代中国的平等精神虽然不同于社会主义的平等观，但为后来中国接受社会主义奠定了深厚的历史基础。

徐复观指出：“（一）我国文化中平等观念的提出，较之古希腊要早六七百年。（二）一开始，便由卓越的政治领袖（即文王、周公），作为政治的原则而提出。”“人生而平等，乃先秦儒家之通义，先秦诸子百家，除卫、晋法家外，亦无不以平等为前提，以各建立其独特的思想。”最初，“我国的平等观念，本为争取人民在政治中的地位所提出来的，换言之，政治平等，才是平等的第一义。但自秦以后，三千多年，关于平等的意义，多停留在人性的发掘及私人的教育事业之上，很少像先秦样，以光明俊伟之姿，伸向政治方面”。于是，在近代，需要从西方输入政治民主的观念，好像中国没有政治民主的观念了。

以上以人们所认为的中国儒家文化中比较缺乏的“民主、自由、平等”为例，具体阐述了中国儒家文化所蕴含的涵养社会主义核心价值观的丰富思想资源。由此可见，中华文明有着非常独特而深刻的价值观念，它完全可以和西方文明的价值观念相互补充、相互借鉴。我们不能拿西方文明的价值观来评判和裁剪其他文明的价值观。这样,文明冲突才可以避免,人类才会拥有更加美好幸福的未来。

对人类文明的重要贡献

儒家思想深刻影响了世界,对人类文明的发展做出了重大贡献。孔子也被国际社会尊为世界十大思想家之首。

对东方文明的影响

儒家思想,首先走进朝鲜、韩国、日本等东亚国家和地区,给其以重大而深远的影响。现在,日本各地都有《论语》学习班,有些政党还有《论语》研究会。最近几年,日本还涌现了一批重视《论语》教育的公立中小学校。日本的一些企业家,还用《论语》思想精髓指导企业,获得了巨大成功。曾任联合国秘书长的潘基文是韩国人,他对于《论语》等儒家经典非常熟悉,对其中的名句能够背诵。他把儒家的思想带到了联合国,运用儒家的思想治理"天下"。2008 年 6 月,他接受了新华社记者采访。在采访中,他说,"在我的一生中,我一直在受到孔子和孟子思想的影响","目前,孔子的很多教诲仍在为我指引方向"。他说,他一直在努力从《论语》等中华文化经典中汲取智慧、经验和为人处事的原则,无论是履行公务,还是处理个人私事,这些伟大的思想都使他获益良多。他用汉字写下"修身齐家治国平天下",并解释说,一个人必须先使家庭和睦,才能管理好国家乃至天下。他把联合国所有的员工都当作家人看待,衷心希望员工与管理层之间能够和睦相处。当这个"家"

中出现不和谐的情况时，他会感到非常痛苦。只有当联合国的“家务”管好了，他才能有更多精力和时间来处理国际社会所面临的气候变化、粮食危机以及地区安全等重大问题。他又提笔在纸上写下“中庸之道”四个汉字，笑称自己便是一个“走中间道路的人”，从来不走极端。他说：“这（中庸之道）便是我的个人哲学。”

儒家思想不仅可以被借鉴应用于政治社会领域，而且被广泛借鉴应用于经济管理。日本人竹添光鸿把中庸解释为“合情、合理、合法”，即“中道管理”，也就是“合理化管理”。有人用M理论来代表中国人的管理之道。M是“人”（man）、“中庸”（medium）与“管理”（management）的共同的英文单词首字母。被称为“日本近代企业之父”的涩泽荣一就是一位典型的儒商。他一生参与创立的企业达500多家，还在日本指导和普及了股份公司（株式会社）的建立，带动了大型企业的迅速发展。涩泽荣一在回顾总结自己的创业经验时指出：“我的经营中虽饱含辛苦和惨淡，但常遵孔子之教，据《论语》之旨，故使经营获得了成功。”他的著作《论语与算盘》就介绍了他将儒家文化运用于企业管理之中的思想和经验。他在书中写道：

> 《论语》与算盘，乍一看，两者似乎风马牛不相及，八竿子都打不出什么关系来。可是，在我看来，算盘因有了《论语》而打得更好；而《论语》加上算盘才能让读者悟出真正的致富之道，它们二者息息相通，缺一不可。……
>
> ……
>
> 从前，在日本平安前期有个文人兼政治家——菅原道真，

他非常提倡把日本固有的民族精神和中国学问相结合的“和魂汉才”。我觉得很有意思，也非常赞同。为此，还提出了自己的“士魂商才”……如果想在这个社会上找到自己的一席之地，受世人敬仰和爱戴，那在为人处世上就一定要具有士魂，但如果仅有士魂而无商才的话，也不能在经济上立于不败之地，所以士魂与商才在人之修为上缺一不可。那又该如何培养士魂呢？书本当然是一处可以汲取这门知识的好地方。不过我认为，所有书籍，只有《论语》才是最能培养士魂底蕴的根本。至于商才，《论语》同样也是学习的不二选择。乍一看，一本关于说道德的书跟商才应该没有什么具体关系，可是，我们不能忘了，商才是以道德为本的。没有道德的商才，即不道德、浮夸、谎话连篇、欺上瞒下等投机取巧的小聪明，绝对称不上是商才。因此商才离不开道德，因而就只能靠论述道德的《论语》来提高自身修养了。同时，社会上鱼龙混杂，如何才能更好地在这世事多艰的环境下生存也成了重中之重，如果你熟读《论语》，相信它一定会带给你很大的惊喜。

日本学者伊藤肇说：“日本企业家只要稍有水准的，无不熟读《论语》，孔子的教训给他们的激励、影响至巨，此种实例多得不胜枚举。”他在著作《东方人的经营智慧》里，以近百名日本企业家运用儒家文化经营管理的实例，充分说明了儒家文化对经济发展的积极作用。

儒家文化被认为是亚洲“四小龙”腾飞的秘诀之一。当人们试图解释被称为亚洲“四小龙”的新加坡、中国香港、中国台湾、韩国经济腾飞奇迹的原因时，发现它们都受到共同的文化传统的影响，都处于儒家文化传统圈之中。新加坡前总理李光耀曾讲过："从治理新加坡的经验，使人深深相信，要不是新加坡大部分的人民都受过儒家价值观的熏陶，我们是无法克服那些困难和挫折的。"早在20世纪90年代初，新加坡政府就提出"把儒家基本价值观升华为国家意识"。

日本、亚洲"四小龙"的腾飞和中国经济的奇迹，显示了儒家思想的独特优越性和强大生命力，显示了其非凡的思想领导力。

对西方文明的影响

中国知名青年经济学家高连奎在其畅销书《中国大形势》中梳理了中学西渐的过程，表明了以儒家为代表的中华文明如何深刻地影响了西方文明。

1275年：马可·波罗来到中国，并在政府任职。他在华二十余年，回国后大力宣传中华文明，引起了强烈反响，从此西方人知道了在东方存在一个强盛繁荣的中国，这也拉开了中华文明向西方传播的序幕。

1582年：意大利传教士利玛窦来到中国，在中国生活了二十七年。他于1598年完成了用拉丁文注释"四书"的工作，1610年去世，留下了一本《出访中国记》，欧洲人从此书中第一次知道了中国的圣人孔子和儒家经典。

1616年：金尼阁著有《中国传教史》，又于1626年用拉丁文译出了"五经"。

1661年：法国出版了拉丁文的《大学》《中庸》《论语》，1672年

《大学》在巴黎重版。

1687 年：比利时传教士柏应理将《大学》《中庸》《论语》汇总为《中国哲学家孔子》一书，该书出版后风行欧洲。1688、1689、1691 年出版过此书的法文、英文本，这是系统介绍中国学术的开端。

孔子学说被介绍到西方后，孔子就与希腊古代哲学家苏格拉底、柏拉图一样享有盛名。西方出版的《历史上最有影响的 100 人》中，排名第五的是孔子，美国人还尊孔子为世界十大思想家之首。在西方人看来，孔子是对人类文明产生了重大影响的三个伟人之一。反映三个伟人思想的作品是由他们的后学整理编纂，而非他们自己编纂的。流传下来的《论语》是由孔子的学生在他去世后撰写的；记录古希腊苏格拉底思想的《辩白》是由他的学生柏拉图在他被处死以后撰写的；描述耶稣言行的《福音书》也是由他的门徒在他被钉上十字架后几十年里完成的。

当罗马传教士来到中国，看到孔子的名言“己所不欲，勿施于人”的时候，他们震惊了，因为耶稣也曾说过：“你们想让别人怎么对待自己，就应该怎么对待别人。”但是，耶稣比孔子要晚整整 5 个世纪！正因为如此，西方人对孔子更是尊敬有加。这两句名言在西方也都被称为“黄金律”。

从 17 世纪中叶以后，在中国的传教士大部分是法国人，他们都受过高等教育，有丰富的学识，长期在中国居住并且熟悉中国文献，其中不少人在中国的宫廷中供职，他们记述了大量有关中国的内容，传播给法国和欧洲的公众，这使得法国人对中国的了解大为加深，法国的巴黎大学成为中国文化热的中心。

中国思想在西方社会经过一百多年的传播、发酵，并对 18 世纪初的“启蒙运动”产生了影响。法国也顺理成章地成为启蒙运动的中心,其启蒙运动声势最大、战斗性最强、影响最深远,堪称西欧各国启蒙运动的典范,其他各国的启蒙思想也大部分源自法国。

伏尔泰是法国启蒙运动的领袖。他的思想对18世纪的欧洲产生了巨大影响,有人认为18世纪是伏尔泰的世纪。伏尔泰是中国思想在欧洲最有力的鼓吹者,他和他的“百科全书派”一直主导着法国的启蒙运动。

伏尔泰说:“欧洲的王族同商人发现东方,只晓得求财富,而哲学家则在那里发现了一个新的精神与物质的世界。”“我全神贯注地读孔子的这些著作,我从中吸取了精华。孔子的书中全部是最纯洁的道德。在这个地球上最幸福的、最值得尊敬的时代,就是人们遵从孔子法规的时代。在道德上欧洲人应当成为中国人的徒弟。”

伏尔泰还认为:“中国是全世界最优美、最古老、最广大、人口最多和治理最好的国家。”他说:“当中国已经成为繁荣而且制度完善的国家时,欧洲还是一小撮在森林中流浪的野人呢!”他大声疾呼法国要“全盘华化”!他主张每个法国人都应该把“己所不欲,勿施于人”作为自己的座右铭。

法国魁奈认为,《论语》“满载原理及德行之言,胜过希腊七圣之言”。法国大革命时期的《人权宣言》中写道:“自由是属于所有人的,做一切不损害他人权利之事的权利,其原则为自然;其规则为正义;其保障为法律;其道德界限则在下述格言中——己所不欲,勿施于人。”

美国诗人、哲学家爱默生认为,“孔子是全世界各民族的光荣”,“是哲学上的华盛顿”。

美国兰登书屋(Random House,Inc.)1999年出版的《孔子住在隔壁:东方在教导我们西方应如何生活》一书,更是对儒家称赞有加。有评论说,该书告诉读者:“经过一代人的努力,东亚国家在不同程度上已经成为繁荣的工业社区。社会奇迹也伴随着经济奇迹而产生。和这些社会相比,我们就不及。为什么呢?因为生活在那里的人通常坚守着儒家的教导。”

解决当今全球问题的思想启迪

当今世界,有许多全球性问题需要全人类共同面对。恐怖主义在全球有不断蔓延之势,它严重威胁着世界各国的安全和人们生活的安宁,成为人类的一颗毒瘤,使人们意识到共同打击恐怖主义的重要性和紧迫性;全球气候问题成为全人类面临的共同挑战,各种极端天气不断出现,警示着人类对大自然要懂得敬畏,并以友好的态度与之和谐共生;埃博拉病毒的爆发,让世界感受到了共同应对人类疾病的必要性。解决这些问题,既需要当代人的智慧,也需要从人类历史的思想宝库和丰富经验中寻找启迪。

公元前800年至公元前200年,被德国哲学家卡尔·雅斯贝斯(Karl Jaspers)称为人类文明的轴心时代。这一时代,出现了苏格拉底、柏拉图、释迦牟尼、老子、孔子等伟大的思想家,他们各自创立了自己的思想体系,这些思想共同构成了人类文明的精神基础,至今仍深刻影响着人类的生活,并给人类以解决当今全球问题的思想启迪。孔子创立的儒家学说,就是轴心时代人类文明的重要部分,对于解决当前世界问题具有重要价值和意义。

事实上,西方文化有天然的严重缺陷。文艺复兴虽然极大地解放了“人”,却令“人”取代“神”成为天地万物的主宰。启蒙运动前后数百年的西方世界,一会儿处在这个极端,极度贬低人,一会儿处在那个极端,极度抬高人,找不到中道,没有安全感。孙中山先生就敏锐地发现,欧洲近百年的文化是科学的文化,是注重功利的文化,也是行霸道的文化。

生态思想家帕斯莫尔认为,基督教鼓励人们把自己当作自然的绝对主人,对人来说所有的存在物都是为他安排的。在这样的思想观念主导下,人类以自己为中心,一味强调人类利益至上,而自然成为人类无限索取的对象。这正是当今西方文化的死穴。

人类文明今天已走到由量变到质变的临界点,克服人类中心主义成为人类文明发展的当务之急。英国历史学家汤因比曾指出,避免人类自杀之路,在这一点上现在各民族中具有最充分准备的,是两千年来培育了独特思维方法的中华民族。

那么,儒家学说中哪些重要的智慧可以给我们以启迪呢?应该说,儒家有许多思想可以帮助我们为解决世界问题提供中国方案。比如,在处理人与自然的关系方面,儒家的天人合一思想就具有重要的时代价值。中国先人自古以来就注意人与自然和谐,注意对生态环境的保护。

子钓而不纲,弋不射宿。(《论语·述而》)

曾子曰:“树木以时伐焉,禽兽以时杀焉。夫子曰:‘断一树,杀一兽,不以其时,非孝也。’”(《礼记·祭义》)

孔子钓鱼不是一网打尽，射鸟时不射归巢的鸟。他曾经对弟子们说："砍断一棵树，杀死一只兽，如果不以其时，那就不符合孝道。"孔子把人类之孝推广到了天下万物，这是一种对于天地的孝。孔子天人合一的思想是非常深刻的。后世的儒学大家也有非常丰富的关于保护生态环境的思想。

君子之于物也，爱之而弗仁；于民也，仁之而弗亲。亲亲而仁民，仁民而爱物。(《孟子·尽心上》)

不违农时，谷不可胜食也；数罟不入洿池，鱼鳖不可胜食也；斧斤以时入山林，材木不可胜用也。谷与鱼鳖不可胜食，材木不可胜用，是使民养生丧死无憾也。养生丧死无憾，王道之始也。(《孟子·梁惠王上》)

苟得其养，无物不长；苟失其养，无物不消。(《孟子·告子上》)

万物各得其和以生，各得其养以成。(《荀子·天论》)

圣王之制也，草木荣华滋硕之时则斧斤不入山林，不夭其生，不绝其长也；鼋鼍、鱼鳖、鳅鳣孕别之时，网罟毒药不入泽，不夭其生，不绝其长也；春耕、夏耘、秋收、冬藏，四者不失时，故五谷不绝而百姓有余食也；污池、渊沼、川泽谨其时禁，故鱼鳖优多而百姓有余用也；斩伐养长不失其时，故山林不童而百姓有余材也。(《荀子·王制》)

民，吾同胞；物，吾与也。(张载《西铭》)

"仁民爱物""民胞物与"表明中国的古人把大自然看作自己的

朋友,不会随意伤害。这里有一个著名的故事:北宋程颐曾经为崇政殿说书,也就是曾当过皇帝的老师,负责为哲宗赵煦讲解儒家经典。有一次讲课休息的时候,哲宗因年少好奇,看到柔软细长的柳条非常可爱,便顺手折了一枝玩。程颐看到了,立刻批评他说:“春天正是万物生长的时节,怎么能够随便把它给折断呢?这是在伤害生命啊。”

人类的文明经历了原始文明、农业文明、工业文明,现在已经进入了生态文明时代。儒家关于保护生态环境的思想至今仍具有重要的现实意义,可以为解决当今世界面临的严重生态环境问题提供中国智慧。

跨越时空的思想传播力

只有伟大的思想却不注重思想的武装,这种思想的领导力就无法实现。作为伟大的思想家,孔子提出了儒家的主要思想;作为伟大的教育家,他辛勤地传播着自己的思想。

自从孔子创立儒学以后,儒家文化的人文精神与人格理想便吸引了众多的追随者。千百年来,儒家文化虽历经历史长河的因革起落,却没有失去其本原的核心价值。从孔孟等建构的儒家哲学思想,历经汉儒的承前启后,到宋明儒家理学、心学的兴盛,及至19世纪中后期经过西方文明的强势冲击(这一过程仍在继续,并随着信息化、全球化浪潮的席卷而更为激烈),两千多年间儒学在研究方法、思想理路上,虽然代有嬗变却不断发展丰富,在核心价值与观念方面也呈现出不间断的“返本开新”的特征。每一次历史革新时期,人们总会将目光投向孔孟,投向儒家经典,追寻儒学价值的本原意义,并结合时代特征,重新闪烁中华文明鼎新的光辉。

伟大的教育家

子曰:“人能弘道,非道弘人。”(《论语·卫灵公》)孔子把自己的一生都奉献给了道的传播。其传播的手段,主要是教育。孔子对教育的贡献是开创性的、多方面的。

在教育范围上,他打破了学在官府的教育垄断,让教育降临民间。他首创私人办学,大大扩大了教育的范围,降低了教育的门槛,让更多的人包括穷人家的孩子也能得到上学的机会,从而使很多人的命运因教育而改变。

> 子曰:“有教无类。”(《论语·卫灵公》)
> 子曰:“自行束脩以上,吾未尝无诲焉。”(《论语·述而》)

“有教无类”就是没有身份、禀赋、国别等的区分,只要愿意学习,都可以来接受教育。孔子办的是大众化教育。在他的学生中,既有贵族子弟,如南宫敬叔、司马牛、孟懿子;又有平民子弟,如颜回、曾参、闵子骞、仲弓、子路、子张、子夏、公冶长、子贡等。孔子办的是国际化教育。他的学生,不仅有来自鲁国的,还有来自齐、晋、宋、陈、蔡、秦、楚等不同国家的。

“自行束脩以上,吾未尝无诲焉”,传统的解释是只要交上学费(束脩),就可以上学。而在南怀瑾看来,只要有心学习,就可以来上学,连学费也不一定交。他说:“依我的看法,问题在自行两个字，自行束脩是自行检点的意思，如果说束脩是腊肉，孔子三千弟子，哪里吃得了这许多腊肉，放也没有这样大的地方来放，还有孔子的学生中如颜回，连一个好一点的便当都没有，哪里来的腊肉送给老师？而孔子不但教他，并且以他为最得意的学生。我认为孔子这句话的思想是说，凡是那些能反省自己，检束自己而又肯上进向学的人，我从来没有不教的，我一定要教他。这是我和古人看法所不同的地方，所谓自行束脩，就是自行检点约束的意思。”（南怀瑾《论语别裁·述而》）

在教育效果上，孔子取得了极大的成功。孔子弟子三千，有七十二贤人。这些弟子，有的从政，实践着老师的治国之道；有的也像孔子一样收徒设教。孔子创立的儒家思想逐步传播开来。作为一位伟大的教育家，作为一位思想的传播者和武装者，孔子成功了。

颜渊喟然叹曰：“仰之弥高，钻之弥坚。瞻之在前，忽焉在后。夫子循循然善诱人，博我以文，约我以礼，欲罢不能。既竭吾才，如有所立卓尔。虽欲从之，末由也已！”（《论语·子罕》）

叔孙武叔语大夫于朝曰：“子贡贤于仲尼。”子服景伯以告子贡。子贡曰：“譬之宫墙，赐之墙也及肩，窥见室家之好。夫子之墙数仞，不得其门而入，不见宗庙之美，百官之富。得其门者或寡矣。夫子之云，不亦宜乎！”（《论语·子张》）

叔孙武叔毁仲尼。子贡曰：“无以为也！仲尼不可毁也。他人之贤者，丘陵也，犹可逾也；仲尼，日月也，无得而逾焉。

人虽欲自绝，其何伤于日月乎？多见其不知量也。”(《论语·子张》)

陈子禽谓子贡曰：“子为恭也，仲尼岂贤于子乎？”子贡曰：“君子一言以为知，一言以为不知，言不可不慎也。夫子之不可及也，犹天之不可阶而升也。夫子之得邦家者，所谓立之斯立，道之斯行，绥之斯来，动之斯和。其生也荣，其死也哀，如之何其可及也？”(《论语·子张》)

孔子赢得了弟子们由衷的佩服和景仰。他的弟子成为其学说的坚定捍卫者和继承者。他把其思想和学说深深地刻在了弟子们的脑海里，深深地刻在了中华民族的意识里，使这些思想和学说成为民族共同的文化基因并世代相传。

经典的永恒魅力

在外漂泊了长达 14 年之久的孔子，回国后继续潜心教育和整理文化典籍。他删《诗》《书》，订《礼》《乐》，修《易经》，作《春秋》。这些书成为古代读书人的教科书，也成为中华民族世代相传的经典。这些经典中渗透着孔子的思想，孔子的思想也因这些经典而流传。

此外，更为重要的是直接记录孔子思想和事迹的儒学原典《论语》《孔子家语》等。孔子死后，他的弟子们把他的思想、言行编纂成《论语》。《论语》是一部令人百读不厌，历久弥醇，可与日月同辉，可与人类共存的宝典。它是一部为人类提供基本行为准则的书，是一部给人以温暖和希望的书，是一部让人谦卑、激人奋进的书,是一部让人类自身、人类与自然和谐相处的书,是一部跨越时空、具有永恒价值和非凡魅力的书。孔子以后的孟子、荀子、朱熹等继承和发扬了孔子创立的儒家思想,由他们或他们的弟子编写的著作也都成了流芳千古的经典。

凭借这些经典,儒家的思想和价值观便得以宣传、继承和发扬,儒家思想也因此不仅穿越了历史,而且走向了世界。

化民为俗

封建统治者为了宣传儒家思想也是不遗余力。他们不仅把“四书”“五经”列为成年士子研习的必修课,作为官府选拔人才的重要依据,而且以童蒙读物的形式从娃娃抓起。中国封建社会长而稳,其中的秘诀之一就是封建统治者牢牢掌握着儒家的思想精髓。

“天下英雄,尽入吾彀中矣!”——这是唐太宗李世民在推行科举考试后讲的一句话,意思是说:“天下的有为青年,都进入我的圈套了!”在长期的封建社会中,通过科举制度取得功名,一直是读书人的梦想。封建统治者把儒家经典作为考试的必修课,强有力地推进了儒家思想的普及和提高,有助于牢牢掌握思想领域的领导权,从而不断巩固和强化其政治统治和社会控制的思想基础。这种统治思想如此强大而持久,以至不管谁上台执政,在思想理念上都一以贯之。

建立官方学府,加强贵族子弟和平民精英的教育,也是统治者进行思想领导的一个重要途径。比如,唐太宗就非常重视中央学校建设。当时管理中央学校的机构为国子监,其下有六学:国子学、太学、四门学、律学、书学、算学。唐太宗常到国子学、太学视察。在他的支持下,校舍增筑了1200间,生员增至3260人,“鼓箧而升讲筵者,八千余人,济济洋洋焉。儒学之盛,古昔未之有也”。后来,就连高丽、百济、新罗等地都派遣子弟到长安的国子学学习。长安成为当时国内外著名的文化教育中心。

在民间,统治者也从各方面加强对儒家思想的宣传和推广,并使其成为人们在日常生活中所遵守的行为规范。我至今还记得,在我从小生活的村里,有不少老人,虽然不识字,却能很流畅地背诵《三字经》《百家姓》等启蒙读物。这是他们从小就开始以口耳相传的方式长期反复学习的结果。可以说,这是一种社会化学习。

除了社会化学习,社会化宣传也是一种重要的思想引导方式。比如,据说梁山有一个媳妇在改嫁时提出,要把她的婆婆一块儿带过去,因为她婆家只有她婆婆一个人了,她担心改嫁后婆婆一人无法生活,便决定带着婆婆改嫁。儿媳妇的这种孝行感动了她所改嫁到的村中的村民,于是,这个村便更名为带老村。我的家乡侯之门村也流传着一段关于村名的感人故事。传说,在康熙年间,原住民侯家出了一位感天动地的大孝子。他家中贫困,以讨饭为生。每当讨到饭时,他自己不吃,想着先给在家的母亲吃,可路途遥远,如何把饭及时地送到母亲手里呢?也许是他的孝行感动了上天吧,正当他发愁的时候,天下起了雨,路上很快形成了一条小溪。这位孝子灵机一动,用纸扎成了一条小船,把饭放在小船里,把小船放到小溪里,使小船顺着溪流漂到了他的家门口。等他母亲从小船里取出饭时,饭还热乎乎的呢!这位孝子不但在母亲生前极为孝顺,在母亲去世后,孝心仍然不减。晚上,他怕母亲害怕,便抱着被子到母亲的坟头上去睡；每当打雷下雨，他怕母亲淋着，自己用身体盖住坟头。老天知道后，下令不要淋着他母亲的坟墓。于是出现了一道神奇的景观：周围都下着瓢泼大雨，他母亲的坟墓上却一滴雨水也没有。康熙皇帝下江南路过此地，听说了这件事，甚为感动，御书“侯家之门”四个大字，并赐立牌坊以示褒扬。从此，村名就改为“侯之门”了。其实，古代立的孝子碑、贞节坊等，都是一种社会宣传的手段。通过这样的宣传和教育，统治者的思想就内化于百姓之心、外化于百姓之行了。

第二章　天下己任——责任担当力

夫子怃然曰："鸟兽不可与同群，吾非斯人之徒与而谁与？天下有道，丘不与易也。"

——《论语·微子》

以天下为己任，是儒家家国情怀的表现，是儒家经世致用的必然要求，是儒家历代知识分子的人生追求。

为官避事平生耻

有个寓言，说三只猴子叠罗汉翻高墙，一不小心倒了。最上面的猴子说："中间的抖了一下，我才歪了。"中间那只说："下面的抽搐了一下，我才抖的。"最下面的猴子说："我好像听见老虎的声音，所以抽搐了一下。"这是讽刺那些缺乏担当精神的人。

"当官不为民做主，不如回家卖红薯。"担当意识，是对一位领导人不可或缺的基本要求。缺乏担当意识的领导不是合格的领导。明代文学家陈继儒说："大事难事看担当，逆境顺境看襟度，临喜临怒看涵养,群行群止看识见。”担当精神是中华民族的优良传统,敢于担当是中华民族精神的精髓之一。

(商汤)朕躬有罪,无以万方;万方有罪,罪在朕躬。(《论语· 尧曰》)

(周武王)虽有周亲,不如仁人;百姓有过,在予一人。(《论语· 尧曰》)

商汤、周武王等古代明君都会主动把各种过失的责任揽到自己身上,希望上天只惩罚自己,不要惩罚人民。例如,唐太宗就是这样。

贞观二年,京师旱,蝗虫大起。太宗入苑视禾,见蝗虫,掇数枚而咒曰:“人以谷为命,而汝食之,是害于百姓。百姓有过,在予一人,尔其有灵,但当蚀我心,无害百姓。”将吞之,左右遽谏曰:“恐成疾,不可。”太宗曰:“所冀移灾朕躬,何疾之避?”遂吞之。(《贞观政要·务农》)

《国语》中也有“居官者当事不避难,在位者恤民之患”的担当思想。东晋时祖逖为北伐中原,“闻鸡起舞”,中流击楫。唐代韩愈也是雄心勃勃,“欲为圣朝除弊事,肯将衰朽惜残年”。到宋代,周敦颐志向远大,“志伊尹之所志,学颜子之所学”。张载提出“为天地立心,为生民立命,为往圣继绝学,为万世开太平”的宏大志向。陆九渊坦陈“使天欲平治天下,当今之世,舍我其谁?苟不用于今,则成就人才,传之学者”。范仲淹自少年时便慨然“有志于大节”，常自诵“士当先天下之忧而忧，后天下之乐而乐”。朱熹在任漳州知府时写过这样的对联：“地位清高，日月每从肩上过；门庭开豁，江山常在掌中看。”顾宪成说过：“当京官不忠心事主，当地方官不志在民生，隐求乡里不讲正义，不配称为君子。”顾炎武提出“天下兴亡，匹夫有责”。王船山呼吁：“匡维世教以救君之失，存人理于天下者，非士大夫之责乎？”曾国藩说：“君子之立志也，有民胞物与之量，有内圣外王之业，而后不忝于父母之所生，不愧为天地之完人。”所以鲁迅说：“我们自古以来，就有埋头苦干的人，有拼命硬干的人，有为民请命的人，有舍身求法的人……虽是等于为帝王将相作家谱的所谓‘正史’，也往往掩不住他们的光耀，这就是中国的脊梁。”

以天下为己任

《论语》中写到了多位民间人士，他们看不惯当时的社会，成为避世之人。这和积极投身改造社会的孔子师徒形成了鲜明的对照。

> 长沮、桀溺耦而耕，孔子过之，使子路问津焉。长沮曰：“夫执舆者为谁？”子路曰：“为孔丘。”曰：“是鲁孔丘与？”曰：“是也。”曰：“是知津矣。”问于桀溺。桀溺曰：“子为谁？”曰：“为仲由。”曰：“是鲁孔丘之徒与？”对曰：“然。”曰：“滔滔者天下皆是也，而谁以易之？且而与其从辟人之士也，岂若从辟世之士哉？”耰而不辍。子路行以告。夫子怃然曰：“鸟兽不可与同群，吾非斯人之徒与而谁与？天下有道，丘不与易也。”（《论语·微子》）

长沮、桀溺是当时的两位隐士，两人一同耕田，孔子从那儿经过，叫子路去问渡口。长沮说孔子应该知道渡口在哪儿。子路便去问桀溺。桀溺说道："像洪水一样的坏东西到处都是，你们同谁去改革它呢？你与其跟着（孔丘那种）逃避坏人的人，为什么不跟着（我们这些）逃避整个社会的人呢？"说完，仍旧不停地做田里的活。子路回来告诉了孔子。孔子失望地说道："我们既然不可以同飞禽走兽合群共处，若不同人群打交道，又同什么打交道呢？如果天下太平，我就不会同你们一道来从事改革了。"面对天下滔滔，长沮、桀溺洁身自好，而孔子师徒自觉承担起改造社会、拯救天下的责任，表现出高度自觉的担当意识——他们即便知道不可为，仍孜孜不倦而为之。

子路宿于石门。晨门曰："奚自？"子路曰："自孔氏。"曰："是知其不可而为之者与？"（《论语·宪问》）

子击磬于卫，有荷蒉而过孔氏之门者，曰："有心哉，击磬乎！"既而曰："鄙哉，硁硁乎！莫己知也，斯已而已矣。深则厉，浅则揭。"子曰："果哉！末之难矣。"（《论语·宪问》）

楚狂接舆歌而过孔子曰："凤兮凤兮！何德之衰？往者不可谏，来者犹可追。已而，已而！今之从政者殆而！"孔子下，欲与之言。趋而辟之，不得与之言。（《论语·微子》）

司门者、荷蒉者、楚狂接舆都认为当时的政治形势是难以改变的，既然如此，不如听之任之。"深则厉，浅则揭"，这两句是比喻，见于《诗经·邶风·匏有苦叶》。水深，比喻社会非常黑暗，只得听之任之；水浅，比喻黑暗的程度不深，还可以使自己不受沾染，便无妨撩起衣裳，免得濡湿。从以上几人的谈话中，可以看出当时的社会几乎黑暗得无可救药了。楚狂接舆告诫孔子，过去的就过去了，以后就不要再浪费时间了。

春秋战国时代礼崩乐坏、战乱频繁，严峻混乱的社会现实的确让一般人尤其是知识分子很难有所作为。但是，和这些隐士不同，孔子是以天下为己任的人。

> 子路问君子。子曰："修己以敬。"曰："如斯而已乎？"曰："修己以安人。"曰："如斯而已乎？"曰："修己以安百姓。修己以安百姓，尧舜其犹病诸？"（《论语·宪问》）

由此可见，孔子绝不是一个明哲保身的人，他想通过修己，来使自己身边的人，以至使天下所有的人都能安居乐业，过上好日子。

不仅如此，孔子深信自己是能够拯救这个混乱世界的人。子曰："苟有用我者，期月而已可也，三年有成。"（《论语· 子路》）正因如此，孔子急于寻找机会把自己给"卖出去"。当子贡问道："有美玉于斯，韫椟而藏诸？求善贾而沽诸？"孔子的回答果断而坚定："沽之哉！沽之哉！我待贾者也。"（《论语·子罕》）孔子实在太渴求一个舞台了：

> 公山弗扰以费畔，召，子欲往。子路不说，曰："末之也，已，何必公山氏之之也？"子曰："夫召我者，而岂徒哉？如有用

我者,吾其为东周乎?”(《论语·阳货》)

佛肸召,子欲往。子路曰:“昔者由也闻诸夫子曰:‘亲于其身为不善者,君子不入也。’佛肸以中牟畔,子之往也,如之何?”子曰:“然。有是言也。不曰坚乎,磨而不磷;不曰白乎,涅而不缁。吾岂匏瓜也哉?焉能系而不食?”(《论语·阳货》)

公山弗扰以费邑叛,召孔子去,孔子想去。子路不高兴了,说:“没有地方去便算了,为什么一定要去叛臣公山氏那里呢?”孔子回答道:“那个叫我去的人,难道是白白召我吗?假若有人用我,我将使周文王、周武王的德政在东方复兴。”

佛肸召孔子去,孔子想去。子路说:“从前我听老师说过:‘亲自做坏事的人那里,君子是不去的。’佛肸以中牟谋反,您却要去,怎么说得过去呢?”孔子回答道:“对,我是说过这话。但是,你不知道吗?最坚固的东西,磨也磨不薄;最白的东西,染也染不黑。我难道是匏瓜吗?哪里能够只是被悬挂着而不给人吃呢?”

公山弗扰,鲁三桓之季氏宰,与阳货共执桓子,以费邑叛。佛肸,晋大夫赵氏之中牟宰也,以中牟叛。二人都是家臣反主子,可以说名不正言不顺,这正是孔子所极力反对的,但是,孔子似乎顾不得这些了。他相信自己有能力、有决心改变任何人,能够改变这个世界。

孔子一生都在积极地寻求机会从政,以实现自己的政治理想,只是,孔子生不逢时,命途多舛,虽周游列国 14 年,却苦于英雄没有用武之地。孔子感叹没有人了解自己。“子曰:‘莫我知也夫!’

子贡曰:‘何为其莫知子也?’子曰:‘不怨天,不尤人,下学而上达。知我者其天乎!’”(《论语·宪问》)

作为孔子学说的继承者,孟子也继承了孔子以天下为己任的人生理想。

> 古之人,得志,泽加于民;不得志,修身见于世。穷则独善其身,达则兼善天下。(《孟子·尽心上》)
>
> 禹思天下有溺者,由己溺之也;稷思天下有饥者,由己饥之也,是以如是其急也。(《孟子·离娄下》)

这表现了儒学具有强烈的责任感和历史使命感。伊尹就是一个典型的例子:

> 万章问曰:“人有言,‘伊尹以割烹要汤’,有诸?”
>
> 孟子曰:“否,不然;伊尹耕于有莘之野,而乐尧舜之道焉。非其义也,非其道也,禄之以天下,弗顾也;系马千驷,弗视也。非其义也,非其道也,一介不以与人,一介不以取诸人。汤使人以币聘之,嚣嚣然曰:‘我何以汤之聘币为哉?我岂若处畎亩之中,由是以乐尧舜之道哉?’汤三使往聘之,既而幡然改曰:‘与我处畎亩之中,由是以乐尧舜之道,吾岂若使是君为尧舜之君哉?吾岂若使是民为尧舜之民哉?吾岂若于吾身亲见之哉?天之生此民也,使先知觉后知,使先觉觉后觉也。予,天民之先觉者也;予将以斯道觉斯民也。非予觉之,而谁也?’思天下之民匹夫匹妇有不被尧舜之泽者,若已推而内之沟中。

其自任以天下之重如此,故就汤而说之以伐夏救民。吾未闻枉己而正人者也,况辱己以正天下者乎?圣人之行不同也,或远,或近;或去,或不去;归洁其身而已矣。吾闻其以尧舜之道要汤,未闻以割烹也。”(《孟子·万章上》)

伊尹是商汤时的名相。有人认为,他是靠厨艺高超以求于商汤而得到重用的。万章问孟子有没有这回事。孟子说:“不是这样的。伊尹在有莘国耕种庄稼之时,以尧舜之道为乐。如果不合于义,不合于道,即使把天下所有的财富作为他的俸禄,他也不会回头看一下;即使有四千匹马拴在那里,他也不会看一眼。如果不合于义,不合于道,他一点东西也不会给别人,也不会从别人那里取一点东西。开始商汤派人拿着礼物去聘请他,他心情平静地说:‘我为什么要接受汤的聘礼呢?我为何不住在田野之中,以尧舜之道而自得其乐呢?’商汤几次派人去聘请他,他便彻底地改变了态度,说:‘我与其在田野之中,以尧舜之道为乐,为什么不去使现在的君主成为尧舜一样的君主呢?我为什么不去使现在的百姓成为尧舜时代一样的百姓呢?我为什么不去使尧舜时代的盛世在我这个时候再现呢?上天生育人民,就是要让先知先觉者提高后知后觉者的觉悟。我是百姓中的先觉者,我应该以尧舜之道使现在的百姓有所觉悟。如果我不去使他们有所觉悟,那么又有谁去做呢?’伊尹认为,如果天下的百姓中,有一个男子或一个妇女没有受到尧舜之道的惠泽,便好像自己把他们推进了山沟中一样。他就是这样把天下的重任担在自己身上,所以一到汤那里,便劝说汤讨伐夏桀来拯救老百姓。我没有听说过先使自己屈曲,却能够匡正别人的;更何况先使自己受到侮辱,却能够匡正天下的呢?圣人的行为各有不同,有的疏远当时君主,有的靠拢当时君主,有的离开朝廷,有的留恋朝廷,但归根结底,他们必须做到自己干净,没有污点。我只听说过伊尹以尧舜之道求于汤,而没有听说过他以厨艺求于汤的。"从这里,我们深切地感受到伊尹是因为强烈的责任感和使命意识,是为了天下百姓,才出来做商汤的相的。

这种坚定而强烈的自信,是儒家的一个非常突出的特点。和孔子一样,孟子也是非常自信的人。他说:

> 五百年必有王者兴,其间必有名世者。由周而来,七百有余岁矣。以其数,则过矣;以其时考之,则可矣。夫天未欲平治天下也;如欲平治天下,当今之世,舍我其谁也?吾何为不豫哉?(《孟子·公孙丑下》)

孟子说,上天不想治理天下便罢;若想治理天下,舍我其谁?这是多么勇敢的担当!多么坚定的自信!自信,是一个好的领导者应该拥有的品质。作为一个优秀的领导者,无论面对任何困难险阻,都应保持镇定和乐观,给团队以鼓舞和信心,坚定不移地朝着目标前进。

以人为本,以民为本

以孔子为代表的儒家担当精神的实质是"仁者爱人",因为"仁者爱人",所以见不得天下苍生受苦受难。这种情怀和佛家的慈悲情怀是一致的。关于孔子的深情大义，明代大儒、心学代表人物王阳明这样写道：

> 昔者孔子之在当时，有议其为谄者，有讥其为佞者，有毁其未贤，诋其为不知礼，而侮之以为东家丘者，有嫉而沮之者，有恶而欲杀之者。晨门、荷蒉之徒，皆当时之贤士，且曰"是知其不可而为之者欤？""鄙哉！硁硁乎！莫己知也！斯已而已矣！"虽子路在升堂之列，尚不能无疑于其所见，不悦于其所欲往，而且以之为迂，则当时之不信夫子者，岂特十之二三而已乎？然而夫子汲汲遑遑，若求亡子于道路，而不暇于暖席者，宁以蕲人之知我、信我而已哉？盖其天地万物一体之仁，疾痛迫切，虽欲已之而自有所不容已。故其言曰："吾非斯人之徒与而谁与！""欲洁其身而乱大伦。"（王阳明《传习录》）

"盖其天地万物一体之仁，疾痛迫切，虽欲已之而自有所不容已"，揭示了孔子不辞劳苦、奔走于天下的仁者情怀。这是对天地万物发自内心的爱，是一种本性使然。

"仁者爱人"的根本是什么呢？就是以人为本，以民为本。

著名学者楼宇烈先生认为："与西方文化相比，以人为本的人文精神是中国文化根本的精神，也是一个最重要的特征……以人为本的中国文化是中华民族对人类的一项重要贡献……中国自西周以来就确立了以人为本的文化精神，而西方在公元一世纪以后确立的是以神为本的文化，基督教是西方文化的精神核心之一。

直至欧洲启蒙运动时期，西方才高举起人本主义的旗帜……启蒙运动的思想来源之一是古希腊罗马文化，而更重要的来源是十六世纪以后通过西方传教士从中国带回去的以人为本的文化精神。”（楼宇烈《要有文化的主心骨和分辨力》）

孔子作为中华文化承前启后的代表人物，其人本思想既继承了历史文化，又在继承的基础上提高到了一个新阶段，对中国人本思想的发展产生了重大而深远的影响。

孔子以人为本的思想主要有两层含义：一是相对于神而言的以人为本。“殷人尊神，率民以事神……周人尊礼尚施，事鬼敬神而远之。”（《礼记·表记》）孔子则更加强调了“事人知生”的重要性：

> 季路问事鬼神。子曰：“未能事人，焉能事鬼？”曰：“敢问死。”曰：“未知生，焉知死？”（《论语·先进》）
>
> 樊迟问知。子曰：“务民之义，敬鬼神而远之，可谓知矣。”（《论语·雍也》）

由此可见，重人事而轻鬼神，重现世而轻来世，这是儒家最显著的特征。这种世界观、人生观和价值观的形成或许与中国古代的农耕文明有关。清人沈德潜编《古诗源》收录相传帝尧时的《击壤歌》：“日出而作，日入而息，凿井而饮，耕田而食，帝力于我何有哉。”这表现了我们先人自力更生的独立性和能动性，这也是中华民族自强不息精神形成的物质基础。这种精神就体现了以人为本的思想。

二是相对于物而言的以人为本。据《说苑·建本篇》和《新序·杂事第五》记载，孔子曾言："天之所生，地之所养，莫贵乎人。"重人轻物是孔子的重要思想：

> 厩焚。子退朝，曰："伤人乎？"不问马。（《论语·乡党》）

"问人不问马"，表明了天地之间，莫贵乎人。荀子曰："君子役物，小人役于物。"（《荀子·修身》）就是劝人不要被外物所奴役，而要做"物"的主人。此事说起来容易，但要真正做起来，就未必那么简单了。

> 太宗有一骏马，特爱之，恒于宫中养饲，无病而暴死。太宗怒养马宫人，将杀之。皇后谏曰："昔齐景公以马死杀人，晏子请数其罪云：'尔养马而死，尔罪一也。使公以马杀人，百姓闻之，必怨吾君，尔罪二也。诸侯闻之，必轻吾国，尔罪三也。'公乃释罪。陛下尝读书见此事，岂忘之邪？"太宗意乃解。又谓房玄龄曰："皇后庶事相启沃，极有利益尔。"（《贞观政要·纳谏》）

由此可见，真正做到时时处处"以人为本"，并非那么简单，虽明君如唐太宗，有时也不免"犯糊涂"。

孔子"仁者爱人"的思想对于统治者来说，就是以民为本。"以民为本"是与"以官为本"相对应的。在我国历史上，官本位意识比较强，有人将此怪罪于儒家文化、怪罪于孔子，认为孔子"主张愚民政策”，这是一种莫大的误解。很多人的误解来源于对《论语》中一句话的误读：

子曰：“民可使由之，不可使知之。”（《论语·泰伯》）

长期以来，这句话似乎成为孔子主张“愚民政策”的“铁证”，也使得许多儒者有口难辩。对于这句话的解释可谓众说纷纭，但随着出土文献的发掘，众人对这句话有了比较可靠的解读：

民可使，道之；而不可使，知之。（郭店楚简）

这句话的意思是，如果人民可以用，就因势利导；如果不可用，就教给他如何做。按照上述郭店楚简的断句法，《论语》中的“民可使由之，不可使知之”应读为：

民可使，由之；不可使，知之。

当然，我国最早的古书没有标点，由于断句法的不同，即使对于郭店楚简的文字，也可以有不同的解读。因此，判断孔子的思想，就不能局限于一字一句，而是要结合孔子的整个思想体系加以判断。总体上看，孔子的民本思想是很显著的。“博施于民而能济众”“修己以安百姓”是孔子的人生理想和追求。其实，孔子作为儒家学说的创始人，具有非常丰富而深刻的民本思想，值得我们深入学习和借鉴。

一是重视人民，对人民深怀敬畏之心。不要认为自己高高在上，就瞧不起老百姓，觉得老百姓好欺负。孔子曰：

为上者，譬如缘木焉，务高而畏下滋甚。六马之乖离，必于四达之交衢。万民之叛道，必于君上之失政。上者尊严而危，民者卑贱而神。爱之则存，恶之则亡。长民者必明此之要。（《孔子家语·入官》）

民以君为心，君以民为体。……心以体全，亦以体伤；君以民存，亦以民亡。（《礼记·缁衣》）

"上者尊严而危，民者卑贱而神""君以民存，亦以民亡"这些话，反映了孔子对统治者和人民之间关系的深刻认识，反映了孔子重民畏民的思想。因此，孔子反复告诫统治者，要"使民如承大祭"，要"使民以时"。

鲁哀公问于孔子曰："寡人生于深宫之中，长于妇人之手，寡人未尝知哀也，未尝知忧也，未尝知劳也，未尝知惧也，未尝知危也。"……孔子曰："……丘闻之，君者舟也，庶人者水也。水则载舟，水则覆舟，君以此思危，则危将焉而不至矣！"（《荀子·哀公》）

鲁哀公由于"生于深宫之中，长于妇人之手"，所以不知道有所畏惧。但是亲自经历过隋末农民起义浪潮的唐太宗就不同了，他说："天子者，有道则人推而为主，无道则人弃而不用，诚可畏也。”

这种强烈的忧患意识是儒家思想的一大特色。

《诗》云：

战战兢兢，如临深渊，如履薄冰。（《诗经·小雅·小旻》）

《书》云：

心之忧危，若蹈虎尾，涉于春冰。（《尚书·君牙》）

栗栗危惧，若将陨于深渊。（《尚书·汤诰》）

《易》云：

君子安而不忘危，存而不忘亡，治而不忘乱。是以身安而国家可保也。（《周易·系辞下》）

前圣先贤，之所以反复告诫统治者要有“居安思危”的忧患意识，是因为人民才是历史的真正主人，民意不可违，民意就是“天意”：

天视自我民视，天听自我民听。（《尚书·泰誓中》）

人，无于水监，当于民监。（《尚书·酒诰》）

夏桀与商纣不可一世、目中无人，认为自己是“真命天子”；结果，现实告诉了他们：究竟谁才是真正的“真命天子”。

二是深入了解人民群众，尊重人民群众的意愿。孔子说：

> 因民之所利而利之。（《论语·尧曰》）
>
> 君子莅民，不可以不知民之性而达诸民之情。既知其性，又习其情，然后民乃从命矣。……故君子莅民，不临以高，不导以远，不责民之所不为，不强民之所不能。廓之以明王之功，不因其情，则民严而不迎；笃之以累年之业，不因其力，则民引而不从。若责民所不为，强民所不能，则民疾，疾则僻矣。（《孔子家语·入官》）

“知其性，习其情”，根据人民群众的意愿施政，才能得到人民群众的拥护，取得事业的成功；那种违背人民群众意愿，以自己的意志强迫人民群众的做法，则会引起人民群众的愤恨，导致人民群众的反抗。这是孔子向统治者发出的郑重警告。这使我们想到了老子对统治者类似的警告：“民不畏威，则大威至。无狎其所居，无厌其所生。夫唯不厌，是以不厌。是以圣人自知不自见，自爱不自贵，故去彼取此。”（《道德经》第七十二章）当人民不畏惧统治者的威压时，那么，可怕的祸乱就要到来了。不要逼迫人民不得安居，不要阻塞人民谋生的道路。只有不压迫人民，人民才不厌恶统治者。因此，有道的圣人不但有自知之明，而且也不自我表现；有自爱之心也不自显高贵。所以要舍弃后者（自见、自贵）而保持前者（自知、自爱）。管子也说：“政之所兴在顺民心，政之所废在逆民心。”（《管子·牧民》）孟子更是一针见血地总结出了一条亘古不易的历史“铁律”：

得天下有道：得其民，斯得天下矣；得其民有道：得其心，斯得民矣；得其心有道：所欲与之聚之，所恶勿施，尔也。（《孟子·离娄上》）

尊重民意，不要扰民，是我国古代政治思想的精华，值得我们借鉴与吸收。我们要把敢于担当同尊重民意紧密结合起来，那种漠视民意、劳民伤财的“政绩工程”“形象工程”绝不是真正的责任担当，而是一种不负责任的“自私勾当”。

三是“庶民富民教民”。让人民尽快富裕起来，过上好日子。

子适卫，冉有仆。子曰：“庶矣哉！”冉有曰：“既庶矣，又何加焉？”曰：“富之。”曰：“既富矣，又何加焉？”曰：“教之。”（《论语·子路》）

这是孔子施政的政治纲领，即要使人口增长，使人们富裕，并对人们进行道德教化。而根据当时的历史形势，要实现上述政治纲领，就要强调“以经济建设为中心”：

哀公问政于孔子。孔子对曰：“政之急者，莫大乎使民富且寿也。”公曰：“为之奈何？”孔子曰：“省力役，薄赋敛，则民富矣；敦礼教，远罪疾，则民寿矣。”公曰：“寡人欲行夫子之言，恐吾国贫矣。”孔子曰：“《诗》云：‘恺悌君子，民之父母。’未有子

富而父母贫者也。”(《孔子家语·贤君》)

鲁哀公问政。孔子告诉他,最重要的是让人民群众富起来而且长寿,并对此提出了具体的施政建议。鲁哀公提出质疑,认为民富则国贫,孔子又告诉他“未有子富而父母贫者也”。

无独有偶,孔子的弟子有若对于鲁哀公的问题作了同样的回答:

哀公问于有若曰:“年饥,用不足,如之何?”有若对曰:“盍彻乎?”曰:“二,吾犹不足,如之何其彻也?”对曰:“百姓足,君孰与不足?百姓不足,君孰与足?”(《论语·颜渊》)

鲁国遇到灾荒,国家的财政出现问题,哀公问有若怎么办。有若建议修改田赋制度,即赋税从征收十分之二改为征收十分之一。哀公说:“我现在都不够用,怎么你还要我减少到十分之一呢?”有若回答说:“如果百姓富足了,国君还愁不足?如果百姓都不够用,国君从哪里去征收呢?”有若告诉鲁哀公一个基本的道理:民富国强,民富是国强的基础;只有百姓富足了,国家才能富强。

孔子不但具有“使民富且寿”的思想,更是抓住一切机遇积极作为,勇于担当,让百姓尽快富裕起来、健康长寿起来。

封建社会末期有了市场经济的萌芽,但是市场很早就有了。《周易·系辞下》写道:“(神农)日中为市,致天下之民,聚天下之货,交易而退,各得其所。”司马光的《资治通鉴》沿用了《周易》的说法:“神农日中为市,致天下之民,聚天下之货,交易而退,此立市始。”两者都认为原始市场是从神农氏时开始出现的。这一问题虽然难以考证,但可以肯定的是,随着社会生产力的发展,古代的人们开始有了少量剩余产品并用以交换,因而出现了原始市场。

据《周礼》记载,到了西周,市场交易分三个时段举行:“朝市”在早晨,“大市”在午后,“夕市”在傍晚。及至春秋时期,诸侯混战,交通大辟,商业日渐发达,市场也逐渐发展起来。孔子宰中都时,为了尽快富民,便大力发展工商业。中都市场上,齐国的海产鱼虾、吴越的鲜笋、宋国的大枣、晋国的枸杞,一切农耕、生活用品应有尽有。

为了市场的健康发展,孔子一直比较重视整顿市场秩序。《孔子家语·相鲁》载,孔子为中都宰时,“器不雕伪”。所谓“器不雕伪”,就是在制造器物时,不求浮华雕饰,更不以造假骗人。当时,市场造假的行为可能比较普遍和严重,如《论语·乡党》就明确写道:“沽酒市脯,不食。”从市场上买来的酒和肉,孔子是不吃的。正因如此,孔子在执政时很重视市场管理。

孔子初仕中都宰,政绩卓著,第二年就被提拔为鲁国司空,接着又被提拔为大司寇。大概在担任大司寇期间,孔子提出了市场销售的“十四禁”:

命服命车,不粥于市;珪璋璧琮,不粥于市;宗庙之器,不粥于市;兵车旍旗,不粥于市;牺牲秬鬯,不粥于市;戎器兵甲,不粥于市;用器不中度,不粥于市;布帛精粗不中数,广狭不中量,不粥于市;奸色乱正色,不粥于市;文锦珠玉之器,雕饰靡丽,不粥于市;衣服饮食,不粥于市;果实不时,不粥于市;五木不中伐,不粥于市;鸟兽鱼鳖不中杀,不粥于市。凡执此禁以齐众者,不赦过也。(《孔子家语·刑政》)

孔子提出的“十四禁”可以分为四类:一是天子赐予的东西和祭祀用的礼器不准在市场上出售,二是用于战争的旗帜和兵器不准在市场上出售,三是不合规制、不合标准、过分雕饰、弄虚作假的东西不准在市场上出售,四是不按时令出产、不合生态保护要求的东西不准在市场上出售。孔子进一步指出,犯禁者不赦。可见,孔子对市场管理是很严格的。

孔子对市场的管理虽然严格,但成效显著。《史记·孔子世家》记载:“定公十四年,孔子年五十六,由大司寇行摄相事。……与闻国政三月,粥羔豚者弗饰贾。”孔子参与国政三个月,卖牛羊的就不敢虚抬物价了。

孔子对市场的重视和管理,给我们以深刻的启示。长期以来,西方的某些学者和政客固执地认为,市场经济天然就是资本主义经济,社会主义不适合市场经济。比如,韦伯认为中国的儒家文化不适合资本主义经济的发展。其实,无论是儒家还是道家,都主张“无为而治”,“无为而治”就是“因民之所利而利之”。随着生产力的发展,市场交易行为必将不断发展起来,因为人们在实践中会日益认识到“农不如工,工不如商;刺绣文不如倚市门”。这一发展的结果必将是市场经济的形成与繁荣,而资本主义作为市场经济发展的一个阶段也会随之产生。因此,中国没有经历资本主义不是儒家文化之过，而是中国专制制度和西方列强的侵入等综合作用的结果。中国改革开放以来，建立了社会主义市场经济，并在短短几十年的时间内创造了经济发展的奇迹，这就从实践上雄辩地证明了以儒家文化为代表的中国传统文化是有发展市场经济的"基因"的。

作为亚圣的孟子对如何发展经济、富裕百姓也有过自己的"设计"：

> 不违农时，谷不可胜食也；数罟不入洿池，鱼鳖不可胜食也；斧斤以时入山林，材木不可胜用也。谷与鱼鳖不可胜食，材木不可胜用，是使民养生丧死无憾也。养生丧死无憾，王道之始也。五亩之宅，树之以桑，五十者可以衣帛矣。鸡豚狗彘之畜，无失其时，七十者可以食肉矣。百亩之田，勿夺其时，数口之家可以无饥矣。谨庠序之教，申之以孝悌之义，颁白者不负戴于道路矣。七十者衣帛食肉，黎民不饥不寒，然而不王者，未之有也。(《孟子·梁惠王上》)

由此可见，儒家主张仁义，但并非只讲仁义。儒家强调仁义需要有一个物质基础。儒家意识到，只有让人民的物质生活有了保障，整个社会才能保持和谐稳定，统治者的执政地位才能更加巩固。"尧曰：'咨！尔舜！天之历数在尔躬，允执其中。四海困穷，天禄永终。'舜亦以命禹。"(《论语·尧曰》)"四海困穷，天禄永终"是执政经验和历史经验的总结，尧对舜、舜对禹都提出了这一政治忠告。所以，作为统治者，首先应该解决人民的生活问题。

孟子说得好：

> 无恒产而有恒心者，惟士为能。若民，则无恒产，因无恒心。苟无恒心，放辟邪侈，无不为已。及陷于罪，然后从而刑之，是罔民也。(《孟子·梁惠王上》)

孟子的这一段话，已将物质基础和礼义教化之间的关系说得非常清楚了。

敬其事而后其食

勇于承担，最终要落实到自己的本职工作中去，把自己的工作干好，尽心尽责，就是最基本的担当。孔子经常教育弟子们要把履职尽责放在第一位，而不能把地位待遇放在第一位：

> 事君，敬其事而后其食。(《论语·卫灵公》)
> 先事后得，非崇德与？(《论语·颜渊》)
> 仁者先难而后获，可谓仁矣。(《论语·雍也》)
> 子张问政。子曰："居之无倦，行之以忠。"(《论语·颜渊》)

先做事后讲报酬，先付出后讲收获，这是儒家的敬业精神和担当意识。孔子认为这样可以提高自己的道德修养，可以达到"仁"。自古以来，恪尽职守就是对于从政者的基本要求。孟子曰：

天子适诸侯曰巡狩。巡狩者,巡所守也。诸侯朝于天子曰述职。述职者,述所职也。无非事者。春省耕而补不足,秋省敛而助不给。(《孟子·梁惠王下》)

孔子说过"不在其位,不谋其政",那么,反过来,"在其位,就要谋其政",否则,便是失职。正如《礼记·杂记》所说:"居其位,无其言,君子耻之;有其言,无其行,君子耻之。"孔子也曾以此来要求他的弟子:

季氏将伐颛臾。冉有、季路见于孔子曰:"季氏将有事于颛臾。"孔子曰:"求!无乃尔是过与?夫颛臾,昔者先王以为东蒙主,且在邦域之中矣,是社稷之臣也。何以伐为?"冉有曰:"夫子欲之,吾二臣者皆不欲也。"孔子曰:"求!周任有言曰:'陈力就列,不能者止。'危而不持,颠而不扶,则将焉用彼相矣?且尔言过矣,虎兕出于柙,龟玉毁于椟中,是谁之过与?"冉有曰:"今夫颛臾,固而近于费。今不取,后世必为子孙忧。"孔子曰:"求!君子疾夫舍曰欲之而必为之辞。丘也闻有国有家者,不患寡而患不均,不患贫而患不安。盖均无贫,和无寡,安无倾。夫如是,故远人不服,则修文德以来之。既来之,则安之。今由与求也,相夫子,远人不服,而不能来也;邦分崩离析,而不能守也;而谋动干戈于邦内。吾恐季孙之忧,不在颛臾,而在萧墙之内也。"(《论语·季氏》)

季氏将要讨伐颛臾。冉有、子路去见孔子说:“季氏准备对颛臾使用兵力。”孔子说:“冉求,这不就是你的过错吗?颛臾,上代的君王曾经授权它主持东蒙山的祭祀,而且它的国境已经在鲁国的疆域之中,这正是和鲁国共安危存亡的藩属,为什么要讨伐它呢?”冉有说:“季孙大夫想去攻打,我们两个人都不愿意。”孔子说:“冉求,周任有句话说:‘尽自己的力量去承担你的职务,实在做不好就辞职。’如果有了危险不去扶助,跌倒了不去搀扶,那还用辅助的人干什么呢?而且你说的话错了。老虎、犀牛从笼子里跑出来,龟甲、玉器在匣子里被毁坏了,这是谁的责任呢?”冉有说:“现在颛臾城墙坚固,而且离费邑很近。现在不把它夺取过来,将来一定会成为子孙的忧患。”孔子说:“冉求,君子讨厌那种不说自己想要那样做,而找出理由为之辩解的做法。我听说,对于诸侯和大夫,不怕贫穷,而怕财富不均;不怕人口少,而怕不安定。若财富平均,就无所谓贫穷;大家和睦,就不会感到人少;境内安定,就没有倾覆的危险了。做到这样,远方的人还不归服,便再修仁、义、礼、乐的政教招致他们;他们来了,就得使他们安心。现在,仲由和冉求你们两个人辅助季氏,远方的人不归服,却不能招致;国家分崩离析,你们不能保全,反而策划在国内使用武力。我只怕季孙的忧患不在颛臾,却在鲁君哩!”

孔子因他的两位徒弟没能尽到职责而对其提出批评。孔子说,不要找任何借口,能干就干,干不了就辞职;干就要干好,担负起该担负的责任。

为了尽职而屈节

孔子认为,从政者要把履职尽责作为高于一切的目标和任务,为此,自己即使受点委屈、吃点亏也是值得的。孔子就是这样做的:

孔子为鲁司寇,见季康子,康子不悦。孔子又见之。

宰予进曰:“昔予也常闻诸夫子曰:‘王公不我聘则弗动。’今夫子之于司寇也日少,而屈节数矣,不可以已乎?”

孔子曰:“然,鲁国以众相陵,以兵相暴之日久矣,而有司不治,则将乱也。其聘我者,孰大于是哉?”

鲁人闻之,曰:“圣人将治,何不先自远刑罚?”自此之后,国无争者。(《孔子家语·子路初见》)

孔子在做鲁国大司寇期间,有一次拜见季康子,季康子表现出一脸不高兴的样子。后来,孔子又主动拜见他。孔子的弟子宰予对老师说:“以前,我常常听夫子说:‘王公不聘请我,我就不主动去找王公做官。’现在,您刚当了大司寇时间不久,就已经受了多次委屈,难道您不可以停止这样做吗?”

孔子说道:“是这样的。鲁国以众暴寡,用兵来侵犯别人的情况很久了,如果主管的官员不管,就会出大乱子。如今任用我在此职位,我哪有比鲁国的社会治理更重要的事儿呢? 受点委屈又算什么呢?”

鲁国百姓听到这些话,纷纷相劝道:“听说孔子当了大司寇,将要来治理鲁国,我们都老实点吧,以免受到刑罚。”于是,自此之后,鲁国没有相互争斗的人。

孔子的这一做法表现了他在工作中既有勇于责任担当的原则性,又有灵活性,是原则性和灵活性的统一。孔子说得好:

> 君子之行己,期于必达于己,可以屈则屈,可以伸则伸。故屈节者所以有待,求伸者所以及时。是以虽受屈而不毁其节,志达而不犯于义。(《孔子家语·屈节》)

孔子认为,为了达成一定的目标,该做出妥协的就做出妥协,该主动出击的就主动出击。但是要掌握一个底线:做出妥协不能失掉气节,主动出击也不能损害道义。“执经达权”是儒家做人做事的一条基本原则。

附　子路:食其食者不避其难

> 子路性鄙,好勇力,志伉直,冠雄鸡,佩豭豚,陵暴孔子。孔子设礼稍诱子路,子路后儒服委质,因门人请为弟子。
>
> ……
>
> 初,卫灵公有宠姬曰南子。灵公太子蒉聩得过南子,惧诛出奔。及灵公卒而夫人欲立公子郢。郢不肯,曰:“亡人太子之子辄在。”于是卫立辄为君,是为出公。出公立十二年,其父蒉聩居外,不得入。子路为卫大夫孔悝之邑宰。蒉聩乃与孔

悝作乱,谋入孔悝家,遂与其徒袭攻出公。出公奔鲁,而蒉聩入立,是为庄公。方孔悝作乱,子路在外,闻之而驰往。遇子羔出卫城门,谓子路曰:“出公去矣,而门已闭,子可还矣,毋空受其祸。”子路曰:“食其食者不避其难。”子羔卒去。有使者入城,城门开,子路随而入。造蒉聩,蒉聩与孔悝登台。子路曰:“君焉用孔悝?请得而杀之。”蒉聩弗听。于是子路欲燔台,蒉聩惧,乃下石乞、壶黡攻子路,击断子路之缨。子路曰:“君子死而冠不免。”遂结缨而死。

孔子闻卫乱,曰:“嗟乎,由死矣!”已而果死。(《史记·仲尼弟子列传》)

子路即仲由。最初,他性情鲁莽,有勇力;头戴雄鸡样式的帽子,身佩像豭豚之类的东西,曾经冒犯欺凌过孔子。可是,就是这样一位“粗野莽汉”却变得“知礼好义”“忠诚守信”“勇于担当”。这是孔子循循善诱对其教育的结果。《孔子家语》记载:

子路见孔子,子曰:“汝何好乐?”

对曰:“好长剑。”

孔子曰:“吾非此之问也,徒谓以子之所能,而加之以学问,岂可及乎?”

子路曰:“学岂益也哉?”

孔子曰:“夫人君而无谏臣则失正,士而无教友则失听。御狂马不释策,操弓不反檠。木受绳则直,人受谏则圣。受学重问,孰不顺哉?毁仁恶士,必近于刑。君子不可不学。”

子路曰:“南山有竹,不揉自直。斩而用之,达于犀革。以此言之,何学之有?”

孔子曰:“括而羽之,镞而砺之,其入之不亦深乎?”

子路再拜曰:“敬而受教。”(《孔子家语·子路初见》)

子路起初并不好学。拜孔子受教后,孔子时时对其予以教化,告诉他“义之为上”的道理:“君子好勇而无义则乱,小人好勇而无义则盗。”在孔子的教诲下,子路逐步变成“向上向善”的君子:“子路有闻,未之能行,唯恐有闻。”孔子深知子路的“义勇”性格,所以预料其必“死矣”。子路“食其食者不避其难”的牺牲精神,“结缨而死”的从容就义举动,正是儒家一贯倡导的“杀身成仁”“舍生取义”的责任担当精神的生动写照!

第三章　为政以德——道德示范力

子曰:“为政以德,譬如北辰居其所而众星共之。”

——《论语·为政》

德国哲学家康德曾说过:有两种东西,我对它们的思考越是深沉和持久,它们在我心灵中唤起的惊奇和敬畏就会历久弥新,它们一个是我们头上浩瀚的星空,另一个是我们心中的道德法令。

道德令人敬畏。敬者,尊敬也,由尊敬而有所师法;畏者,畏惧也,有畏惧而有所不为。道德传播的是正能量,抑制的是负能量。道德的这种力量是榜样的示范力,是一种无形却有力的领导力,是一种力量无穷的软实力。

儒家主张为政以德,因此特别注重领导者的道德领导力。一般说来,在现代民主政治条件下,一个组织的领导者一方面要依靠手中掌握的权力并运用高超的领导艺术即权力领导力来实现对组织的有效管理;另一方面要以自身优秀的道德素养及其产生的示范和引领作用即道德示范力来感染、动员和凝聚组织成员,组织内的成员亦会基于领导人的道德示范力对组织行为产生正面和积极的作用,从而实现组织的良性运行并顺利达成组织的预期目标。这一现象表明,权力领导力离不开道德示范力,道德示范力在维系权力领导力和组织运转中起着越来越重要的作用。

德不孤,必有邻

一个优秀的领导者,应该形成个人的领导魅力。所谓魅力,是对一个人从外表形象到内在精神气质的一种全面肯定。从汉语词源学分析,魅字从“鬼”从“未”,魅力被人们称为奇异之力、未可知力。在古希腊语中,魅力(charisma)原意为“神赋的礼物”,指的就是人们所具有的非凡影响力和神授能力。从领导力理论的角度分析,领导魅力由领导干部社会影响力与追随者的社会心理认同两个基本要素构成,二者相互作用、相互依存、相互统一,成为领导活动中一种必然发生的社会现象。领导魅力是领导力的重要组成部分,是促进领导活动的重要因素。由此可见,领导魅力是很重要的。提升领导魅力,首先要从领导干部自身做起。就领导干部自身而言,构成领导魅力的因素无非是才和德两端,而其中又以德为先。因此,道德成为形成领导魅力的关键。

孔子曰:“德不孤,必有邻。”(《论语·里仁》)

孔子主张为政以德。有道德的人就像北极星,众星都会环绕在它的周围。有道德的人不会感到孤单,因为一定会有志同道合的人和他在一起。有道德的人才有吸引力、号召力和凝聚力。成语中有“德高望重”一词,望重,就会被人拥戴,便自然会成为组织或团体中的核心,像磁石一般把人们吸引在自己的身边。自古凡成大事者,必有一个卓越的团队;而要形成一个卓越的团队,必有一个出色的领袖人物;而要成为一个出色的领袖人物,不一定要有多么高的武艺,但一定要有高尚的道德修养。

刘备就是一个典型的例子。在《三国演义》中,刘备是自觉践行“以人为本”的仁德之君。他说“举大事者必以人为本”,并以此作为与曹操抗衡的法宝。刘备说道:“今与吾水火相敌者,曹操也。操以急,吾以宽;操以暴,吾以仁;操以谲,吾以忠:每与操相反,事乃可成。若以小利而失信义于天下,吾不忍也。”正因刘备是仁义贤君,他才能够凝聚起一个包括诸葛亮、关羽、张飞等一流文武之才在内的团队,才能够得到老百姓的拥戴,才能够拥有巨大优势。《水浒传》中的宋江乃至《西游记》中的唐僧都是如此。直到今天,我们的用人政策也是“德才兼备,以德为先”。

道德是形成领导魅力的首要因素,因为它能真正地赢得人心。正如孟子所说:

> 以力服人者,非心服也,力不赡也;以德服人者,中心悦而诚服也,如七十子之服孔子也。《诗》云:“自西自东,自南自北,无思不服。”此之谓也。(《孟子·公孙丑上》)

以德服人是使人心悦诚服,以力服人是强迫别人服从。心悦诚服是真服,彻底解决问题;而强迫压服未必是真服,被强迫者一旦有力量起来反抗，他们便不会再服从。诸葛亮之所以七擒孟获而归之，原因即在于此，不如此，不能从根本上解决北伐的后顾之忧。从权力类型上来说，以力服人是一种硬权力，也就是基于自己的职位所产生的权力；以德服人是一种软权力，也就是基于领导者个人魅力所产生的让被领导者自愿追随的影响力。前者是不得不从，后者是自愿随从；前者随着职位的消失而消失，后者则与个人魅力同在。人们常说："政声人去后，民意闲谈中。"如果一个领导者退休之后，还能受到人们一如既往地尊敬和爱戴，则可以断定，这个领导者不但拥有硬权力，而且具有软权力。

政者正也，以身作则

以身作则，被《领导力：如何在组织中成就卓越》的作者称为卓越领导者的五种习惯行为之首。（书中提到的其他四种习惯行为是：共启愿景、挑战现状、使众人行、激励人心。）孔子非常重视以身作则的作用，他多次教导弟子和从政者，为政首先要端正自己：

> 子曰："其身正，不令而行；其身不正，虽令不从。"（《论语·子路》）
>
> 季康子问政于孔子。孔子对曰："政者，正也。子帅以正，孰敢不正？"（《论语·颜渊》）
>
> 子曰："苟正其身矣，于从政乎何有？不能正其身，如正人

何?"(《论语·子路》)

子路问政。子曰:"先之劳之。"(《论语·子路》)

正人先正己。只有先从自己做起,才有说服力。否则的话,自己言行不一,说一套做一套,岂能令别人信服?孟子曰:"身不行道,不行于妻子;使人不以道,不能行于妻子。"(《孟子·尽心下》)

古人云,官德彰则民风淳,官德毁则世风降。官德的好坏对民风世风影响极大,甚至对民风世风有决定性作用。贞观二年,唐太宗对侍臣说:"古人云:'君犹器也,人犹水也,方圆在于器,不在于水。'故尧、舜率天下以仁,而人从之;桀、纣率天下以暴,而人从之。下之所行,皆从上之所好。"(《贞观政要·慎所好》)下面的故事就生动地说明了这个道理:

齐桓公好服紫,一国尽服紫。当是时也,五素不得一紫。桓公患之,谓管仲曰:"寡人好服紫,紫贵甚,一国百姓好服紫不已,寡人奈何?"管仲曰:"君欲止之,何不试勿衣紫也?谓左右曰:'吾甚恶紫之臭。'于是左右适有衣紫而进者,公必曰:'少却,吾恶紫臭。'"公曰:"诺。"于是日,郎中莫衣紫;其明日,国中莫衣紫;三日,境内莫衣紫也。(《韩非子·外储说左上》)

齐桓公仅靠一句话,便在三日之内解决了原本令他头痛的大问题。对此,不知他作何感想。"楚王好细腰,宫中多饿死",同样是由领导者个人的喜好而导致的结果。因此,孟子曰:“上有好者,下必有甚焉者矣。”(《孟子·滕文公上》)此言非虚也。平民百姓的个人爱好影响有限,但是领导者的兴趣爱好关系政事甚大,不可不慎。正因如此,领导者应由有良好兴趣爱好的人担任。

> 孔子曰:“……凡上者,民之表也,表正则何物不正?是故人君先立仁于己,然后大夫忠而士信,民敦俗璞,男悫而女贞。”(《孔子家语·王言解》)
>
> 孟子曰:“……是以惟仁者宜在高位。不仁而在高位,是播其恶于众也。”(《孟子·离娄上》)

孟子说出了一个深刻的道理:有高尚道德的人才应该担任领导职位,才能当好领导;没有道德的人,担任领导职位后,就会把他的恶传播给群众,伤风败俗,败坏社会风气。

“政者正也。”基于此,儒家强调领导者要以身作则,认为这是实现有效领导的前提条件。持同样看法的,还有被称为“领导者圣经”的《领导力:如何在组织中成就卓越》一书的作者库泽斯(Kouzes,J. M.)和波斯纳(Posner,B. Z.)。两人经过数十年的实证研究,自第三版起把“以身作则”列在了卓越领导者的五种习惯行为之首,而在此前的第二版中却把它排在了倒数第二。作者在书中写道:“职位固然重要,但更重要的是靠自己的行为赢得人们的尊重。这一点在我们搜集的所有案例中都有体现。”“卓越的领导者知道,如果他们想要赢得承诺和达到最高业绩,他们就必须以身作则、率先垂范,为他人树立行动的榜样。”

德主刑辅，礼法合治

孔子曰："圣人之治化也，必刑政相参焉。太上以德教民，而以礼齐之；其次以政焉导民，以刑禁之，刑不刑也。化之弗变，导之弗从，伤义以败俗，于是乎用刑矣。"（《孔子家语·刑政》）

孔子"仁"的思想表现在治国理政的基本方略上，必然是为政以德、为国以礼。德与礼体现了孔子的德治思想。为政以德，侧重于为政者个人内在的道德修养；为国以礼，侧重于君民行为的外在规范。二者结合，构成了孔子治理体系的基本架构。孔子虽然主张为政以德、为国以礼，却并不反对用法用刑，而是将用法用刑作为不得已的手段。孔子治国理政的手段实际上分为三个层次：太上以德，齐之以礼，辅之以刑。

太上以德

德治是儒家治国理政最主要的主张、最鲜明的特色。那么，儒家为什么主张实行德治呢？在儒家看来，德治有什么优点呢？

第一，在儒家看来，德治能够启发人的羞耻之心，能够让人自觉改邪归正，是治国理政的治本之策。

子曰："道之以政，齐之以刑，民免而无耻；道之以德，齐之以礼，有耻且格。"（《论语·为政》）

孔子说，用政法来诱导他们，用刑罚来整顿他们，人民只是暂时地免于罪过，却没有羞耻之心；如果用道德来引导他们，用礼制来整顿他们，人民不但有羞耻之心，而且会从心里归服。这正是儒家认为德治胜于法治的地方。正如《淮南子》所说：

> 民不知礼义，法弗能正也；非崇善废丑，不向礼义。无法不可以为治也，不知礼义不可以行法。法能杀不孝者，而不能使人为孔、曾之行；法能刑窃盗者，而不能使人为伯夷之廉。（《淮南子·泰族训》）

由此可见，孔子认为治国理政的关键在于治理人心，激发其内在的羞耻心。人如果有羞耻之心，就有了判断是非善恶的最起码的道德标准，就会从内心深处筑起一道道德屏障，就会拒绝做坏事；而人一旦失去了羞耻之心，就会成为衣冠禽兽，为达目的无所不用其极，什么伤天害理的事儿都可以做出来。正如孟子所说："人不可以无耻，无耻之耻，无耻矣。"（《孟子·尽心上》）那么，羞耻之心又是源自哪里呢？其来源于人心内在的良知。孔子虽然没有直接提出良知的概念，但是作为理论预设，良知已经暗含在他的学说里了。其实儒家从本质上或从主流上说是主张性善论的。这是儒家主张德治的人性论基础。

道之以德，是一种柔性、软性领导方式。这种领导方式基于对人性的深刻洞察、体贴和尊重。从人性上讲，没有人愿意服从别人的强制命令；而道之以德，就是用自己的道德力量让人自愿的追随。当然，人心的赢得绝非一朝一夕能实现的，这需要自身始终如一地进行道德引领，真心实意地为民办事，耐心细致、持之以恒地为民服务。

第二，德治能够实现儒家所向往和追求的无为而治。道、儒两家都主张“无为之治”，但是基本内涵和达成路径不同。

> 太上，不知有之。其次，亲而誉之。其次，畏之。其次，侮之。（《道德经》第十七章）

道家认为最好的领导是百姓不知有领导而天下大治的，次一等的是受到百姓亲近而赞誉的，再次一等的是使百姓感到畏惧的，最差的是受到百姓侮骂的。如何达到“不知有之”的治理境界呢？老子说：“我无为而民自化，我好静而民自正，我无事而民自富，我无欲而民自朴。”（《道德经》第五十七章）简言之，道家的主张是“不扰民”。

> 子曰：“无为而治者其舜也与？夫何为哉？恭己正南面而已矣。”（《论语·卫灵公》）

孔子称赞舜做到了“无为而治”，因为他做到了“恭己正南面”。那么，为什么这样就做到了“无为而治”呢？对此，朱熹给出了答案：“无为而治者，圣人德盛而民化，不待其有所作为也。”“为政以德，则无为而天下归之。”（《论语集注》）儒家主张“修己安人”“内圣外王”。孔子所讲的“恭己”就是“修己以敬”，以成“内圣”；“正南面”就是“修己以安人”“修己以安百姓”，以成

“外王”。“恭己正南面”是儒家追求的治理境界。简言之,儒家的主张是“以德化民”。

季康子问政于孔子曰:“如杀无道,以就有道,何如?”孔子对曰:“子为政,焉用杀?子欲善而民善矣。君子之德风,小人之德草。草上之风,必偃。”(《论语·颜渊》)

鲁国权臣季康子向孔子请教如何治理政事,说:“如果杀掉无道的人来成全有道的人,怎么样?”孔子说:“您治理政事,哪里用得着杀戮的手段呢?您只要想行善,老百姓也会跟着行善。在位者的品德好比风,在下的人的品德好比草,风吹到草上,草必定跟着倒。”道德的影响力虽然是无形的,却是巨大的。这种观念自古有之:“尔惟风,下民惟草。”(《尚书·君陈》)孟子也如此认为:“君子之德,风也;小人之德,草也。草尚之风,必偃。”(《孟子·滕文公上》)

在儒家经典《孔子家语》中,也多次写到了“以德化民”的主张和事例:

孔子北游于农山,子路、子贡、颜渊侍侧。孔子四望,喟然而叹曰:“于斯致思,无所不至矣。二三子各言尔志,吾将择焉。”

子路进曰:“由愿得白羽若月,赤羽若日,钟鼓之音上震于天,旍旗缤纷下蟠于地。由当一队而敌之,必也攘地千里,搴旗执聝。唯由能之,使二子者从我焉。”

夫子曰:“勇哉!”

子贡复进曰:“赐愿使齐、楚合战于漭漭之野,两垒相望,尘埃相接,挺刃交兵。赐著缟衣白冠,陈说其间,推论利害,释国之患。唯赐能之,使夫二子者从我焉。”

夫子曰:“辩哉!”

颜回退而不对。孔子曰:“回,来! 汝奚独无愿乎?”

颜回对曰:“文武之事,则二子者既言之矣,回何云焉?”

孔子曰:“虽然,各言尔志也,小子言之。”

对曰:“回闻薰、莸不同器而藏,尧、桀不共国而治,以其类异也。回愿得明王圣主辅相之,敷其五教,导之以礼乐,使民城郭不修,沟池不越,铸剑戟以为农器,放牛马于原薮,室家无离旷之思,千岁无战斗之患。则由无所施其勇,而赐无所用其辩矣。”

夫子凛然曰:“美哉德也!”

子路抗手而对曰:“夫子何选焉?”

孔子曰:“不伤财,不害民,不繁词,则颜氏之子有矣。”(《孔子家语·致思》)

在孔子看来,“勇”需要打仗,劳民伤财;“辩”则繁词,而且计较于利害之间,非出于真心友好也;唯有“德”,不伤财、不害民、不繁词,达到了“无为而治”的境界,实现了真正的和平。

虞、芮二国争田而讼,连年不决。乃相谓曰:“西伯,仁人也,盍往质之?”入其境,则耕者让畔,行者让路;入其邑,男女异路，斑白不提挈；入其朝，士让为大夫，大夫让为卿。虞、芮之君曰："嘻！吾侪小人也，不可以入君子之朝。"遂自相与而退，咸以所争之田为闲田矣。孔子曰："以此观之，文王之道，其不可加焉。不令而从，不教而听，至矣哉！"(《孔子家语·好生》)

虞国、芮国是两个小国，为了争田地而打官司，连续打了几年也没结果。两位国君听说西伯，也就是周文王，是一位仁人，便想让他给评判。当他们走到西伯的领地后，看到的都是谦让和谐的景象，便产生了羞耻之心，没有脸面登上周文王的朝廷，于是便退了回来，把所争之田作为闲田。孔子认为周文王的仁政达到了不令而从、不教而听的最高境界。这就是"无为而治"。

齐之以礼

子曰："能以礼让为国乎？何有？不能以礼让为国，如礼何？"(《论语·里仁》)

孔子继承了西周以来把礼作为治国之经纬的思想，认为礼是治国之本，提出了以礼乐教化为特色的治国安邦的总体思路。儒家的礼具有内在的逻辑体系，"三礼"指的是三本书，但亦可代表礼的三层内涵：《仪礼》，主要是行为之礼，制定的是行为规范；《周礼》，主要是制度之礼，体现的是制度设计；《礼记》，主要是义理之礼，表达的是思想理念。因此，儒家之礼，既有一整套具体细致的行为规范，又有严密的政治制度设计，还有大同、小康等永恒理念的指导,从而使礼成为儒家治国理政的基本方略。

儒家之礼,以仁为本。

子曰:“礼云礼云,玉帛云乎哉?乐云乐云,钟鼓云乎哉?”(《论语·阳货》)

子曰:“人而不仁,如礼何?人而不仁,如乐何?”(《论语·八佾》)

仁是礼的本质,礼是仁的形式。因此,遵礼就能达仁。

颜渊问仁。子曰:“克己复礼为仁。一日克己复礼,天下归仁焉。为仁由己,而由人乎哉?”颜渊曰:“请问其目。”子曰:“非礼勿视,非礼勿听,非礼勿言,非礼勿动。”(《论语·颜渊》)

值得指出的是,既然礼是达到仁的途径,孔子之礼当然是爱人,而不是吃人。吃人者,礼教也。如果抽掉了作为礼之内核的仁,礼就成为束缚人的东西。这与孔子倡导的礼背道而驰。孔子主张爱人,自然要尊重人性,关心人情。王阳明真正领会了孔子的精神。他说:

圣人之学,不是这等捆缚苦楚的,不是妆做道学的模样。(王阳明《传习录》)

其实,孔子是一个活泼的人,是一个非常热爱生活的人,是一个率性而为的人,是一个见机行事的人,是一个充满大爱的人。他不是一个呆若木鸡的人,不是一个刻板僵化的人,不是一个虚伪做作的人,不是一个纸上谈兵的人,不是一个冷漠无情的人。

儒家之礼,以和为用。

> 礼之用,和为贵。(《论语·学而》)

礼的作用在于实现人与自身、人与社会、人与自然的和谐,具体表现在以下三方面。

一是以礼制中,实现身心和谐。子曰:“夫礼,所以制中也。”(《孔子家语·论礼》)下面两个例子很好地说明了这一点:

> 伯鱼之母死,期而犹哭。夫子闻之曰:“谁与哭者?”门人曰:“鲤也。”夫子曰:“嘻!其甚也。”伯鱼闻之,遂除之。(《礼记·檀弓上》)
>
> 曾子谓子思曰:“伋,吾执亲之丧也,水浆不入于口者七日。”子思曰:“先王之制礼也,过之者俯而就之,不至焉者,跂而及之。故君子之执亲之丧也,水浆不入于口者三日,杖而后能起。”(《礼记·檀弓上》)

过犹不及。人的行为要合宜,要符合中庸之道。但是,中庸之道是一般人不易做到的:或因情深而过之,或因情浅而不及。怎么办呢?这就需要圣人在精通人情的基础上制定一个可以为大家所能接受并做得到的行为标准，让众人有所遵循，这就是礼。这个礼就成为大家约定俗成的行为准则和评价标准。自己的行为符合礼，众人认可，自己也心安理得；不合礼，众人指责，自己也于心不安。这就是礼在实现自身和谐中的重要作用。

二是以礼治事，实现社会和谐。

> 子曰："礼者何也？即事之治也。君子有其事，必有其治。治国而无礼，譬犹瞽之无相与！伥伥乎其何之？譬如终夜有求于幽室之中，非烛何见？若无礼，则手足无所错，耳目无所加，进退揖让无所制。……如此，则无以祖洽于众也。"（《礼记·仲尼燕居》）
>
> 夫礼之所以兴，众之所以治也；礼之所以废，众之所以乱也。（《孔子家语·问玉》）

"君子有其事，必有其治"，而"礼者何也？即事之治也"。孔子认为"礼"是治国理政的制度和措施。没有"礼"，大家"手足无所错，耳目无所加，进退揖让无所制"，这样的社会便不能够正常运行，不能够保持和谐稳定。所以，制定一套行之有效的"礼制"，让大家有章可循，有"礼"可依，才能使人们行事有条不紊，才能使社会井然有序。这正是孔子面对春秋时期礼崩乐坏、天下混乱的局面而提出的救世之道！英国作家贡布里希（Ernst H. Gombrich，1909～2001）在《写给大家的简明世界史》中写道：在孔子学说的影响下，伟大的中华民族比世界上别的民族更和睦和平地共同生活了几千年，只是由于有了他的学说，这个有着众多省份的大国最终也没有瓦解。

以礼治事,实现社会和谐,其关键在于正名。子曰:“名不正,则言不顺;言不顺,则事不成;事不成,则礼乐不兴;礼乐不兴,则刑罚不中;刑罚不中,则民无所错手足。”(《论语·子路》)而君臣父子又是正名的关键所在,关系到家国的治乱兴衰,所以当齐景公问政于孔子,孔子对曰:“君君,臣臣,父父,子子。”公曰:“善哉!信如君不君,臣不臣,父不父,子不子,虽有粟,吾得而食诸?”(《论语·颜渊》)那么又应该如何为人君臣父子呢?《大学》中讲:“为人君,止于仁;为人臣,止于敬;为人子,止于孝;为人父,止于慈;与国人交,止于信。”

三是以礼节欲,实现天人和谐。孔子曰:“夫礼,先王所以承天之道,以治人之情。”(《孔子家语·礼运》)《礼记·礼器》云:“礼也者,合于天时,设于地财,顺于鬼神,合于人心,理万物者也。”圣人制“礼”,要仰观天道,俯视人道,实现自然规律和人类社会规律的统一,以保障天人和谐,共存共生,永续发展。荀子深刻地揭示了“礼”的这一作用:

> 礼起于何也?曰:人生而有欲,欲而不得,则不能无求;求而无度量分界,则不能不争;争则乱,乱则穷。先王恶其乱也,故制礼义以分之,以养人之欲,给人之求,使欲必不穷乎物,物必不屈于欲,两者相持而长,是礼之所起也。故礼者,养也。……故人一之于礼义,则两得之矣;一之于情性,则两丧之矣。(《荀子·礼论》)

荀子认为,礼的产生是为了节制人的欲望。因为人天生都有欲望,有欲望就会有追求,有追求就会无止境,无止境就会有斗争,有斗争就会有动乱,有动乱就会有穷困。所以,需要制定礼义对欲望加以节制,使欲望一定不能穷尽物,使物一定不能尽为人的欲望所驱使,要使人欲与外物均衡增长,这就是礼产生的原因。在荀子看来,礼是人类的自我约束,以保持人与物的和谐统一:"一之于情性,则两丧之矣。""一之于礼义,则两得之矣。"那么,什么是礼呢?礼,实际上就是一整套制度规定和风俗习惯的总和,用以节制和规范人的欲望。那么,现代人是不是就一定比古代人幸福?应该说,现代人比古代人生活更方便,但未必比古代人幸福。孔子讲"欲而不贪",现代人很难做到。欲望是把双刃剑,一方面是推动人类进步的动力,一方面又是诱惑人类做出错误选择的陷阱。因此,要"以礼节欲",而"以礼节欲"即是"以礼养欲"也。可见,"礼之义大矣哉!"

荀子的这种观点基于他的性恶论。他说:"人之性恶,其善者伪也。今人之性,生而有好利焉,顺是,故争夺生而辞让亡焉;生而有疾恶焉,顺是,故残贼生而忠信亡焉;生而有耳目之欲,有好声色焉,顺是,故淫乱生而礼义文理亡焉。然则从人之性,顺人之情,必出于争夺,合于犯分乱理而归于暴。故必将有师法之化,礼义之道,然后出于辞让,合于文理,而归于治。""故顺情性则弟兄争矣,化礼义则让乎国人矣。"(《荀子·性恶》)既然人性是恶的,人就不能率性而为,而要以礼行事。

孔子主张"为国以礼",但并非反对法制。孔子曰:"知为吏者,奉法以利民;不知为吏者,枉法以侵民。"(《孔子家语·辩政》)只不过孔子采取的是德治的基本方略，法制只是最后的手段罢了。

其实，礼与法既有联系，又有区别。贾谊指出："夫礼者禁于将然之前；而法者，禁于已然之后。是故法之所用易见，而礼之所为生难知也。"（《汉书·贾谊传》）《大戴礼记·礼察》中也说道："凡人之知，能见已然，不能见将然。礼者禁于将然之前，而法者禁于已然之后。"由此可见，礼是治"未病"。礼治实际上是在法治面前构建了一道防火墙，预防人们违法犯罪。

子曰："听讼，吾犹人也。必也使无讼乎！"（《论语·颜渊》）在儒家看来，"无讼""无刑"才是治理的最高境界。梁漱溟说过：

> 以后世界是要以礼乐换过法律的，全符合了孔家宗旨而后已。刑赏是根本摧残人格的，是导诱恶劣心理的，在以前或不得不用，在以后则不得不废；——这又合了从来的孔家之理想。（《东西文化及其哲学》）

因此，儒家极力主张"为政以德""为国以礼"；而这又建筑在其最根本之哲学基础——"仁"之上。

辅之以刑

> 《书》云："义刑义杀，勿庸以即汝心，惟曰未有慎事。"言必教而后刑也。既陈道德，以先服之；而犹不可，尚贤以劝之；又不可，即废之；又不可，而后以威惮之。若是三年，而百姓正矣。其有邪民不从化者，然后待之以刑，则民咸知罪矣。（《孔子家语·始诛》）

孔子说:"《尚书》中讲:'刑杀要符合正义,不能要求都符合自己的心意,断案不是那么顺当的事。'说的是先施教化后用刑罚。先陈说道理使百姓明白、敬服,如果不行,就应该以贤良的人为表率引导、鼓励他们;如果还不行,就放弃种种说教;如果再不行,才可以用威势震慑他们。这样做三年,而后百姓就会走上正道。其中有些不从教化的顽劣之徒,对他们就可以使用刑罚,这样一来,百姓都知道什么是犯罪了。"这是说,使用刑罚是最后的选择,是迫不得已的事,是对"德治失灵"的一种补充手段。如果不教而诛,则无异于屠杀无辜,那就是对人民的残害。这样的统治者是应受到谴责的。

今天,我们虽然提出了全面依法治国的总目标,但是这并不意味着放弃德治。

发挥好法律的规范作用,必须以法治体现道德理念,强化法律对道德建设的促进作用。一方面,道德是法律的基础,只有那些具有深厚道德基础的法律才能为人们所自觉遵行。另一方面,法律是道德的保障,可以通过强制性规范人们行为、惩罚违法行为来引领道德风尚;要注意把一些基本道德规范转化为法律规范,使法律法规更多地体现道德理念和人文关怀,通过法律的强制力来强化道德作用、确保道德底线,推动全社会道德素质的提升。

发挥好道德的教化作用,必须以道德滋养法治精神,强化道德对法治文化的支撑作用。再多、再好的法律,必须转化为人们内心的自觉才能真正为人们所遵行。"不知耻者,无所不为。"没有道德的滋养,法治文化就缺乏源头活水,法律实施就缺乏坚实的社会基础。

以孝治天下

> 孟子曰:“仁之实,事亲是也;义之实,从兄是也;智之实,知斯二者弗去是也;礼之实,节文斯二者是也;乐之实,乐斯二者,乐则生矣;生则恶可已也,恶可已,则不知足之蹈之手之舞之。”(《孟子·离娄上》)

在孟子看来,仁、义、智、礼、乐归根结底都是为了孝父母、敬兄长。当然,这种看法未免有失偏颇,但它表明了孝是封建社会价值观的一个集中体现。然而,作为封建社会价值观集中体现的孝道,并未因封建社会的结束而被废止,相反,作为人类社会基本伦理的孝,将具有永恒的意义。当然,它的内容和形式都会随时代的变化而变化。

> 夫孝,置之而塞乎天地,溥之而横乎四海,施诸后世而无朝夕。推而放诸东海而准,推而放诸西海而准,推而放诸南海而准,推而放诸北海而准。(《礼记·祭义》)

孝,成为放之四海而皆准的真理。中国的古圣先贤和历代统治者之所以大力倡导孝道,根本的原因还在于孝的政治功能。中国古代社会家国同构,所谓修身、齐家、治国、平天下,修身就是齐家,齐家就是治国,治国就是平天下。孟子曰:“人有恒言,皆曰:‘天下国家。’天下之本在国,国之本在家,家之本在身。”(《孟子·

离娄上》）中国的政治之道就是从自己做起，由己及人，由近及远，先治理好自己，再治理好家庭，然后可以治理好国家，最后就会治理好天下。这也正是孔子实践“仁”的方法。孔子曰：“能近取譬，可谓仁之方也已。”（《论语·雍也》）

从修身做起，最根本的就是要从孝做起，孝是达到仁的切入点，也是践行仁的重要载体和途径。

> 有子曰：“其为人也孝弟，而好犯上者，鲜矣；不好犯上，而好作乱者，未之有也。君子务本，本立而道生。孝弟也者，其为仁之本与！”（《论语·学而》）

有子是孔子的弟子，和孔子长得相像，孔子死后，弟子们思慕不已，有人便提出要师事有子，即像侍奉孔子一样侍奉他。此事在《论语》《史记》中都有记载。由此可以看出有子在孔门弟子中的地位。有子的确提出了一些对后世影响深远的思想，上面这句话就道出了中国政治以孝治天下的一大特点。这一点，《大学》中说得更加明白具体：

> 孝者，所以事君也；弟者，所以事长也；慈者，所以使众也。（《大学》）

在家为孝，在朝为忠。家政就是朝政，朝政就是家政。因而孝道便成了统治者进行统治的模范。当官的对待百姓要像父母对待子女一样，这就是“慈者，所以使众也”；百姓对待官员要像子女对待父母一样，这就是"孝者，所以事君也"。做下属的对待上级要像弟弟对待兄长一样；自然，我们不难推论出，做上级的对待下属要像兄长对待弟弟一样。这样，就把整个封建社会的统治建立在以自然血缘关系为黏合剂的牢固基础之上了。统治者正是因为看中了孝的这种政治功能，所以才不遗余力地宣扬孝道。

舜就是一个以孝治天下的榜样。《史记·五帝本纪》详细记载了舜的非同寻常的孝行：

> 舜父瞽叟盲，而舜母死，瞽叟更娶妻而生象，象傲。瞽叟爱后妻子，常欲杀舜，舜避逃；及有小过，则受罪。顺事父及后母与弟，日以笃谨，匪有解。
>
> ……
>
> 舜年二十以孝闻。三十而帝尧问可用者，四岳咸荐虞舜，曰可。于是尧乃以二女妻舜以观其内，使九男与处以观其外。舜居妫汭，内行弥谨。尧二女不敢以贵骄事舜亲戚，甚有妇道。尧九男皆益笃。舜耕历山，历山之人皆让畔；渔雷泽，雷泽上人皆让居；陶河滨，河滨器皆不苦窳。一年而所居成聚，二年成邑，三年成都。尧乃赐舜絺衣，与琴，为筑仓廪，予牛羊。瞽叟尚复欲杀之，使舜上涂廪，瞽叟从下纵火焚廪。舜乃以两笠自扞而下，去，得不死。后瞽叟又使舜穿井，舜穿井为匿空旁出。舜既入深，瞽叟与象共下土实井，舜从匿空出，去。瞽叟、象喜，以舜为已死。象曰："本谋者象。"象与其父母分，于是曰："舜妻尧二女，与琴，象取之。牛羊仓廪予父母。"象乃止舜宫居，鼓其琴。舜往见之。象鄂不怿，曰："我思舜正郁陶！"

舜曰:"然,尔其庶矣!"舜复事瞽叟爱弟弥谨。

这一记载告诉我们三件事。第一,舜非常孝顺,能忍常人所不能忍,而又有常人所少有之智。舜的父亲瞽叟是个盲人,在舜的母亲去世后又娶了一位妻子,并生了儿子象。这位后妻对舜不好也就罢了,可作为父亲的瞽叟为了讨好后妻,竟然常想杀掉舜,这就有失为父之道了。即使舜有了出息,受到了尧帝的奖赏,他的父亲也没有改变想法。更令人不解的是,瞽叟为了除掉自己的亲儿子舜,简直不择手段。他吩咐舜去修葺粮仓后,却在下面纵火焚烧;发现舜没有被烧死,又使其去挖井,等到舜挖深之后,他与儿子象一起往井里填土埋井。自以为得手后,他们父子二人分起了赃,活脱脱一副谋财害命的强盗嘴脸。不要说是父子关系了,就是一般路人这样做,常人也是不能忍受的。可是舜一如既往地"顺适不失子道,兄弟孝慈",而且"复事瞽叟爱弟弥谨"。即便是登上帝位之后,舜仍然谨守子道。这是舜能忍常人所不能忍之处。"孟懿子问孝。子曰:'无违。'"(《论语·为政》)舜真的做到了。舜毕竟是圣人,聪明睿智,看人处事明察秋毫、洞若观火;对于可能有的危险,早有预知,早有预案,故每每逢凶化吉,安然无恙。这是舜具有的常人所少有之智,即顺中有为,不去做无谓的牺牲。可以说,舜的孝是一种充满爱和智慧的孝,是一种圣人之孝。这是我们应该学习的地方。第二,舜以孝拥有天下。"舜年二十以孝闻。"这个"闻"指声名远播。当尧要选接班人的时候,大臣们推荐了几个人,包括尧帝自己的儿子丹朱,尧都否决了;大臣们说民间有一个叫舜的人,尧已经耳有所闻,当具体了解到他的孝行之后,便同意舜进入考察阶段了。经过种种严峻考验,舜以自己的杰出表现获得了尧的认可。舜先以德闻,后以才进,与现代选人用人办法高度契合。第三,舜以孝治天下,取得了极大的成功。孟子曰:“舜尽事亲之道而瞽瞍底豫,瞽瞍底豫而天下化,瞽瞍底豫而天下之为父子者定,此之谓大孝。”(《孟子·离娄上》)舜对自己父亲的态度为天下人做出了榜样。这就是舜的大孝。舜的大孝就是以孝治天下。“舜耕历山,历山之人皆让畔;渔雷泽,雷泽上人皆让居;陶河滨,河滨器皆不苦窳。一年而所居成聚,二年成邑,三年成都。”这使我们联想到孔子的政绩:“定公以孔子为中都宰,一年,四方皆则之。由中都宰为司空,由司空为大司寇。”(《史记·孔子世家》)二者都是以德行政的榜样。

我们姑且不论舜的事迹是否属实,但《史记》记载了这样一个典型,无疑是对传统社会以孝治天下的诠释和弘扬。孝行积聚和传播的都是正能量。作为领导者,其孝行积聚和传播的正能量就更大,以至扩充于天下。有的地方对官员的孝行表现十分重视,细细想之,不无道理。

当今社会,我们虽然不能要求大家像舜一样行孝,但他表现出来的重视家庭和睦的美德和维护家庭和睦的智慧,并以这种美德和智慧作为根基去治理天下的理念,还是值得我们思考和借鉴的。孟子曰:“老吾老,以及人之老;幼吾幼,以及人之幼,天下可运于掌。《诗》云:‘刑于寡妻,至于兄弟,以御于家邦。’言举斯心加诸彼而已。”(《孟子·梁惠王上》)如果,我们连对生我们养我们的父母都缺乏爱心,又怎么能有仁心去爱别人呢?因此,我们首先要在“己之斯心”上下功夫。孝,就是其切入点。管子曰:“孝弟者,仁之祖也。”(《管子·戒》)孝悌是仁的前提和基础。从孝做起,一点点培育自己的爱心、善心、仁心,把基础打好了,才有力量“兼善天下”“博施于民而能济众”;否则便没有根基。至于舍小家顾大家,不是缺少对小家的爱,而是对小家之爱的升华,是内含着小家之爱的更高层次的爱。具有这种爱的人,“何事于仁!必也圣乎!”(《论语·雍也》)这样的人,便堪当大任了。

儒家的君子人格

其实,“君子”一词,早在西周时期就已出现,本指做官的人。《说文》对“君”的解释是:“尊也,从尹;发号,故从口。”《汉字图解字典》解释“君”的含义为:“会意字……古字形上部像一只手拿着权杖,下部的口表示发号施令。”到了孔子的时候,逐渐赋予君子以道德的意义,因为孔子主张为政以德,“政者正也”,从政者应该具有“君子之德”,而“君子之德风,小人之德草。草上之风,必偃”(《论语·颜渊》)。从政者具有了高尚道德,发挥模范作用,就会“不令而行”。在孔子看来,这就是政治的最高境界,这就是儒家的“无为而治”。所以孔子的一个伟大贡献,就在于把“有位君子”转化为“有德君子”,这就使君子人格成为人人经过道德修养就可以达到的人生境界。

孔子曰:“人有五仪:有庸人,有士人,有君子,有贤人,有圣人。审此五者,则治道毕矣。”(《孔子家语·五仪解》)

儒家所追求的最高理想人格是圣人。但是圣人的境界太高，不是一般人能企及的，就连孔子也不敢自称圣人。他说："若圣与仁，则吾岂敢？抑为之不厌，诲人不倦，则可谓云尔已矣。"（《论语·述而》）虽然孟子说过"人皆可以为尧舜"，荀子说过"涂之人可以为禹"，王阳明说过"满街皆是圣人"，但这只是他们提出的一种可能性，这种可能性不具有普遍的现实性，正如荀子所说，"涂之人能为禹，则未必然也"（《荀子·性恶》）。

孟子说："圣人，人伦之至也"（《孟子·离娄上》），可望而不可即。君子就不一样了——既是儒家心目中的理想人格，同时又具有普遍的现实性。也就是说，君子是经过努力可以达到的，而且是应该达到的。所以孔子说：

> 圣人，吾不得而见之矣；得见君子者，斯可矣。（《论语·述而》）

是做君子，还是做小人，不是能不能的问题，而是做不做的问题。这实际上是人生的一种自主选择。正如唐太宗在《贞观政要·教戒太子诸王》中所说的：君子、小人本无常，行善事则为君子，行恶事即为小人。而孔子的谆谆教诲就在于劝导人们做君子，不做小人。晚清辜鸿铭说："孔子全部的哲学体系和道德教诲可以归纳为一句，即'君子之道'。"

君子谋道

王阳明说过："志不立，天下无可成之事。"人之高下，不但在于有志无志，而且在于志之高下。志愈高，则人品愈高。儒家所谓君子小人之别，无他，唯在志之高下也。志当存高远。君子者，志于道者也。

> 子曰：“君子谋道不谋食。耕也，馁在其中矣；学也，禄在其中矣。君子忧道不忧贫。”（《论语·卫灵公》）

道是传统文化中非常重要的概念，它的内涵也是非常丰富而深刻的，有时指客观规律，有时指社会理想，有时指做事的方法，等等。《论语》中论道的地方很多，如“士志于道”“朝闻道，夕死可矣”等。可见，儒家把追求道作为人生的终极目标。因此，作为儒家推崇的君子人格，自然也就把谋道看得高于一切了。所谓“君子谋道不谋食”“忧道不忧贫”，是指作为君子，要超越一己之私利而以天下百姓为己任，追求和谐美好的理想社会，也就是儒家心目中的小康社会、大同世界。“士而怀居，不足以为士。”作为一个君子，如果仅考虑自己的安逸生活，那是不足为训的。正是因为有着这样崇高的理想抱负，孔子才能历尽坎坷而痴心不改，即使在受困陈蔡、弟子饿病的情况下，仍弹唱自若，对自己追求的大道坚定不移。

君子谋道不谋食。对于为官者而言，做官是要为民服务，而不是为了升官发财。《大学》载：

> 孟献子曰：“畜马乘，不察于鸡豚；伐冰之家，不畜牛羊；百乘之家，不畜聚敛之臣，与其有聚敛之臣，宁有盗臣。”此谓国

不以利为利,以义为利也。长国家而务财用者,必自小人矣。彼为善之,小人之使为国家,灾害并至。虽有善者,亦无如之何矣。此谓国不以利为利,以义为利也。

孟献子是鲁国的大夫。他曾经说过:“养了四匹马拉车的士大夫之家,就不需再去养鸡养猪了;丧礼时用冰的卿大夫家,就不要再去养牛羊了;拥有一百辆兵车的诸侯之家,就不要去收养搜刮民财的家臣了。与其有搜刮民财的家臣,不如有偷盗东西的家臣。”这句话的意思是,一个国家不应该以财货为利益,而应该以仁义为利益。做了国君却一心想着聚敛财货,这必然是背后有小人在诱导。而那国君还以为这些小人是好人,让他们去处理国家大事,结果是天灾人祸一起降临。这时虽然有贤能之人,也没有办法挽救了。所以,一个国家不应该以财货为利益,而应该以仁义为利益。

历史上有许多清官都能做到不与民争利。春秋时期鲁国国相公仪休就是其中一个代表。司马迁在《史记·循吏列传》中记载:

公仪休者,鲁博士也。以高弟为鲁相。奉法循理,无所变更,百官自正。他使食禄者不得与下民争利,受大者不得取小。客有遗相鱼者,相不受。客曰:“闻君嗜鱼,遗君鱼,何故不受也?”相曰:“以嗜鱼,故不受也。今为相,能自给鱼;今受鱼而免,谁复给我鱼者?吾故不受也。”食茹而美,拔其园葵而弃之。见其家织布好,而疾出其家妇,燔其机,云:“欲令农士工女安所售其货乎?”

公仪休是鲁国的博士，由于才学优异做了鲁国的国相。他遵守法律，坚持原则，百官自正。他禁止拿俸禄的官员与百姓争利，不许做大官的占小便宜，并且自己带头执行，率先垂范。一是“拒鱼”，不因小失大。《史记·循吏列传》写道：“客有遗相鱼者，相不受。”因为公仪休明白，司马迁写得也清楚，之所以有人送鱼给自己，是冲着自己“相”的权力来的，而一旦因受鱼受贿，自己的相位便保不住了；没有了职位，也就没人送鱼来了，自己想买鱼吃也没有钱了。所以不受鱼者，乃是为了常有鱼吃。公仪休之所以没有“上钩”，是因为他比“钓鱼者”更聪明。二是“拔葵弃织”，不与民争利。公仪休吃了蔬菜，感觉味道很美，就把自家园中的冬葵菜拔掉扔了；看见他家织的布好，立刻把妻子赶出家门，还烧毁了织布机。公仪休的举动看起来匪夷所思，其实表现了他的高风亮节——“难道要让农民和织妇无处卖掉他们生产的货物吗？”言外之意，我们既然当官拿了朝廷的俸禄，就不要和普通老百姓争利了，因为种菜织布是他们生活的依靠。公仪休的做法至今仍给人以深刻的启迪。

“食禄者不得与下民争利”，想当官就不要发财，想发财就不要当官。许多人就是因为没想清这个道理而纠结，而痛苦，而栽了跟头。

明代薛瑄在其《从政录》中说：“世之廉者有三：有见理明而不妄取者；有尚名节而不苟取者；有畏法律保禄位而不敢取者。见理明而不妄取，无所为而然，上也；尚名节而不苟取，狷介之士，其次也；畏法律保禄位，而不敢取，则勉强而然，斯又为次也。”若公仪休者，可谓“见理明而不妄取者”也。

清代廉臣张伯行说过这样的名言:“一丝一粒,我之名节;一厘一毫,民之脂膏。宽一分,民受赐不止一分;取一文,我为人不值一文。”这句话可以作为从政者的座右铭。

“君子谋道不谋食”只是对君子最基本的要求。除此之外,君子谋道,就要一生都“志于道”,献身于“道”,为了“道”宁愿牺牲自己的生命:

子曰:“朝闻道,夕死可矣。”(《论语·里仁》)

儒家主张的这种牺牲精神深刻地影响了中华民族的无数仁人志士,成为中华民族屹立于世界民族之林的强大精神支柱。

君子怀德

子曰:“君子怀德,小人怀土。”(《论语·里仁》)

孔子说:“君子怀念道德,小人怀念乡土。”君子时刻不忘提高自己的道德修养。《周易》指出“君子厚德载物”,东汉《白虎通义》中对君子下了个定义:“或称君子者何?道德之称也。”可见,随着历史的演变,君子已经成为道德人格的代名词。孟子曰:“人之所以异于禽兽者几希,庶民去之,君子存之。”(《孟子·离娄下》)这就是说,只有把自己修养成君子,才算是真正脱离了禽兽世界的人。儒家文化可以说是使人更像人的文化,是“成人”文化,也就是道德文化,而君子人格就是道德文化的集中体现。孟子曰:“君子所以异于人者,以其存心也。君子以仁存心,以礼存

心。仁者爱人,有礼者敬人。”(《孟子·离娄下》)

孔子是集中论述君子道德人格的第一人,对于君子人格的道德特质的概括和形成做出了奠基性的贡献。后代的儒者不断对君子人格的内涵进行丰富和发展。综观儒家对君子人格的论述,其道德内涵主要包括:

一要忠诚守信。做一个有道德领导力的领导者,首先要忠诚守信。孔子曾多次强调忠诚守信的重要性:

> 子张问行。子曰:“言忠信,行笃敬,虽蛮貊之邦,行矣。言不忠信,行不笃敬,虽州里,行乎哉?立则见其参于前也,在舆则见其倚于衡也,夫然后行。”子张书诸绅。(《论语·卫灵公》)
>
> 君子于其言,无所苟而已矣。(《论语·子路》)

子张问如何才能使自己处处行得通。孔子说:“言语忠诚老实,行为忠厚严肃,纵使到了别的部族国家,也行得通。言语欺诈无信,行为刻薄轻浮,就是在本乡本土,能行得通吗?站立的时候,就仿佛看见‘忠诚老实忠厚严肃’几个字在我们面前;在车厢里,也仿佛看见它刻在前面的横木上。时时刻刻记着它,这才能使自己处处行得通。”子张把这些话写在了大带上。俗话说,君子一言,驷马难追。领导者说话要算数,不能出尔反尔,不能失信于人、失信于民。

不仅对人应如此,对于世界万物,我们也应以忠信之心视之。《孔子家语》中记载了一个故事,颇为耐人寻味:

> 孔子自卫反鲁，息驾于河梁而观焉。有悬水三十仞，圜流九十里，鱼鳖不能导，鼋鼍不能居。有一丈夫，方将厉之。孔子使人并涯止之曰："此悬水三十仞，圜流九十里，鱼鳖鼋鼍不能居也，意者难可济也。"丈夫不以措意，遂渡而出。孔子问之，曰："子巧乎？有道术乎？所以能入而出者，何也？"丈夫对曰："始吾之入也，先以忠信；及吾之出也，又从以忠信。忠信措吾躯于波流，而吾不敢以用私，所以能入而复出也。"孔子谓弟子曰："二三子识之，水且犹可以忠信成身亲之，而况于人乎？"（《孔子家语·致思》）

孔子见到一男子凭借对水的忠信之心而渡过了连鱼鳖鳄鱼都不敢渡过的瀑布湍流后，对他的弟子们说："你们记着，水尚且可以使人凭忠信之心让人亲近，何况是人呢！"记得曾经在中央电视台《挑战不可能》节目里，看到一个神奇的场景：一位五岁的小姑娘，竟然依次让小鸡、青蛙等五个小动物入睡。我想，正是这位小姑娘的忠信和爱与小动物们建立起了一种超越物种界限的亲密关系。

忠信包括"忠"和"信"两个方面。"忠"是儒家非常看重的道德范畴。

> 定公问："君使臣，臣事君，如之何？"孔子对曰："君使臣以礼，臣事君以忠。"（《论语·八佾》）
>
> 子路问事君。子曰："勿欺也，而犯之。"（《论语·宪问》）

鲁定公问："君主使用臣子，臣子服侍君主，各应该怎么做呢?”孔子答道:“君主应该依礼来使用臣子,臣子应该忠心地服侍君主。”孔子在回答子路“怎样服侍君主”的问题时说:“不要阳奉阴违地欺骗他,却可以当面触犯他。”

《忠经》一书专门论述了“忠”的重要性:“善莫大于作忠,恶莫大于不忠。忠则福禄至焉,不忠则刑罚加焉。”(《忠经·证应章》)“夫忠而能仁,则国德彰;忠而能知,则国政举;忠而能勇,则国难清。故虽有其能,必由忠而成也。仁而不忠,则私其恩;知而不忠,则文其诈;勇而不忠,则易其乱。是虽有其能,以不忠而败也。”(《忠经·辨忠章》)

忠诚的培养是一个过程。管子云:“日益之而患少者惟忠,日损之而患多者惟欲。多忠少欲,智也,为人臣者之广道也。”(《管子·枢言》)

“信”也是儒家非常重要的道德范畴,它是一个人安身立命之本。

> 子曰:“人而无信,不知其可也。大车无輗,小车无軏,其何以行之哉?”(《论语·为政》)
>
> 子贡问政。子曰:“足食,足兵,民信之矣。”子贡曰:“必不得已而去,于斯三者何先?”曰:“去兵。”子贡曰:“必不得已而去,于斯二者何先?”曰:“去食。自古皆有死,民无信不立。”(《论语·颜渊》)

孔子说:“作为一个人,却不讲信誉,不知那怎么可以。譬如大车子没有安横木的輗,小车子没有安横木的軏,如何能走呢?”子贡向孔子询问怎样治理政事。孔子回答说:“粮食充足,军备充足,百姓对政府就有信心了。”子贡问道:“如果不得已,在粮食、军备和人民的信心三者之中一定要去掉一项,先去掉哪一项?”孔子回答说:“去掉军备。”子贡问道:“如果迫不得已,在粮食和人民的信心两者之中一定要去掉一项,先去掉哪一项?”孔子回答说:“去掉粮食。没有粮食,不过是死亡,但自古以来谁都免不了死亡。如果人民对政府缺乏信心,国家是站不起来的。”

诚信是做人之本。诚信是一个人的通行证。有诚信者走遍天下,无诚信者寸步难行。因此,古代贤人都把诚信看得非常重要。比如,司马光就不以诚信为代价贪图便宜。一次,司马光要卖一匹马,这匹马毛色纯正漂亮,高大有力,性情温顺,只可惜夏季有肺病。司马光对管家说:“这匹马夏季有肺病,这一定要告诉给买主听。”管家笑了笑说:“哪有人像您这样的呀?我们卖马怎能把人家看不出的毛病说出来!”司马光不认同管家的这种看法,对他说:“一匹马卖多少钱事小,对人不讲真话,坏了做人的名声事大。我们做人必须要诚信。如果我们失去了诚信,损失将更大。”管家听后十分惭愧。这一故事发人深省,饱含智慧,其中为人处世的道理值得我们学习和遵循。

诚信是政治的基石。

> 晋文公攻原,裹十日粮,遂与大夫期十日。至原十日,而原不下,击金而退,罢兵而去。士有从原中出者,曰:“原三日即下矣。”群臣左右谏曰:“夫原之食竭力尽矣,君姑待之。”公曰:“吾与士期十日,不去,是亡吾信也。得原失信,吾不为

也。"遂罢兵而去。原人闻曰:"有君如彼其信也,可无归乎!"乃降公。卫人闻曰:"有君如彼其信也,可无从乎!"乃降公。孔子闻而记之曰:"攻原得卫者,信也。"(《韩非子·外储说左上》)

贞观之治就建立在诚信的基础之上。唐朝贞观六年(公元633年),唐太宗李世民将390名被判死刑的囚犯放回家,并约定他们第二年秋季自行到京城引颈就戮。"及期,囚皆诣朝堂,无后者,太宗嘉其诚信,悉原之。"这就是无为而治。

二要公平正直。"公正"是社会主义核心价值观的内涵之一。公正就是公平正直,它是领导者必备的基本道德品质之一。"以公灭私,民其允怀。"(《尚书·周官》)出以公心,消灭私情,百姓就会相信并服从你了。孔子正是这样教导他的弟子的:

子贡为信阳宰,将行,辞于孔子。……孔子曰:"……治官莫若平,临财莫如廉。廉平之守,不可改也。"(《孔子家语·辩政》)

《书》云:

无偏无陂,遵王之义;无有作好,遵王之道;无有作恶,尊王之路;无偏无党,王道荡荡;无党无偏,王道平平;无反无侧,王道正直。(《尚书·洪范》)

不要有任何的偏颇，要完全遵照你所建立的规范行事；不要有任何私人爱好，要完全遵照你所确定的道路行进；不要为非作歹，要根据你所指出的正路要求自己。没有偏私，没有朋党，道路就是广阔的；没有朋党，没有偏私，道路就是顺畅的；不要违反王道，不要违犯法度，道路就是正直的。

孔子认为“正”与“直”是两个概念，“正”的含义要比“直”更宽泛一些。在“正”与“邪”相对的这个意义上，“正”和“直”其实是一个意思。孔子认为做人要正直。

子曰：“人之生也直，罔之生也幸而免。”（《论语·雍也》）

子曰：“狂而不直，侗而不愿，悾悾而不信，吾不知之矣。”（《论语·泰伯》）

孔子说：“人应该生活得正直、直率。那些不正直的人，能够活下来不过是侥幸免于灾祸罢了。”“狂妄而不直率，幼稚而不老实，无能而不讲信用，我真不知道他为什么会这样。”《荀子·修身》中说：“是谓是，非谓非，曰直。”“直”也就是表里如一、言行一致，说老实话，办老实事，做老实人。这样的人生才踏实可靠。相反，如果做人不老实，表里不一、口是心非，那结果就不知会怎么样了。做人要正直，做官更要如此，否则就不是一个合格的领导者。

哀公问曰：“何为则民服？”子曰：“举直错诸枉，则民服；举枉错诸直，则民不服。”（《论语·为政》）

只有把正直的人提拔起来领导邪佞的人，百姓才会服从；如果把邪佞的人提拔起来领导正直的人，百姓就会不服。由此可见，孔子认为正直是领导者应有的道德品质，是服众的必要条件。孟子说“枉己者，未有能直人者也”（《孟子·滕文公下》），自己不行正道，是不能使他人行正道的。孔子对那些“直”的官员非常赞赏。

子曰：“直哉史鱼！邦有道，如矢；邦无道，如矢。君子哉蘧伯玉！邦有道，则仕；邦无道，则可卷而怀之。”（《论语·卫灵公》）

史鱼是卫国大夫，名鳅，字子鱼。他多次向卫灵公推荐蘧伯玉。孔子说：“史鱼真是正直啊！国家有道，他的言行像箭一样直；国家无道，他的言行也像箭一样直。蘧伯玉也真是一位君子啊！国家有道就出来做官，国家无道就（辞退官职）把自己的主张收藏在心里。”

关于此事，刘向著的《新序》有记载：“卫灵公之时，蘧伯玉贤而不用，弥子瑕不肖而任事。卫大夫史鳅患之，数以谏灵公而不听。”（《新序·杂事》）史鱼看到蘧伯玉得不到重用，内心很是忧虑，但屡次进谏，卫灵公始终不采纳。

后来，史鱼得了重病，在将要去世时，将儿子唤到身前，嘱咐他说：“我在卫朝做官，却不能够进荐贤德的蘧伯玉而劝退弥子瑕，这是我身为臣子却没能扶正君王的过失啊！生前无法正君，那么死了也无以成礼。我死后，你将我的尸体放在北堂（按礼应放在正堂),这样对我就算完成丧礼了。”

史鱼的儿子听了,不敢不从父命,于是在史鱼去世后,便将尸体移放在北堂。卫灵公前来吊唁时,见到史鱼的尸体竟然被放置在北堂,如此轻慢不敬,因而责问史鱼的儿子。史鱼的儿子于是将史鱼生前的遗命告诉了卫灵公。

卫灵公听后很惊愕,脸色都变了,说道:“这是我的过失啊!”于是马上命史鱼的儿子将史鱼的尸体按礼仪安放妥当,回去后便重用了蘧伯玉,接着又辞退了弥子瑕并疏远他。

当孔子听到此事后,赞叹道:“古来有许多敢于直言相谏的人,但到人死了,其劝谏便也结束了。没有像史鱼这样的,死了以后,还用自己的尸体来劝谏君王,以自己一片至诚的忠心使君王受到感化。他难道称不上是秉直的人吗?”

但是,由于当时的政治状态,正直的官员不一定有好的命运,例如柳下惠:

> 柳下惠为士师,三黜。人曰:“子未可以去乎?”曰:“直道而事人,焉往而不三黜?枉道而事人,何必去父母之邦?”(《论语·微子》)

柳下惠当典狱官,三次被罢免。有人说:“你不可以离开鲁国吗?”柳下惠说:“按正道侍奉君主,到哪里不会被多次罢官呢?如果不按正道侍奉君主,为什么一定要离开本国呢?”可见,当时的政治环境是普遍不好。正直的官员容易遭受挫折,似乎是客观存在的一个现象。但是,正直是一种非常可贵的品质,是仁人志士的自觉追求。明代诗人王廷陈说“宁为直伐,不为曲全”,宁愿保持正直而遭玉碎,也不变节曲邪而求瓦全。

三要见利思义。“见利思义”是儒家的核心思想之一。儒家的君子人格非常强调树立正确的义利观。子曰:“君子喻于义,小人喻于利。”(《论语·里仁》)孔子反复教导人们要“见利思义”“见得思义”:

> 子路问成人。……曰:“今之成人者何必然?见利思义,见危授命,久要不忘平生之言,亦可以为成人矣。”(《论语·宪问》)
>
> 孔子曰:“君子有九思:视思明,听思聪,色思温,貌思恭,言思忠,事思敬,疑思问,忿思难,见得思义。”(《论语·季氏》)
>
> 子张曰:“士见危致命,见得思义,祭思敬,丧思哀,其可已矣。”(《论语·子张》)
>
> 子曰:“富而可求也,虽执鞭之士,吾亦为之。如不可求,从吾所好。”(《论语·述而》)
>
> 子曰:“饭疏食饮水,曲肱而枕之,乐亦在其中矣。不义而富且贵,于我如浮云。”(《论语·述而》)

孔子与众不不同的地方在于,他见利思义,而且认为义大于利,当义利产生矛盾和冲突、不可兼得的时候,宁愿处于贫贱之中,也不要无义的富与贵,这就是孔子的“君子固穷”。孔子的这一思想对儒家具有重要影响。义利之辨是儒家思想的基本命题之一。

在义利关系上，儒家主张“义以为上”，以义治利。孟子说：“生亦我所欲也，义亦我所欲也；二者不可得兼，舍生而取义者也。”（《孟子·告子上》）可以说，重义轻利、先义后利、舍利取义是中华民族的传统美德。

荀子曰：“义与利者，人之所两有也。义胜利者为治世，利克义者为乱世。”（《荀子·大略》）荀子首先肯定了义与利存在的客观性、合理性，并在此基础上提出能否正确认识和处理义利关系，关系到社会的安定与否。在发展社会主义市场经济的今天，重义轻利、先义后利、舍利取义等美德尤其值得继承和弘扬。

其实，利是利，义也是利。墨子提出“义，利也”（《墨子·经上》），指出二者是对立统一的关系。只不过，利侧重于个人利益、局部利益、眼前利益，而义侧重于集体利益、整体利益、长远利益。质言之，利乃一己之私利而义乃是社会之公利。朱熹云：“义者，天理之所宜；利者，人情之所欲。”天理之所宜，公利也；人情之所欲，私利也。如果只顾个人的一己之私利而不顾群体之公利，一定会出问题，最终，自己的利益也得不到保障。《大学》中有“国不以利为利，以义为利也”的说法，讲的就是这个道理。

正确义利观的养成需要学习，需要有坚定的理想信念和高尚的道德情操。宋代象山先生陆九渊，在应朱熹之邀于庐山白鹿洞书院讲《论语》“君子喻于义，小人喻于利”一章时，说“人之所喻，由其所习；所习，由其所志。志乎义，则所习者必在于义；所习在义，斯喻于义矣。志乎利，则所习者必在于利；所习在利，斯喻于利矣”。因而他要求那些立志从政者必须深自反省，端正做官动机，做到“供其职，勤其事，心乎国，心乎民，而不为身计”。

"计利当计天下利，求名应求万世名。"领导者应该以更广阔的胸襟和更长远的眼光树立正确的义利观，继承和弘扬儒家君子人格的"义以为质""见利思义""先义后利""以义制利"等关于正确认识和处理义利关系的思想，做到先公后私、公而忘私、大公无私，从而筑牢廉洁自律的思想防线。

四要谦虚礼让。谦让是中华民族的传统美德。孔子说："君子泰而不骄，小人骄而不泰。"（《论语·子路》）孔子观周，在太祖后稷之庙里，看到金人之铭中写道："君子知天下之不可上也，故下之；知众人之不可先也，故后之。"便让弟子们记住这个道理。一"下"一"后"体现了谦让精神。《易》云"谦谦君子"，《易》中六十四卦，谦卦最为吉祥。

> 天道亏盈而益谦，地道变盈而流谦，鬼神害盈而福谦，人道恶盈而好谦。谦尊而光，卑而不可逾：君子之终也。（《周易·谦·彖传》）

天的规律是亏损盈满、补益谦虚，地的规律是变易盈满、充实谦虚，鬼神的规律是危害盈满、施福谦虚，人的规律是憎恶盈满、爱好谦虚。谦虚的人，高居尊位时道德更加光明，下处卑位时人们也难以逾越：只有君子能够保持谦德至终。由此可见，天地鬼神人都"尚谦"。

其实，不仅谦卦表明"谦德"的吉祥，《易》中不少卦都"尚谦而贬傲，戒盈而守虚"。众所周知，孔子非常喜欢读《易》，以致"韦编三绝"。他说："加我数年，五十以学《易》，可以无大过矣。"（《论语·

述而》）可见，孔子读《易》，是为了研习其中蕴含的深刻道理，以使自己少犯或不犯错误。

> 孔子读《易》，至于《损》《益》，喟然而叹。
>
> 子夏避席问曰："夫子何叹焉？"
>
> 孔子曰："夫自损者必有益之，自益者必有决之，吾是以叹也。"
>
> 子夏曰："然则学者不可以益乎？"
>
> 子曰："非道益之谓也。道弥益而身弥损。夫学者损其自多，以虚受人，故能成其满。博哉！天道成而必变。凡持满而能久者，未尝有也。故曰：'自贤者，天下之善言不得闻于耳矣。'昔尧治天下之位，犹允恭以持之，克让以接下，是以千岁而益盛，迄今而逾彰。夏桀、昆吾自满而极，亢意而不节，斩刈黎民如草芥焉，天下讨之如诛匹夫。是以千载而恶著，迄今而不灭。观此，如行则让长，不疾先；如在舆，遇三人则下之，遇二人则式之。调其盈虚，不令自满，所以能久也。"（《孔子家语·六本》）

"夫自损者必有益之，自益者必有决之。"意思是说，那些自以为不足的一定会有所补益，自满的人必然有所缺失。孔子在深研《易》理的过程中，深刻认识到了"损"和"益"的辩证关系，得出"夫学者损其自多，以虚受人，故能成其满。博哉！天道成而必变。凡持满而能久者，未尝有也"的结论，并以尧之"克让以接下，是以千岁而益盛，迄今而逾彰"与夏桀、昆吾之"自满而极，亢意而不节，斩刈黎民如草芥焉……是以千载而恶著，迄今而不灭”进行对比，有力地证明了“自损者必有益之，自益者必有决之”这句话的真理性。

《书》也尊崇谦道：

满招损，谦受益，时乃天道。（《尚书·大禹谟》）

汝惟不矜，天下莫与汝争能；汝惟不伐，天下莫与汝争功。（《尚书·大禹谟》）

自满就会招来损失，谦虚才会得到益处，这就是天道。

正因为你不自夸贤能，所以天下的人才无法和你争能；正因为你不自夸其功，所以天下的人才无法和你争功。

德日新，万邦惟怀；志自满，九族乃离。《尚书·仲虺之诰》）

予闻曰：“能自得师者王，谓人莫己若者亡。好问则裕，自用则小。”（《尚书·仲虺之诰》）

一个人的德行日日增长、天天更新，天下的诸侯都会感怀；思想上自满了，同族的人也会离开你。

能够自得贤者为师的，便可以为王，说别人都赶不上自己的就会灭亡。遇到疑难请教别人，学识就会渊博精深；只凭自己的主观判断做事，一定办不成大事。

道家更是主张谦让：

生而不有,为而不恃,长而不宰,是谓玄德。(《道德经》第五十一章)

不自见故明,不自是故彰,不自伐故有功,不自矜故长。(《道德经》第二十二章)

上善若水。水善利万物而不争,处众人之所恶,故几于道。(《道德经》第八章)

圣人不积,既以为人,己愈有;既以与人,己愈多。天之道,利而不害。圣人之道,为而不争。(《道德经》第八十一章)

谦德在行为上表现为“让”,故孔子说“君子无所争”(《论语·八佾》)。《礼记》云:

天子有善,让德于天。诸侯有善,归诸天子。卿大夫有善,荐于诸侯。士、庶人有善,本诸父母,存诸长老。禄爵庆赏,成诸宗庙,所以示顺也。(《礼记·祭义》)

被誉为晚清中兴名臣的曾国藩,因家势太隆而战战兢兢,故设法以“自概”,以求长久之道:

余家目下鼎盛之际,余忝窃将相,沅所统近二万人,季所统四五千人,近世似此者,曾有几家?沅弟半年以来,七拜君恩,近世似弟者,曾有几人?日中则昃,月盈则亏,吾家亦盈时矣。管子云:“斗斛满则人概之,人满则天概之。”余谓天之概无形,仍假手于人以概之。……待他人来概而后悔之,则已晚矣。吾家方丰盈之际,不待天之来概、人之来概,吾与诸弟当设法先自概之。自概之道云何?亦不外“清”“慎”“勤”三字而已。吾近将“清”字改为“廉”字,“慎”字改为“谦”字,“勤”字改为“劳”字,尤为明浅,确有可下手之处。

沅弟昔年于银钱取与之际,不甚斟酌,朋辈之讥议菲薄,其根实在于此。……以后宜不妄取分毫,不寄银回家,不多赠亲族,此“廉”字工夫也。“谦”之存诸中者不可知,其着于外者,约有四端:曰面色,曰言语,曰书函,曰仆从属员。沅弟一次添招六千人,季弟并未禀明,径招三千人,此在他统领断做不到者,在弟尚能集事,亦算顺手。而弟等每次来信索取帐棚子药等件,常多讥讽之词,不平之语,在兄处书函如此,则与别处书函更可知矣。沅弟之仆从随员,颇有气焰,面色言语,与人酬按时,吾未及见,而申夫曾述及往年对渠之词气,至今饮憾。以后宜于此四端,痛加克治,此“谦”字工夫也。每日临睡之时,默数本日劳心者几件,劳力者几件,则知宣勤王事之处无多,更竭诚以图之,此“劳”字工夫也。

余以名位太隆,常恐祖宗留诒之福自我一人享尽,故将“劳”“谦”“廉”三字时时自惕,亦愿两贤弟用之以自惕,且即以自概耳。(《曾国藩家书》)

曾国藩的“自概”之道,实际上就是孔子的“自损”之道。所谓“概”,这里是指刮平斗、斛用的小木板。曾国藩因为“吾家方丰盈之际”,害怕“天概之”“人概之”,所以,“不待天之来概,人之来概,吾与诸弟当设法先自概之”。曾国藩之所以如此,是因为他非常精通中国传统文化，深谙“满招损，谦受益，时乃天道”的道理，故而千方百计先“自概”以自保。反观现在的某些有钱者、有权者、有势者的所作所为，与曾氏相比，相差岂止十万八千里？究其原因，盖其无文化也。

五要大度能容。子张曰：“君子尊贤而容众，嘉善而矜不能。”（《论语·子张》）君子对于贤者和众人，对于能者和不能者，都要有一颗敬爱之心。不但如此，君子还要有“天下一家”和“四海之内，皆兄弟也”的博大胸怀。

俗话说：“宰相肚里能撑船。”官做得越大越要能容人。《书》中有一段话，非常值得深思：

> 昧昧我思之，如有一介臣，断断猗无他技，其心休休焉，其如有容。人之有技，若己有之；人之彦圣，其心好之，不啻如自其口出。是能容之，以保我子孙黎民，亦职有利哉！人之有技，冒疾以恶之；人之彦圣，而违之俾不达，是不能容，以不能保我子孙黎民，亦曰殆哉！（《尚书·秦誓》）

这是说，如果有这样一位忠臣，忠实诚恳而没有别的本领，但是心好心大，能容得下人，别人的特长，就好像是自己的特长；别人有好的德行，不但口中常常称道，而且自己打心眼里喜欢。这种宽宏大量、能容人之长的人，可以保护黎民百姓，让这样的人当官是可以为子孙臣民造福的。相反，如果有一个人，嫉妒心很强，人家有才能，他就嫉恨、就讨厌人家；人家有好的德行，他就故意压制人家，使人家的美德不为君主所了解，不被众人知道。这种心胸狭窄、不能容人之长的人，不能保护黎民百姓，让这样的人做官就实在太危险了。

这就是自古用人首先重德的道理。对于一个领导者而言，不必样样都通，但要人人能容。

能容人是一种道德上的成就，是内心强大的表现。嫉贤妒能是为人大忌，害人害己。历史上，李斯嫉妒韩非、庞涓嫉妒孙膑、周瑜嫉妒诸葛亮，其结局都不甚妙，当为从政者鉴。

六要胸怀坦荡。子曰："君子坦荡荡，小人长戚戚。"（《论语·述而》）难道，君子就没有忧愁的时候吗？这也是子路的疑问：

> 子路问于孔子曰："君子亦有忧乎？"子曰："无也。君子之修行也，其未得之，则乐其意；既得之，又乐其治。是以有终身之乐，无一日之忧。小人则不然，其未得也，患弗得之；既得之，又恐失之。是以有终身之忧，无一日之乐也。"（《孔子家语·在厄》）

需要说明的是，孔子这里所说的"无忧"是针对个人外在的际遇而言的，也就是"少嗜欲，不汲汲于富贵，不戚戚于贫贱"（《汉书·杨雄传》）之意，而不是说君子什么忧虑都没有。孔子曾明确说过：

> 德之不修，学之不讲，闻义不能徙，不善不能改，是吾忧也。（《论语·述而》）

由此可见，孔子的“四忧”是与道德品行的不断完善和提升有关的，是针对人的内在修养而言的。当然，孔子还有更大的“忧”，那就是“忧天下”，这是非关个人的“忧”了。

君子怀刑

子曰：“君子怀德，小人怀土；君子怀刑，小人怀惠。”（《论语·里仁》）

君子想到的是法度，小人考虑的是恩惠。孟子云“不以规矩，不能成方圆”。儒家非常重视规矩，认为没有规矩，就不能修养成君子人格。儒家的主要规矩——“礼”和“法”，尤其是“礼”，被儒家视为加强自身修养的必要途径和重要保障。孔子说：“君子博学于文，约之以礼，亦可以弗畔矣夫！”（《论语·雍也》）不仅如此，“克己复礼为仁”，而“仁”是君子的本质要求。一个君子要做到“非礼勿视，非礼勿听，非礼勿言，非礼勿动”，通过“克己复礼”不断强化规矩意识和规矩行为，从而达到“由仁义行”而“非行仁义也”，进而实现“从心所欲不逾矩”的最高境界。荀子基于其人性恶的观点进一步发展了孔子“礼”的思想。他认为：

凡治气养心之术，莫径由礼，莫要得师，莫神一好。（《荀子·修身》）

人们理气养心的方法，没有比遵守礼更直接的了，没有比得到贤师更重要的了，没有比专心致志更神妙的了。因此，荀子提出君子学习的顺序为“始乎诵经，终乎读礼”，学习的意义则是“始乎为士，终乎为圣人”。荀子之所以高度重视学“礼”，是因为：

《礼》者，法之大分、类之纲纪也。故学至乎《礼》而止矣。夫是之谓道德之极。（《荀子·劝学》）

在这里，荀子把“礼”和“法”贯通起来，提出了“隆礼重法”的治国主张。当代新儒家代表人物之一徐复观也认为“礼”实际上具有“法”的精神。

君子怀刑要心中有畏。孔子曰：

君子有三畏：畏天命，畏大人，畏圣人之言。小人不知天命而不畏也，狎大人，侮圣人之言。（《论语·季氏》）

君子怀刑要心中有戒。孔子曰：

君子有三戒：少之时，血气未定，戒之在色；及其壮也，血气方刚，戒之在斗；及其老也，血气既衰，戒之在得。（《论语·季氏》）

“戒”对于个人修身具有非常重要的意义。一个人如果心中无戒，就会忘乎所以，为所欲为。佛教关于“戒”的许多思想，都值得我们借鉴。

据说，佛陀入灭后，其弟子均极悲伤，有一名叫跋难陀的比丘却兴奋地说："那长老去世甚好，他在世时，经常拿戒律来约束我们，如今他去了，我们可以自由自在，为所欲为了。"大迦叶（佛陀十大弟子之一）听后深为痛心，因此发起结集律藏。由此可见，即便出家修行的人，如果没有戒律的约束，也是不行的。佛陀也许早已料到如此，所以在涅槃前特地嘱咐弟子要"以戒为师"。《佛遗教经》云："汝等比丘！于我灭后，当尊重珍敬波罗提木叉（指戒经），如暗遇明，贫人得宝。当知此则是汝大师，若我住世，无异此也。""若人能持净戒，则能有善法；若无净戒，诸善功德皆不得生。"《菩萨璎珞本业经》说："一切众生初入三宝海（在佛教中，称'佛、法、僧'为三宝），以信为本；住在佛家，以戒为本。"星云大师释道："戒，是自发心的遵守规律；律，则含有他律规范之意。戒律不仅被奉为三藏（佛教三类圣典：经藏、律藏、论藏）之一，更是三学之首。佛陀一切经教，皆不出戒、定、慧三学，戒有防非止恶的功用，为修持之首要，依戒生定，依定发慧，慧可破惑证真，以此成佛。"他详细阐发了"戒"的具体功用：

戒为实践佛道的基础，一切善根功德悉由持戒而生。戒如良师，指引我们修行的方向；戒如轨道，规范我们的身心行止；戒如城墙，帮助我们抵御五欲六尘的侵袭；戒如浮囊，可免我们沉溺于生死苦海；戒如明灯，照亮我们的前途光明；戒如宝剑，断除我们的贪心欲念；戒如璎珞，庄严我们的道德人格；戒如船筏，度脱我们到达涅槃的彼岸。

"持戒"被称为佛教的"六度"之一，是佛教修行的基本方法。佛家主张的"以戒为师""以戒为本""以戒为梯"的思想，对于我们增强纪律和规矩意识，具有重要的启示意义。

君子自强

天行健,君子以自强不息。(《周易·乾·象传》)

子曰:"刚、毅、木、讷近仁。"(《论语·子路》)

曾子曰:"士不可以不弘毅,任重而道远。仁以为己任,不亦重乎?死而后已,不亦远乎?"(《论语·泰伯》)

自强不息、刚毅进取是中华文化的核心精神之一,也是中华民族生生不息的根本原因。胡适在《说儒》一文中曾表示过一种意见,认为孔子的最大贡献是把殷遗民那种"柔顺取容"的"儒道"改造为"弘毅进取"的新"儒行"。

《说文解字》人部:"儒,柔也。术士之称。从人,需声。"徐灏对《说文解字》所作的注笺说:"人之柔者曰'儒',因以为'学人'之称。"可见,儒字的本义就是"柔"。而遍观《论语》,孔子谈"儒"却没有丝毫"柔顺取容"之意。

在人与己的关系上,儒家一向主张立足于自己,而不是别人。孔子反复强调立于己的重要性:

君子求诸己,小人求诸人。(《论语·卫灵公》)

不患人之不己知,患不知人也。(《论语·学而》)

不患无位,患所以立。不患莫己知,求为可知也。(《论语·里仁》)

不患人之不己知,患其不能也。(《论语·宪问》)

君子病无能焉,不病人之不己知也。(《论语·卫灵公》)

从孔子的这些谆谆教导中，我们感受到了一种强烈的自强不息、发愤图强的奋斗精神。孔子认为应该首先提升自己的素质和能力，让自己变得更加强大、更有价值；然后，再求别人的理解、肯定、赏识和重用。这就把自己的人生放在了一个非常可靠的基础之上；更为重要的是，为自己的未来确立了一个非常正确的方向。世界上没有什么救世主，一切要靠自己。因此，孔子非常强调个人的主观能动性：

子曰："譬如为山，未成一篑，止，吾止也。譬如平地，虽覆一篑，进，吾往也。"(《论语·子罕》)

子谓颜渊，曰："惜乎！吾见其进也，未见其止也。"(《论语·子罕》)

孔子认为进退在己，不在人，并高度赞赏了颜回，认为他是一个坚持不懈、勇于进取的人。

君子自强，在孟子那里发展成为"大丈夫人格"：

居天下之广居，立天下之正位，行天下之大道。得志，与民由之；不得志，独行其道。富贵不能淫，贫贱不能移，威武不能屈，此之谓大丈夫。(《孟子·滕文公下》)

孟子的大丈夫人格真正表现了君子坚强不屈的刚毅性格。这种刚毅性格的形成，有赖于"浩然之气"的熏养。

“敢问何谓浩然之气?”

曰:“难言也。其为气也,至大至刚,以直养而无害,则塞于天地之间。其为气也,配义与道。无是,馁也。是集义所生者,非义袭而取之也。”(《孟子·公孙丑上》)

浩然之气“至大至刚”,“塞于天地之间”,其力量是无比强大的。当然,这种浩然之气是要以“义与道”为依托的,不然就会“气馁”了。这种浩然之气是正义在心中长期积累而产生的,并不是偶然形成的。正像一个人的英雄行为绝对不是刹那间产生的,而是受长期的教育和影响的结果。

君子自强的基础在于学习。子曰:“君子不器。”(《论语·为政》)君子不能像器皿一样,只有一定的用途,而应该通过学习和实践掌握广博的知识和能力。古人云:“一事不知,儒者之耻。”掌握必要的历史文化知识和社会礼仪风俗才能立足于社会。《论语》记载了孔子对儿子伯鱼的教导:不学诗,无以言;不学礼,无以立。知识就是力量。拥有更多的知识,意味着拥有更强大的能力。荀子在《劝学》中说得好:

吾尝终日而思矣,不如须臾之所学也。吾尝跂而望矣,不如登高之博见也。登高而招,臂非加长也,而见者远;顺风而呼,声非加疾也,而闻者彰。假舆马者,非利足也,而致千里;假舟楫者,非能水也,而绝江河。君子生非异也,善假于物也。(《荀子·劝学》)

君子并非天生异于众人，而是善于学习、借鉴各种知识以提高自己的能力。只有具备广博的知识，才能更好地认识客观事物的规律。

子谓伯鱼曰："女为《周南》《召南》矣乎？人而不为《周南》《召南》，其犹正墙面而立也与？"(《论语·阳货》)

不学之人，犹如面壁而立，一无所见。

君子安人

子路问君子。子曰："修己以敬。"曰："如斯而已乎？"曰："修己以安人。"曰："如斯而已乎？"曰："修己以安百姓。修己以安百姓，尧舜其犹病诸？"(《论语·宪问》)

可见，在孔子心目中，君子分为三个层次、三种境界。一是修己以敬，摒弃小人习气，做一个合格的君子。这是君子的第一境界。二是修己以安人，修养自己，以便安顿好家人和身边人，做个较好的君子。这是君子的第二境界。三是修己以安百姓，提高个人修养，使天下百姓都得到安定、得到幸福，做个最好的君子。第三种境界是君子的最高境界，而这一境界的君子也就进入圣人的境界了。

孔子说："老者安之，朋友信之，少者怀之。"(《论语·公冶长》)使天下人民各得其所，安居乐业，是孔子的人生志向。

梁启超说，修己做到极处，就是内圣；安人做到极处就是外王。

佛家有羊车、鹿车、牛车之说，羊车仅能载自己，鹿车能载家人，牛车则能载众人。这与儒家的修己安人之说具有异曲同工之妙。可见，各家的思想原本就有相通之处，而劝人向上向善之心一也。

那么，君子如何安人呢？孔子说要“尊五美”，“屏四恶”。

> 子张问于孔子曰：“何如斯可以从政矣？”
>
> 子曰：“尊五美，屏四恶，斯可以从政矣。”
>
> 子张曰：“何谓五美？”
>
> 子曰：“君子惠而不费，劳而不怨，欲而不贪，泰而不骄，威而不猛。”
>
> ……
>
> 子张曰：“何谓四恶？”
>
> 子曰：“不教而杀谓之虐；不戒视成谓之暴；慢令致期谓之贼；犹之与人也，出纳之吝谓之有司。”（《论语·尧曰》）

所谓“惠而不费”，就是要求为政者要施惠于民，节约用度。孔子说的“博施于民而能济众”“安人安百姓”“因民之所利而利之”等，为为政者指明了“惠民”的方法与途径，而其“节用而爱人”则是基于“不费”的思想而提出的具体主张。

所谓“劳而不怨”，就是要求为政者要使民以时、节省民力。《论语·学而》篇中，孔子明确提出了“使民以时”的观点。他认为，如果为政者能够爱惜民力，自觉做到“使民以时”“择可劳而劳之”，必不会招致百姓的怨恨。

所谓“欲而不贪”，就是要求为政者当求百姓之利（仁），不为一己之私。在孔子看来，为政者当以“仁”为利，而不以利为利。这里所谓的“仁”，就是指百姓之利。为政者求仁而得仁，又何必再逐利。“欲仁而得仁，又焉贪？”（《论语·尧曰》）

所谓“泰而不骄”，就是要求为政者要宽以待民，施行礼治和德政。当然，这里孔子虽强调在国家治理中德及礼较之于政和刑的优先性，但他并不完全否定政与刑的作用。孔子“屏四恶”思想中的“不教而杀谓之虐，不戒视成谓之暴”，也从反面说明了为政者以德、礼、政、刑来教民和治民的问题。

所谓“威而不猛”，就是要求为政者要修身正己以立其威，使人望而生畏。孔子讲：“君子正其衣冠，尊其瞻视，俨然人望而畏之，斯不亦威而不猛乎？”（《论语·尧曰》）其实说的就是正己正人的道理。

五种“政治美德”是孔子对君子“修己以安人”的具体要求，具有长久的思想价值，是我们每位从政者应该牢记于心、外化于行的行为规范。

君子人格的养成

由恕及忠

如何修身？曾子曰：“夫子之道，忠恕而已矣。”（《论语·里仁》）朱熹注：尽己之谓忠，推己之谓恕。

一是恕。子贡问曰：“有一言而可以终身行之者乎？”子曰：“其恕乎！己所不欲，勿施于人。”（《论语·卫灵公》）“己所不欲，勿施于人”被称为道德黄金律。季羡林先生曾说过一句名言:希望世人先做一个及格的好人,然后再一点点往上加分,做一个更好的人。“己所不欲,勿施于人”应该是及格线。如何“恕”呢?孔子提出了“三恕”说:

君子有三恕。有君不能事,有臣而求其使,非恕也;有亲不能孝,有子而求其报,非恕也;有兄不能敬,有弟而求其顺,非恕也。士能明于三恕之本,则可谓端身矣。(《孔子家语·三恕》)

这是说,自己对别人做不到的,就不要希望别人对自己做到。反过来,自己不希望别人对自己做的,自己也不要对别人那样做:

所恶于上,毋以使下;所恶于下,毋以事上;所恶于前,毋以先后;所恶于后,毋以从前;所恶于右,毋以交于左;所恶于左,毋以交于右:此之谓絜矩之道。(《大学》)

由此可见,“恕道”和“絜矩之道”的实质是一样的:

君子有诸己而后求诸人,无诸己而后非诸人。(《大学》)

领导者要求别人做到的,自己首先要做到;禁止别人做的,自己首先不去做。这就是“恕道”或“絜矩之道”。这是每一个人都应

该做到的。然而,要真正做到这一点也并非易事:

> 子贡曰:“我不欲人之加诸我也,吾亦欲无加诸人。”子曰:“赐也,非尔所及也。”(《论语·公冶长》)

现在社会出现的很多问题,标在造假欺骗,根在缺乏“恕”道。听说,现在有的农民对自己上过化肥打过农药的菜都不吃,而是圈出一小块地来专门种自家吃的菜。这真是“己所不欲,而施于人”了。而这也往往是人性的“弱点”。所以,孔子认为子贡的想法并不容易做到。

二是忠。子曰:“夫仁者,己欲立而立人,己欲达而达人。”(《论语·雍也》)“君子成人之美,不成人之恶。小人反是。”(《论语·颜渊》)

如果说“己所不欲,勿施于人”的“恕”道是从消极意义上避免做不该做的事儿的话,那么,“己欲立而立人,己欲达而达人”的“忠”道,则是从积极意义上做应该做的事儿。前者是及格线,后者是加分项。

无论是恕还是忠,儒家都是从自身角度去考虑别人、推己及人;都是在肯定自身利益的基础上去顾及别人,而不是否定自身的合理利益。儒家是理想主义者,同时又是现实主义者。这和墨家不同。

应该说,儒家由恕及忠的修养路线是可行的。子曰:“仁远乎哉?我欲仁,斯仁至矣。”(《论语·述而》)“为仁由己,而由人乎哉?”(《论语·颜渊》)

正因如此，儒家认为“人皆可以为尧舜”（《孟子·告子下》），“涂之人可以为禹”（《荀子·性恶》），“满街皆是圣人”（王阳明《传习录》）。

知行合一

儒家的君子人格追求的是修己安人、内圣外王；不仅要格物、致知、诚意、正心、修身，还要齐家、治国、平天下。因此，儒家非常重视“知行合一”。“知行合一”是修养君子人格的基本路径。王阳明说：

> 知是行的主意，行是知的工夫；知是行之始，行是知之成。（王阳明《传习录》）

按照王阳明的思想，知和行不能分作两截，两者实际上是一回事儿，是一个过程的两个方面，知和行是内在统一的。

“知行合一”是中国传统思想的精华，是中国文化的基本命题，其最早出自宋元之际儒学家金履祥所著《论语集注考证·述而》：“圣贤先觉之人，知而能之，知行合一，后觉所以效之。”这是说，先知先觉的圣贤，知而能行，思想与行为一致，是后知后觉之人效法的榜样。

王阳明是集知行学说之大成的学者。作为其哲学核心的“知行合一”主要有三层涵义。首先，知中有行，行中有知，知行一体两面。王阳明认为“知”和“行”的实现过程互为表里，能够深入实相的“知”就是“行”，这样的“知”方不虚妄；能够明觉精察的“行”就是“知”，这样的“行”才不盲目。所以知行必须兼顾，不可偏废。其次，真知必行，不行假知，注重躬行实践。王阳明指出：“真知即所以为行，不行不足谓之知。”意思是说，真正的“知”必须付诸实行，没有“行”的“知”就不是“真知”。“致良知”就是将良知贯彻到日常生活的各种实践之中，实现知行合一。因此，他常强调在实践中磨炼、在实学中求知。再次，以知促行，为善去恶，强调自律自觉。王阳明认为“一念发动处便是行”，后人常以此误解他“销行归知”。其实，王阳明并没有混淆“知”“行”，他认为起心动念就是“行”，所以应该对善恶有高度自觉。这一层涵义体现了慎独、自律的极致，对道德修养具有重要的意义。

因此，君子人格的养成必须坚持“知行合一”，在继承儒家关于君子人格理想的思想精华的基础之上，增添时代的内容；在日常工作、学习、生活的具体实践中，在做好一件件事情的过程中，不断砥砺自己的品行，从而淬炼成新时代的“君子”。

关于“君子人格”的修养，《中庸》中有几句话说得非常好：

> 君子之道，譬如行远，必自迩；譬如登高，必自卑。
>
> 博学之，审问之，慎思之，明辨之，笃行之。有弗学，学之弗能，弗措也；有弗问，问之弗知，弗措也；有弗思，思之弗得，弗措也；有弗辨，辨之弗明，弗措也；有弗行，行之弗笃，弗措也。
>
> 故君子尊德性而道问学，致广大而尽精微，极高明而道中庸。温故而知新，敦厚以崇礼。
>
> 是故君子动而世为天下道，行而世为天下法，言而世为天下则。远之则有望，近之则不厌。

此堪为养成“君子之道”的座右铭:第一句点明了下手处,要从最切近的事情做起,从最微小的事情做起;第二、第三句指出了具体的路径和方法,就是“博学之,审问之,慎思之,明辨之,笃行之”;第四句提出了修养的具体要求和内涵,即进德修业、致广尽微、行之中庸;第五句是修养的最终目标,即为天下人做出表率。

如果每位领导者都成为当代的“君子”,“君子之德风,小人之德草。草上之风,必偃”(《论语·颜渊》),整个社会就会形成风清气正、芳香四溢的“君子之风”。

第四章　好谋而成——谋划决策力

子曰:“不曰‘如之何,如之何’者,吾末如之何也已矣。”

——《论语·卫灵公》

提高谋划决策能力,是对领导干部的基本要求。孔子是一位善于谋划决策的人,他反对鲁莽从事。

临事而惧,好谋而成

子路曰:“子行三军,则谁与?”子曰:“暴虎冯河,死而无悔者,吾不与也。必也临事而惧,好谋而成者也。”(《论语·述而》)

子曰:“不曰‘如之何,如之何’者,吾末如之何也已矣。”(《论语·卫灵公》)

暴虎冯河就是指徒手搏虎,徒足涉河。当子路问道:“您若率领军队,找谁共事?”孔子答道:“赤手空拳和老虎搏斗,不用船只去渡河,这样死了都不后悔的人,我是不会和他共事的。我要找的共事的人,一定是面临任务便敬惧谨慎,善于谋略而能完成的人。”孔子反对无谓的冒险和牺牲,主张用智慧去完成任务。这是我们做任何事情都应当遵循的基本原则。孔子说:“遇到事情,不想想‘怎么办,怎么办’的人,对这种人,我也不知道怎么办了。”遇事多问几个怎么办,实际上就是思考解决问题的方法,一旦找到了正确的方法,事情也就迎刃而解了。孔子临事而惧、好谋而成的一个典型案例就是齐鲁夹谷之会。定公与齐侯会于夹谷,孔子摄相事,曰:“臣闻有文事者必有武备,有武事者必有文备。古者诸侯出疆,必具官以从。请具左右司马。”因为孔子事前做好了文武两手充分的准备,所以在面对突发情况时,才能临危不惧,果断地反击了齐国的侮辱行为,捍卫了鲁国的尊严,维护了国家利益。孔子的斗争有理、有利、有节,取得了完全的外交胜利。

临事而惧是“处事”的态度,好谋而成是“成事”的方法。只有临事而惧,我们才会以郑重的态度对待事情,才会静下心来想办法、出主意,才会避免或减少由于轻视或草率行事而造成的失误。关羽大意失荆州就是一个深刻的教训。《三国志》这样写关羽:“称万人敌,为世虎臣。然刚而自矜。”他曾对儿子说:“矢石交攻之际,千枪万刃之中,匹马纵横,如入无人之境。岂忧江东群鼠乎!”“刚而自矜”是关羽性格中的致命缺陷,导致他在处理内外关系中出现严重失误。对外,“先是,权遣使为子索关羽女,羽侮骂其使,不许婚,权大怒”。关羽不仅侮骂其使,更说出“吾虎女岂配犬子”的嘲讽话。本是一桩难得的政治联姻,关羽却没有抓住机遇,严重影响了吴蜀关系。对内,关羽也是高高在上,不知关心下属。“南郡太守麋芳在江陵，将军傅士仁屯公安，素皆嫌羽轻己”，结果，吕蒙到南郡，士仁、麋芳皆叛迎孙权。内外失策，关羽的悲剧已不可避免。现在，百姓常说的“三拍干部”，即“拍脑袋决策、拍胸部蛮干、拍屁股走人”的干部，没有做到临事而惧，当然也就不会好谋而成了，一些劳民伤财的形象工程、政绩工程就这样出炉了。

人们面对自己所短之事，比较易于临事而惧；面对自己所长之事，则往往易于轻视：

> 凡国之亡也，以其长者也。人之自失也，以其所长者也。故善游者死于梁也，善射者死于中野。（《管子·枢言》）

关羽大意失荆州，失就失在其武艺高强却自命不凡上。天下之事可失之于己所短，亦可失之于己所长。贵在由惧而慎，由慎而谋，由谋而成。

子绝四，每事问

> 子绝四——毋意，毋必，毋固，毋我。（《论语·子罕》）

“毋意”，不悬空揣测；“毋必”，不绝对肯定；“毋固”，不拘泥固执；“毋我”，不唯我独是。“子绝四”，则是指孔子没有“意”“必”“固”“我”四种毛病。去掉了这四种毛病，人的主观片面性就会大大减少。这反映了孔子实事求是的思想。

考虑问题要实事求是，说话也要实事求是。《孔丛子》中记载了这样一个故事：

孔子使宰予使于楚，楚昭王以安车象饰，因宰予以遗孔子焉。宰予曰："夫子无以此为也。"王曰："何故？"对曰："臣以其用，思其所在观之，有以知其然。"王曰："言之。"宰予对曰："自臣侍从夫子以来，窃见其言不离道，动不违仁，贵义尚德，清素好俭。仕而有禄，不以为积。不合则去，退无吝心。妻不服彩，妾不衣帛，车器不雕，马不食粟。道行则乐其治，不行则乐其身，此所以为夫子也。若夫观目之靡丽，窈窕之淫音，夫子过之弗之视，遇之弗之听也。故臣知夫子之无用此车也。"王曰："然则夫子何欲而可？"对曰："方今天下道德寝息，其志欲兴而行之。天下诚有欲治之君能行其道，则夫子虽徒步以朝，固犹为之，何必远辱君之重贶乎？"王曰："乃今而后知孔子之德也大矣。"宰予归，以告孔子。孔子曰："二三子以予之言何如？"子贡对曰："未尽夫子之美也。夫子德高则配天，深则配海。若予之言，行事之实也。"子曰："夫言贵实，使人信之，舍实何称乎？是赐之华，不若予之实也。"(《孔丛子·记义》)

楚国有聘用孔子之意，但孔子在去楚途中被围于陈蔡。于陈蔡解困后，孔子便派宰予出使楚国。楚昭王打算将用象牙装饰的奢华的车送给孔子，宰予说孔子是不会用这样的车的，并告诉楚昭王孔子的为人，列举的都是孔子实实在在的行事。宰予回来后，告诉了孔子。孔子问道："你们认为宰予的话怎么样？"子贡回答道："宰予没有说尽老师道德的高美。夫子的道德与天一样高，与海一样深。像宰予说的，不过是老师的一些实实在在的事情罢了。”孔子说：“言语贵在真实，才能使人相信，舍弃了真实还有什么可称赞的呢？所以，子贡的浮华比不上宰予的真实。”“夫言贵实”集中表现了孔子实事求是的态度。

要做到实事求是，必须深入调查研究：

> 子如太庙，每事问。（《论语·八佾》）

“每事问”是孔子注重调查研究的方法。孔子本人非常重视调查研究。孔子初仕中都宰期间就具体表现了他是如何开展调查研究的。

中都即现在的山东省汶上县。孔子初仕中都宰，即孔子一开始步入仕途，做的是汶上县的地方长官。应当说，孔子所宰中都邑是一个自然条件相当不错的地方。它东部拥有平坦肥沃的可耕地，并有汶水、泉水可用于灌溉，还有含金的昙山、采山等，适宜农业、桑蚕业、采金业；西部属于大野泽，有利于发展渔牧业、编织业。更为重要的是，中都邑地处水陆交通要塞，发展商业贸易的条件比较优越。在远古时，以泰山为主体的鲁中山地，曾是大海中的一座岛屿。由于黄河携带的黄土高原的泥沙淤积，在泰山西南逐渐形成了一片广袤的平地旷野，才出现了今天的鲁西南平原，鲁人西出群山，见此连绵旷野，谓之大野。大野上的河流汇入东北部的一片洼地，形成湖泽，得名大野泽，即现在的东平湖一带。

虽然自然条件很好，但是，中都大地到处是一片萧条景象。孔子初到汶上的时候，看到中都街上冷冷清清，不少店铺都关了门；

街上行人不多，乞丐倒不少。孔子感到不解，便决定暂不住进宰衙，而让子贡找了个客栈住下。他要与弟子们深入百姓，微服私访，调查研究，彻底摸清中都问题的症结所在。

七天之后，孔子师徒把调查的结果进行研究梳理，一共归结为四个问题：一是礼乐不兴，伤风败俗。百姓反映强烈的主要是两件事。一件是妇而无礼。公慎氏的妻子漆氏，年轻漂亮，却不守妇道，与人私通。这在周礼盛行的鲁国是一件影响很坏的事，扰乱了社会秩序。一件是富而无礼。慎溃氏有钱，不守礼，娶妇嫁女时所用礼、乐、舞蹈的规格竟然高于大夫，败坏了社会风气。这正是孔子所谓的"是可忍，孰不可忍"之事。二是市场秩序混乱。沈犹氏贩羊弄假，给羊喂盐水，看着肥壮，但是买到家里，没几天就会死去，坑害了老百姓，扰乱了市场秩序。三是经济落后。农田水利设施落后，旱涝成灾，百姓吃不饱肚子，大街上到处都是衣衫褴褛、以乞讨为生的人。四是吏治腐败。当官不为民办事，而且官商勾结，欺行霸市，欺诈百姓，百姓敢怒不敢言。

孔子在实地调研的基础上，制定了一套施政纲领，提出了具体的举措。"孔子初仕，为中都宰，制为养生送死之节：长幼异食，强弱异任，男女别涂，路无拾遗，器不雕伪。为四寸之棺、五寸之椁，因丘陵为坟，不封不树。行之一年，而西方之诸侯则焉。"（《孔子家语·相鲁》）行之一年，中都大治，经济欣欣向荣，社会和谐稳定，出现了夜不闭户、路不拾遗的可喜局面，与孔子刚到中都的景象形成了鲜明对照。这是孔子从实际出发深入调查研究的结果。

谔谔而昌，唯唯而亡

正如前面所说，儒家是主张统治者在决策时发扬民主精神的。

定公问："一言而可以兴邦，有诸？"孔子对曰："言不可以若是其几也。人之言曰：'为君难，为臣不易。'如知为君之难也，不几乎一言而兴邦乎？"曰："一言而丧邦，有诸？"孔子对曰："言不可以若是其几也。人之言曰：'予无乐乎为君，唯其言而莫予违也。'如其善而莫之违也，不亦善乎？如不善而莫之违也，不几乎一言而丧邦乎？"（《论语·子路》）

鲁定公问孔子有没有一句话使国家兴亡的。孔子说："说话不可以像这样地简单机械。不过，大家都说：'做君主很难，做臣子不易。'如果知道做君主的艰难，就会努力去做，这不近于一句话便兴盛国家么？""大家都说：'我做国君没有别的快乐，只是我说什么话都没有人敢违抗我。'如果说的话正确而没有人违抗，不也好么？如果说的话不正确而也没有人违抗，不近于一句话便丧失国家么？"君主并非说什么都对，所以需要虚心听取臣下的意见，不能唯我独尊、自以为是。在这方面，孔子是很开明的，他主张要多谋，多听取众人的意见。而这又需要有敢于给自己提意见的人。

孔子曰："良药苦于口而利于病，忠言逆于耳而利于行。汤武以谔谔而昌，桀纣以唯唯而亡。君无争臣，父无争子，兄无争弟，士无争友，无其过者，未之有也。故曰：君失之，臣得之；父失之，子得之；兄失之，弟得之；己失之，友得之。是以国无危亡之兆，家无悖乱之恶，父子兄弟无失，而交友无绝也。”（《孔子家语·六本》）

如果没有敢于对自己直言劝谏的人，那么，自己要想不犯错误是不可能的。所以说：“国君有失误，臣子来补救；父亲有失误，儿子来补救；哥哥有失误，弟弟来补救；自己有失误，朋友来补救。”当然，这就不能以“唯其言而莫予违也”为乐了，相反，自己要有善于听取别人意见的雅量和习惯。

听取臣下的意见，还要注意防止被权臣垄断众人的意见，形成一边倒的局面，那样起不到集思广益的作用，不利于民主决策和科学决策。

鲁哀公问于孔子曰：“鄙谚曰：‘莫众而迷。’今寡人举事与群臣虑之，而国愈乱，其故何也？”孔子对曰：“明主之问臣，一人知之，一人不知也。如是者，明主在上，群臣直议于下。今群臣无不一辞同轨乎季孙者，举鲁国尽化为一，君虽问境内之人，犹不免于乱也。”一曰：晏婴子聘鲁，哀公问曰：“语曰：‘莫三人而迷。’今寡人与一国虑之，鲁不免于乱，何也？”晏子曰：“古之所谓‘莫三人而迷’者，一人失之，二人得之，三人足以为众矣，故曰‘莫三人而迷。’今鲁国之群臣以千百数，一言于季氏之私，人数非不众，所言者一人也，安得三哉！”（《韩非子·内储说上》）

“莫众而迷”是一句古谚语，意思是说，如果做事不与众人商量，就会感到迷惑。但是令鲁哀公感到迷惑不解的是，为什么他遇事就与众臣商量，国家却更加混乱。对于这一问题，孔子回答说：“贤明的君主问事于群臣，有的说知道，有的说不知道。如果是这样，贤明的君主会坐在上位听，众臣子们在朝下相互议论。如今群臣没有一个不是站在季孙氏的立场上人云亦云的，鲁国举国上下只有一个声音，即使君主向全国的人征询意见，也免不了出现混乱的局面。”当鲁哀公就同样的问题问来访的晏婴时，晏婴的回答与孔子在本质上是一样的，那就是群臣的意见被季孙氏“统一”了，鲁哀公看起来是谋于众，实际上听到的还是季孙氏一个人的意见。如此，怎么能获取好的主意呢？作为领导者听不到真实的声音，又怎么能做出好的决策呢？

要做到集思广益，除了认真听取下属的意见外，还要广泛听取国人的意见，集中全国人民的智慧。

> 郑人游于乡校，以论执政。然明谓子产曰：“毁乡校何如？”子产曰：“何为？夫人朝夕退而游焉，以议执政之善否。其所善者，吾则行之；其所恶者，吾则改之，是吾师也。若之何毁之？我闻忠善以损怨，不闻作威以防怨。岂不遽止？然犹防川。大决所犯，伤人必多，吾不克救也。不如小决使道，不如吾闻而药之也。”然明曰：“蔑也，今而后知吾子之信可事也。小人实不才，若果行此，其郑国实赖之，岂唯二三臣？”
>
> 仲尼闻是语也，曰：“以是观之，人谓子产不仁，吾不信也。”（《左传·襄公三十一年》）

郑国人到乡校休闲聚会，议论执政者施政措施的好坏。郑国大夫然明对子产说："把乡校毁了，怎么样？"子产说："为什么毁掉？人们早晚干完活儿回到这里聚一下，议论一下施政措施的好坏。他们喜欢的，我们就推行；他们讨厌的，我们就改正。这是我们的老师。为什么要毁掉它呢？我听说尽力做好事以减少怨恨，没听说过依权仗势来防止怨恨。难道很快制止这些议论不容易吗？然而那样做就像堵塞河流一样：河水大决口造成的损害，伤害的人必然很多，我是挽救不了的；不如开个小口导流。不如我们听取这些议论，把它当作治病的良药。"然明说："我从现在起才知道您确实可以成大事。我确实没有什么才能，但如果真的这样做，恐怕郑国真的就有了依靠，岂止是有利于我们这些臣子！"孔子以此判断子产是位仁人。

其实，子产本身就是一位能够用人所长、集思广益、民主决策开明政治家。孔子曾指出过子产关于外交方面的民主决策的过程：

子曰："为命，裨谌草创之，世叔讨论之，行人子羽修饰之，东里子产润色之。"（《论语·宪问》）

孔子说："郑国外交辞令的制作，裨谌拟稿，世叔提意见，外交官子羽修改，子产作文词上的加工润色。"对此，《左传·襄公三十一年》亦有记载："子产之从政也，择能而使之：冯简子能断大事，子大叔美秀而文，公孙挥能知四国之为，而辨于其大夫之族姓、班位、贵贱、能否，而又善为辞令，裨谌能谋，谋于野则获，谋于邑则否。

郑国将有诸侯之事,子产乃问四国之为于子羽,且使多为辞令;与裨谌乘以适野,使谋可否;而告冯简子使断之。事成,乃授子大叔使行之,以应对宾客,是以鲜有败事。"一个决策或文件的制定要经过一定的程序,发挥集体的智慧。这样制定出的决策或文件才能比较完善,才会少犯错误。

孔子本人也是我们实行民主决策的榜样,他断案的过程是其民主决策的生动体现:

孔子为鲁司寇,断狱讼,皆进众议者而问之,曰:"子以为奚若?某以为何若?"皆曰云云如是,然后夫子曰:"当从某子,几是。"(《孔子家语·好生》)

孔子担任鲁国法官,在断案时,都要征求众人的意见,问:"你认为怎样?某某你认为怎样?"等大家都发表意见之后,孔子才说:"应当听从某人的意见,他的看法基本正确。"这是孔子实行民主集中制的生动体现,即先发扬民主,让大家充分发表意见;再进行集中,作出判断和结论。这样,便会减少或避免冤假错案。

多谋,还要善断。做事时优柔寡断,事情同样办不好:

季文子三思而后行。子闻之,曰:"再,斯可矣。"(《论语·公冶长》)

季文子每件事情考虑多次才行动。孔子听到了,说:"想两次也就可以了。"季文子即鲁国的大夫季孙行父,历仕鲁国文公、宣公、成公、襄公诸代。我们说,凡事三思而后行。为什么孔子却不同意季文子这样做呢?宦懋庸《论语稽》说:“文子生平盖祸福利害之计太明,故其美恶两不相掩,皆三思之病也。其思之至三者,特以世故太深,过为谨慎;然其流弊将至利害徇一己之私矣。”若以《左传》所载文子先后行事证明,此话不为无理。好谋深思是好事,但思虑过多,计较过度,就有可能优柔寡断,从而贻误时机,导致失败。如果每每如此,就有可能一事无成。正如孔子所云“过犹不及也”。

孔子多谋善断的思想影响深远。历史上曾经出现过许多著名的谋略家,如三国时期多谋善断的谋士郭嘉。他曾批评袁绍多谋寡断、有谋无断,认为袁绍没有决心,做事不果断,结果在官渡之战中,袁绍就打了败仗。所以凡事要多谋,要与多方面商量,要多听各方面的意见,多看看各种材料、各种方案,善于判断,善于下决心。有谋还要善断,谋的目的是为了断。

当然,金无足赤,人无完人。有的人可能点子多,但不善于决断;有的人善于决断,但没那么多谋略。这就要求领导者用人所长,使其互为补充,相得益彰。历史上“房谋杜断”的故事就给人以深刻的启示。这一故事说的是唐太宗李世民有两个得力的宰相,一个是尚书左仆射房玄龄,一个是尚书右仆射杜如晦。房玄龄谨小慎微,胆小怕事,却是点子最多的一个。每当李世民遇到难题,房玄龄都能拿出多种方案供其选择。而当李世民犹豫不决时,右仆射杜如晦又总是能从中选出最佳方案让他决断。房、杜二人,一个善于出计谋,一个善于作决断。后来,人们就以“房谋杜断”来赞扬他们各有所长,而又能完美合作。李世民本身就是一位具有雄才大略的人，再加上多谋善断的团队，他能够赢得天下并以贞观之治而彪炳史册，也就不难理解了。

叩其两端，允执其中

子曰："中庸之为德也，其至矣乎！民鲜久矣。"（《论语·雍也》）

朱熹解释说："子程子曰：不偏之谓中，不易之谓庸。中者天下之正道，庸者天下之定理。""中庸者，不偏不倚、无过不及，而平常之理，乃天命所当然，精微之极致也。"这样，中庸一词的含义就是：中，是一种凡事都追求不偏不倚、无过不及的最为恰当的状态；庸，则是说这样做是不可更易的常理。另一种解释来自汉代的郑玄，他说："中庸者，以其记中和之为用也；庸，用也。"意思是，中庸就是中道之运用。许慎《说文解字》说："中，内也；上下通也。""庸，用也。""中庸"的本义就是中道的运用。

其实，孔子的中庸思想不仅是一种道德修养、一种行为准则，也是一种思想方法。孔子以自己的中庸之道去观察、思考和解决问题。

子曰："吾有知乎哉？无知也。有鄙夫问于我，空空如也。我叩其两端而竭焉。"（《论语·子罕》）

孔子说自己并没有什么知识。有一个鄙夫问他一些问题，他是一点儿也不知道的。他只是询问了那些问题的正反两个方面，得出了一些意见，然后帮其解决了问题。“两端”或许指“不及和过头两个极端”，或许指“事情的两个方面”。总之，“叩其两端”是孔子在认识事物、获取知识、解疑释惑的过程中体会到的一种思想方法，此种方法的核心即为“用其中”。应该说，这是孔子自己摸索出的带有辩证色彩的方法论。这种方法论也是对圣王治国之道的经验总结。

人心惟危，道心惟微，惟精惟一，允执厥中。（《尚书·大禹谟》）

尧曰：“咨！尔舜！天之历数在尔躬，允执其中。四海困穷，天禄永终。”（《论语·尧曰》）

子曰：“舜其大知也与！舜好问而好察迩言，隐恶而扬善，执其两端，用其中于民，其斯以为舜乎！”（《中庸》）

如果说尧帝的话是对舜的政治嘱托，那么孔子的话则是对舜执政经验的总结——舜确实做到了“允执其中”。孔子说：“舜真是大智慧啊！他喜欢询问各种意见，而对周围亲近的人的意见详加审察，认为不好的话就隐忍下来，认为好的话就发扬起来，把握住两个极端，把折中的方案用于民众，这才成其为舜啊！”用今天的话说，“用其中于民”就是寻求最大公约数，就是要从一般情况出发而不走极端（极端就是两极）。这种“不走极端，而用其中”的思想，是一种对决策十分有价值的思想。走极端体现了形而上学，是片面的；用其中则体现了辩证法，注意了全面性，因为其考虑到了两端的情况，有分析有综合。孔子的中庸思想深刻影响了中国人的思维方式和行为方式。

> 子贡问:“师与商也孰贤?”子曰:“师也过,商也不及。”曰:“然则师愈与?”子曰:“过犹不及。”(《论语·先进》)

颛孙师(子张)和卜商(子夏)均为孔子弟子。子贡问孔子,子张和子夏谁更强一些,孔子评价说:“子张有些过分,子夏有些赶不上。”子贡以为,“有些过分”的子张,自然要比“有些赶不上”的子夏强些,没想到孔子的回答则是:“过分和赶不上同样不好。”中庸之道的关键在于把握一个适中的“度”。

如何才能正确或者比较正确地把握这个“度”呢?这确实不是一件容易的事。要做到这一点,前提是全面客观的了解实际情况,掌握各个方面及其相互间的关系,正确判断事物的发展趋势;关键是做好各方面的动态平衡,以争取达到最佳状态,取得最大效果。

运用中庸之道的思想方法,还要注意把握一个“时”。仲尼曰:“君子中庸,小人反中庸。君子之中庸也,君子而时中;小人之反中庸也,小人而无忌惮也。”(《中庸》)

孔子说:“君子说话做事符合中庸的道理,小人说话做事违背中庸的准则。君子的言行符合中庸的道理,是因为他们随时以处中;小人的言行违背中庸的准则,是因为他们没有什么顾忌和害怕的。”这里孔子提出了“时中”的概念。孔子是比较重视“时”的。所以孟子说:“伯夷,圣之清者也;伊尹,圣之任者也;柳下惠,圣之和者也;孔子,圣之时者也。孔子之谓集大成。”(《孟子·万章下》)

杨庆中指出,孔子的贡献在于将“时”与“中”联系起来,形成了“时中”的观念。所谓“时中”,即“随时以处中”,用《论语》所记孔子的话说,就是“无可无不可”。“逸民:伯夷、叔齐、虞仲、夷逸、朱张、柳下惠、少连。子曰:‘不降其志,不辱其身,伯夷、叔齐与!’谓:‘柳下惠、少连,降志辱身矣,言中伦,行中虑,其斯而已矣。’谓:‘虞仲、夷逸,隐居放言,身中清,废中权。我则异于是,无可无不可。’”(《论语·微子》)孔子说,不动摇自己的意志,不辱没自己的身份,这是伯夷、叔齐的特点。柳下惠、少连降低了自己的意志,屈辱了自己的身份,可是言语合乎法度,行为经过了思虑,那也不过如此罢了。虞仲、夷逸逃世隐居,放肆直言,行为廉洁,被废弃了也是他们的权术。而孔子认为自己与他们不同,乃是“无可无不可”。如何理解孔子的“无可无不可”?《孟子·公孙丑上》中的一段评论正好可以做其注脚:“(公孙丑)曰:‘伯夷、伊尹何如?’(孟子)曰:‘不同道。非其君不事,非其民不使;治则进,乱则退,伯夷也。何事非君,何使非民;治亦进,乱亦进,伊尹也。可以仕则仕,可以止则止,可以久则久,可以速则速,孔子也。’”又《孟子·万章下》载:“孔子之去齐,接淅而行;去鲁,曰:‘迟迟吾行也,去父母国之道也。’可以速而速,可以久而久,可以处而处,可以仕而仕,孔子也。”由孟子的评论可知,孔子的“无可无不可”就是“可以仕则仕,可以止则止,可以久则久,可以速则速”,或“可以速而速,可以久而久,可以处而处,可以仕而仕”。不难看出,孔子与其他人的区别在于,其他人固守一节,而孔子则“无可无不可”。

当然,孔子的无可无不可,并非没有原则性。孔子说:“君子之于天下也,无适也,无莫也,义之与比。”(《论语·里仁》)君子对于天下的事情,没有什么可以,也没有什么不可以,唯义是从。所谓义,就是要合宜适中。

如果说,反对走极端,反对片面性,主张把握好适中的“度”体现了孔子的原则性的话,那么,把握好“时”,根据不同的时处中,就体现了孔子的灵活性。

人无远虑,必有近忧

《论语》中也闪耀着孔子战略思维的光芒,虽然这一方面的论述不多,但意义重大,影响深远,值得我们继承和发扬。孔子说:

> 小不忍,则乱大谋。(《论语·卫灵公》)
>
> 人无远虑,必有近忧。(《论语·卫灵公》)
>
> 无欲速,无见小利。欲速,则不达;见小利,则大事不成。(《论语·子路》)

孔子是以全局和长远的战略思维观察和处理问题的:

> 鲁国之法,鲁人为人臣妾于诸侯,有能赎之者,取其金于府。子贡赎鲁人于诸侯,来而让不取其金。孔子曰:“赐失之矣。自今以往,鲁人不赎人矣。取其金则无损于行。不取其金则不复赎人矣。”子路拯溺者,其人拜之以牛,子路受之。孔子曰:“鲁人必拯溺者矣。”孔子见之以细,观化远也。(《吕氏春秋·先识览》)

鲁国有一条法律规定,如果有人赎回在诸侯处做臣妾的鲁国人,回国后可以到国库领取赎金。子贡赎人后并未去国库领取赎金。孔子听说后,不但没有表扬,反而批评了他,说他做得不对,从今以后,不会有鲁国人再去赎人了。相反,子路救了人,接受了被救者为了表示感谢而给他的牛,孔子对此予以肯定说,今后鲁人一定会拯救落水的人。孔子的这种态度反映了其从整体和长远考虑问题的战略思维。子贡赎人可以不取赎金,但是,并非人人都有这个经济能力。如果赎了人,不能去取回赎金,那些没有能力的人就不会去赎人了。从整体和长远的角度来看,这对于赎回在诸侯处做臣妾的鲁国人是不利的。由此可见,即使做好事,也要考虑整体和长远的效果。这就是孔子批评子贡而肯定子路的原因。

领导者必须高度重视和善于运用战略思维,因为战略思维是一个优秀的领导者必备的思维品质和政治素养。古人云:“不谋全局者,不足以谋一域;不谋万世者,不足以谋一时。”说的就是战略思维。战略思维有两个基本的向度:一是广度,二是长度。广度是指要站在全局看问题,把局部放在全局中去考虑,不能只见树木,不见森林,不能只考虑局部,甚至以局部牺牲全局。当然,全局是由局部组成的,也不能不重视局部,而要以全局视野来抓好局部工作。长度是指要站在长远的角度考虑问题,不能只顾眼前,以眼前牺牲长远;当然,也不能不重视眼前,要以长远视野来抓好眼前工作。

“小不忍,则乱大谋。”“无见小利,见小利则大事不成。”小大之分反映了孔子关于局部与全局关系的认识,即局部应当服从全局,为了全局,必要时局部应该做出牺牲。其实,每个人都会面临全局的问题，大至宇宙世界，中至国家地区，小至一家一人都可以作为一个全局。全局具有层次性，无论修身、齐家，还是治国、平天下，都要树立全局意识，注重战略思维。作为领导干部尤其是高级领导干部，更要如此。

“人无远虑，必有近忧。”“无欲速，欲速则不达。”远近快慢反映了孔子关于眼前与长远关系的认识，即要善于从长远的角度考虑问题，眼前利益服从长远利益。美国第28任总统伍德罗·威尔逊讲过一句名言：“我有一项永远做不完的工作，那就是谋划未来。”《中庸》里讲：

> 凡事豫则立，不豫则废。言前身定则不跲，事前定则不困，行前定则不疚，道前定则不穷。（《中庸》）

任何事情，事先有准备才能成功，没有准备就会失败。说话前先有准备，就不会语义不通；做事前先有准备，就不会遭遇困难；行动前先有准备，就不会后悔；讲道理前先有定则，就不会理屈词穷。前定，就是远虑；不跲、不困、不疚、不穷，就是无忧。只有做到远虑，办事才会比较顺畅，才会遇到较少困难。司马光说：“夫事未有不生于微而成于著。圣人之虑远，故能谨其微而治之；众人之识近，故必待其著而后救之。治其微，则用力寡而功多；救其著，则竭力而不能及也。”（《资治通鉴·周纪一》）宋朝的苏洵也说过：“不先审天下之势而欲应天下之务，难矣。”“事未至而预图，则处之常有余；事既至而后计，则应之常不足。”急功近利、鼠目寸光的人，是干不出大事的。美国通用电器公司的董事长威尔逊曾这样告诉人们:“我整天没做几件事,但有一项做不完的工作,那就是计划未来。”美国著名未来学家约翰·奈斯比特指出:“在农业社会阶段,在时间观念上人们习惯于面向过去,工业社会的时间倾向是注意现在,而在信息社会里,人们的时间倾向是将来。”“能预测对方棋子动向的下棋人、具有长远观点的经理人员以及在读一本书之前先扫一眼目录的学生,都比别人略高一筹。”可见,善于从长远角度考虑问题是多么重要。

那么,如何才能提高战略思维能力呢?

第一,提高战略思维能力要善于观大势谋大事。《孔子家语》记载了这样一个故事:

> 鲁哀公问于孔子曰:“昔者舜冠何冠乎?”孔子不对。
>
> 公曰:“寡人有问于子,而子无言,何也?”
>
> 对曰:“以君之问不先其大者,故方思所以为对。”
>
> 公曰:“其大何乎?”
>
> 孔子曰:“舜之为君也,其政好生而恶杀,其任授贤而替不肖,德若天地而静虚,化若四时而变物,是以四海承风,畅于异类,凤翔麟至,鸟兽驯德,无他也,好生故也。君舍此道而冠冕是问,是以缓对。”(《孔子家语·好生》)

这个故事表明,孔子是一个关注和思考大事的人。他委婉地批评了鲁哀公之问“不先其大者”。作为一国之君的鲁哀公,只关心一些细枝末节的生活小事而缺乏谋大事的战略思维,这怎能治理好国家呢?孔子的担心和忧虑尽在不言中。

第二,提高战略思维能力要具有敏锐的眼光。因为从全局、从长远看问题,首先要能够预见到事物发展的未来趋势。什么叫领导?领导就是能预见事物发展趋势的人。

第三,提高战略思维能力要具有宽广的胸怀。《孔子家语》记载了楚恭王出游亡弓的故事:

> 楚恭王出游,亡乌嗥之弓,左右请求之。王曰:"止,楚王失弓,楚人得之,又何求之!"孔子闻之,曰:"惜乎其不大也,不曰人遗弓,人得之而已,何必楚也。"(《孔子家语·好生》)

这个故事生动地说明了人要有博大的胸怀。提高战略思维能力,必须要有超越一己之私利的高尚情怀,因为从全局、从长远看问题就意味着必要时可以牺牲局部和眼前的利益。

第四,提高战略思维能力要学会辩证思维。能否正确认识和处理局部和全局、眼前和长远的关系是战略思维能力高低的重要标志,也是战略思维能否取得成功的关键所在。要知道,没有局部就没有全局,没有现在也就没有未来。因此,我们在顾全大局、注重长远的前提下,也要尽量考虑到每一个局部,充分关注眼前需要,把每一个局部的事情、眼下的事情都办好了,全局和长远的事情自然也就好办了。

第五章　政在选臣——知人用人力

鲁哀公问政，对曰："政在选臣。"

——《史记·孔子世家》

知人用人是领导者的主要职责之一。现代社会更要树立强烈的人才意识，领导者应寻觅人才求贤若渴，发现人才如获至宝，举荐人才不拘一格，使用人才各尽其能。

为政在于得人

李光耀曾说，中国和美国之间的竞争，关键在人才，中国从13多亿人中选人才，而美国是从全球70亿人中选人才。

我国的政治家们自古以来就深刻懂得人才的重要性。《书》云：

知人则哲，能官人。安民则惠，黎民怀之。（《尚书·皋陶谟》）

知人善任的人才是有智慧的人，有智慧的人才能用人得当。能够把臣民治理好，便是给臣民以恩惠，臣民就会把他的恩惠记在心里。

明王立政，不惟其官，惟其人。……官不必备，惟其人。(《尚书·周官》)

圣明的天子建立官职，不在于官职的多少，而在于用人是否得当。选取官员不必凑数，而要选取合适的人。

孔子认为人才是难得的宝贵资源，关系着国家的兴衰存亡：

舜有臣五人，而天下治。武王曰："予有乱臣十人。"孔子曰："才难，不其然乎？唐虞之际，于斯为盛。有妇人焉，九人而已。"(《论语·泰伯》)

舜有臣五人，天下便太平。武王也说过："我有十位能治理天下的臣子。"孔子因此说道："人才不易得。难道不是这样吗？唐尧、虞舜之间以及周武王说那话的时候，人才最兴盛。然而武王十位人才之中还有一位妇女，实际上只是九位罢了。"

孔子认为人才难得，有了人才，便可以治理天下。甚至，有时即使君主无道，而只要臣子贤明，也能使国家幸免于难：

子言卫灵公之无道也，康子曰："夫如是，奚而不丧？"孔子曰："仲叔圉治宾客，祝鮀治宗庙，王孙贾治军旅。夫如是，奚其丧？"(《论语·宪问》)

孔子讲到卫灵公的无道，康子便问："既然这样，为什么他的国家没有败亡?"孔子答道："他有仲叔圉接待宾客，祝鮀管理祭祀，王孙贾统帅军队。像这样，怎么会败亡呢?"卫灵公虽然无道，他的三个主要的大臣却很贤明，这样，国家也就不会灭亡了。正是因为卫灵公重视、爱护并善于用人，所以，孔子称其为"最贤之君"：

哀公问于孔子曰："当今之君，孰为最贤?"

孔子对曰："丘未之见也，抑有卫灵公乎?"

公曰："吾闻其闺门之内无别，而子次之贤，何也?"

孔子曰："臣语其朝廷行事，不论其私家之际也。"

公曰："其事何如?"

孔子对曰："灵公之弟曰公子渠牟，其智足以治千乘，其信足以守之。灵公爱而任之。又有士曰林国者，见贤必进之，而退与分其禄，是以灵公无游放之士，灵公贤而尊之。又有士曰庆足者，卫国有大事则必起而治之；国无事则退而容贤。灵公悦而敬之。又有大夫史鳝，以道去卫，而灵公郊舍三日，琴瑟不御，必待史鳝之入而后敢入。臣以此取之，虽次之贤，不亦可乎?"(《孔子家语·贤君》)

据《史记·孔子世家》记载，孔子在卫都居住了一个多月。有一天，卫灵公和夫人同乘一辆车出宫游玩，令宦官雍渠为车右，担任护卫，却令孔子乘坐第二辆车跟在后边，招摇过市。见此情形，孔子叹道："吾未见好德如好色者也。"但孔子在评价卫灵公时做到了客观公正，把私德和公德作了区分，没有因为他的私德不好，就抹杀他的公德；而且，对于国家来说，前者是小德，后者才是大德，而这种大德又最先表现在对待人才方面，因为人才关系着国之生死存亡。国君最重要的职责就是选好人、用好人，人才的工作做好了，自己垂拱而治可矣。正是在这个意义上，孔子把卫灵公称为“最贤之君”。

其实，孔子本人就十分重视并善于选人用人。他在做中都宰时，之所以能做出“行之一年，四方皆则之”的卓越政绩，是与他拥有并善于使用他的一批优秀弟子分不开的。跟随孔子去中都的弟子，有据可查的就有冉耕、闵损、子路、子贡、颜回、曾点、子游、子夏等人。他们参与施政和讲学，帮助孔子处理政事，积极传播儒家思想。孔子对所带去的弟子进行了妥善的人事安排：派曾皙专司钱谷，闵损专司刑名，颜回专司文牍，子贡专司文教。另外，他还对原有书吏差役进行教育。

弟子们是孔子推行其行政措施的有力助手。孔子宰中都期间，根据实际民情制定了行之有效的施政措施。政策制定后如何宣传和实施呢？当时没有现在先进的媒体传播工具和途径，即使贴出告示，也需要有文化的人来解读。在孔子就任中都宰、中都百废待兴的关键时刻，尽快实施“养生送死之节”这个艰巨的任务就落到孔子诸弟子的身上。以冉耕、闵损为主的孔子的弟子们，走村串户，深入田间地头宣传“养生送死”的具体措施。

弟子们是孔子积极教授和传播儒家思想的得力助手。孔子创办了讲堂，中都的百姓纷纷把孩子送到孔子讲堂学习。除孔子亲自讲课、传道授业外，其弟子冉耕、闵损、子路、子贡、颜回、曾点、子游、子夏等也作为孔子的助手给学生们讲课。

最能表现孔子知人善任的事例在于，他选定了一个好的接班人：冉耕。孔子调任鲁国小司空后，冉耕成为孔子在中都的接班人，继续推行孔子的施政主张。

冉耕，姓冉，名耕，字伯牛，春秋末年鲁国人。他生于鲁襄公二十九年（公元前544年），小孔子七岁，卒年不详。冉耕为人端正、正派，善于待人接物，在七十二贤中排第三位。孔子宰中都时，冉耕侍其左右，为其忠实信徒与追随者；孔子升任司空离任中都前，上奏鲁定公，举荐自己德行优秀的弟子冉耕接任中都宰。冉耕继任后，没有辜负恩师孔子的重托，中都经济繁荣，百姓安居乐业，到处呈现出路不拾遗、夜不闭户的安定和谐局面。

冉耕死后葬于中都县城西门外感化桥北侧，大墓周围古木参天、松柏成荫。墓地北侧建有冉子阁古建筑群。唐朝赠封冉耕为郓侯，宋朝时追封其为东平公，加封郓公。明嘉靖九年（1530年），去公爵，称其为“先贤冉子”。

因为人才的重要性，所以孔子对于荐人之德非常看重。《论语》中有两处记载很能表明孔子的态度。

一处是关于鲁国大夫臧文仲的：

> 子曰：“臧文仲其窃位者与！知柳下惠之贤而不与立也。”（《论语·卫灵公》）

臧文仲即鲁国的大夫臧孙辰，历仕庄、闵、僖、文四朝。柳下惠是鲁国贤人，本名展获，字子禽，又叫展季。“柳下”可能是其所居之地，因以为号；据《列女传》记载，“惠”是由他的妻子倡议给他的私谥(不由国家授予的谥号叫私谥,参见杨伯峻《论语译注》)。柳下惠以贤明而闻名于世,但作为鲁国重臣的臧孙辰,没有推举他做官,这是臧孙辰严重的失职!

另一处是关于卫国大夫公叔文子的:

> 公叔文子之臣大夫僎与文子同升诸公。子闻之,曰:“可以为‘文’矣。”(《论语·宪问》)

公叔文子即公孙发,春秋时卫(都城在今河南濮阳西南)大夫,卫献公之孙,名拔,谥号“文”,故称公叔文子。公叔文子的家臣大夫僎有贤才,他不顾身份之别,推荐僎和自己做同等的官。孔子听说后给予其高度评价,说“可以谥为‘文’了”。为什么可以谥为“文”了呢?根据古代的谥法规定,只有一个人的事迹侧重于文教方面才可以谥为文,比如道德博闻曰文、赐民爵位曰文、与贤同升曰文等。孔子说公叔文子可以谥为“文”了,是对公叔文子举荐之德的肯定和赞赏。公叔文子是一位贤者,闻名于世,连孔子都打听他的为人。

> 子问公叔文子于公明贾曰:“信乎,夫子不言,不笑,不取乎?”公明贾对曰:“以告者过也。夫子时然后言,人不厌其言;乐然后笑,人不厌其笑;义然后取,人不厌其取。”子曰:“其然?岂其然乎?”(《论语·宪问》)

孔子向公明贾问公叔文子的文人,说:“是真的吗?公叔文子老先生不说话、不笑、不取于人?”公明贾回答说:“因为传话的人说得太过分了(才给人以这样的印象)。公叔文子老先生时机适当才说话,别人就不讨厌他讲话;快乐了才笑,别人就不讨厌他笑;觉得该取时再取,别人就不讨厌他取财。”孔子说:“是这样吗? 难道真是这样吗?”孔子对公叔文子的景仰之情,溢于言表。

上面两个例子,一则以贬,一则以扬,鲜明地表达了孔子对于选人用人者的态度。孔子认为伯乐比千里马更重要。

子贡问于孔子曰:“今之人臣,孰为贤?”

子曰:“吾未识也。往者齐有鲍叔,郑有子皮,则贤者矣。”

子贡曰:“齐无管仲,郑无子产?”

子曰:“赐,汝徒知其一,未知其二也。汝闻用力为贤乎?进贤为贤乎?”

子贡曰:“进贤贤哉。!”子曰:“然。吾闻鲍叔达管仲,子皮达子产,未闻二子之达贤己之才者也。”(《孔子家语·贤君》)

孔子一生坎坷,壮志难酬,不是因为自己没有才华,而是缺乏施展抱负的舞台。因此,孔子总是称许能任贤使能的明君贤臣。这也算是一种向执政者的“呼吁”吧。因为孔子深切地体会到“怀道不遇”的个中滋味:

子曰:“莫我知也夫!”子贡曰:“何为其莫知子也?”子曰:“不怨天,不尤人,下学而上达。知我者其天乎!”(《论语·宪问》)

子曰:“谁能出不由户?何莫由斯道也?”(《论语·雍也》)

谁说圣人“无惑”?面对当时混乱的社会现实,孔子不明白为什么没有人采用他的“救世良方”。孔子对自己的“大道”是如此的自信——“苟有用我者,期月而已可也,三年有成”(《论语·子路》),这真是立下“军令状”了!孔子一直在等待自己的“伯乐”:“我待贾者也。”(《论语·子罕》)但现实依然是如司马迁所说:“循道弥久,温温无所试,莫能己用。”(《史记·孔子世家》)可人生苦短,岁月不等人:“甚矣吾衰也!久矣吾不复梦见周公!”(《论语·述而》)于是,孔子似乎觉得“绝望”了:“凤鸟不至,河不出图,吾已矣夫!”(《论语·子罕》)痛苦而失望的孔子甚至一度萌生了“欲居九夷”(《论语·子罕》)以至于“道不行,乘桴浮于海”(《论语·公冶长》)的念头。看到这里,也许你就不会对孔子称“闺门之内无别”的卫灵公为“贤君”而感到奇怪了吧?

自古圣贤多寂寞。与孔子同时代的老子,虽然不像孔子那样汲汲追求于用世,但同样感到了“怀道不遇”的无奈:

众人熙熙,如享太牢,如春登台。我独泊兮其未兆,如婴儿之未孩。儽儽兮若无所归。众人皆有余,而我独若遗。我愚人之心也哉!沌沌兮!俗人昭昭,我独昏昏;俗人察察,我独闷闷。……众人皆有以,而我独顽似鄙。我独异于人,而贵食母。(《道德经》第二十章)

老子说:“众人都兴高采烈,如同参加盛大的宴席,又如春日登台心旷神怡。而我独自漂泊,不知向何处去,就像婴儿还不会欢笑;疲惫不堪,无家可归。众人都感到满足,而我一无所有。我真是愚人之心啊,终日混混沌沌。世人都自我炫耀,我却糊里糊涂。世人都十分精明,我却茫然无知。众人都各有所用,我却显得顽劣无能。我是这样的与众不同,而只知沉浸于'道'中。"这段话大概写出了所有"圣贤"共有的"烦恼"。当然,这也许是老子的正言反说,但自嘲之中也折射出当时的世态冷暖和老子的真实心态。老子像孔子一样也感到了"莫能己知、莫能己用"的无奈和痛苦:

> 吾言甚易知,甚易行,天下莫能知,莫能行。言有宗,事有君。夫唯无知,是以不我知。知我者希,则我者贵,是以圣人被褐怀玉。(《道德经》第七十章)

令人稍感意外和不解的是,与孔子的"不怨天、不尤人"相比,老子似乎有点"怨天尤人"了。其实,在本质上,老子和孔子一样,也是希望统治者能够以自己的"道""莅天下"的。

从孔子和老子的人生遭遇来看,春秋末期的统治者似乎和战国时期的统治者争相延揽人才有所不同。而战国争雄和秦国最终胜出的历史证明:人才,只有人才,才是最根本的竞争力!

知人的慧眼

> 樊迟问仁。子曰:"爱人。"问知。子曰:"知人。"(《论语·颜渊》)

知人是一种智慧。高明的领导者必须具有知人之明。

孔子对于如何知人论述甚多，撮其要者，主要有以下几点方法。

客观公正

知人不易。了解一个人，首先要有全面、客观、公正的基本态度和方法。而要做到客观公正，首先需要从人的德才本身去考察一个人，要不受外界因素的干扰。孔子为女儿和侄女择婿的事就突出表现了孔子知人的客观公正性：

> 子谓公冶长，“可妻也。虽在缧绁之中，非其罪也”。以其子妻之。(《论语·公冶长》)
>
> 子谓南容，“邦有道，不废；邦无道免，于刑戮”。以其兄之子妻之。(《论语·公冶长》)
>
> 南容三复白圭，孔子以其兄之子妻之。(《论语·先进》)

公冶长为孔子的弟子，七十二贤之一。他自幼家贫，勤俭节约，聪颖好学，博通书礼，德才兼备，终生治学不仕禄。相传，公冶长通鸟语，并因此无辜获罪。孔子出于对诸侯的不满，又因对公冶长身陷囹圄而痛惜，便说：“公冶长虽在缧绁之中，非其罪也。”并将女儿许给他为妻。公冶长婚后生了两个儿子，一个叫子犁，早亡；一个叫子耕。公冶长一生治学，鲁国国君多次请他为大夫，但他一概不应，而是继承孔子之志，教学育人，成为著名的文士，深受孔子的赏识。

至于公冶长为什么入狱，所有的传说都和他懂鸟语有关。南怀瑾讲了个故事：有一次鸟对公治长说："公冶长！公冶长！南山有头羊，你吃肉，我吃肠。"结果公冶长忘记了，把整只羊连肚里的东西都吃掉了，鸟没东西可吃，就想害他。后来鸟又对公冶长说南山有只羊，公冶长跑去后，没看到羊却看到一个被害死的人。他有口难辩，结果坐了牢。由此可见，公冶长坐牢并非自己的罪过，他实际上是一位德才兼备的贤者，因此，孔子把自己的女儿嫁给了他。当然，这需要眼光和勇气！

孔子出身很苦，他的生母是继室，孔子的前母留下来一个残疾的哥哥，家里很贫穷。孔子十一二岁就负担起了家庭的重任，一切艰难困苦他都经历过。生活再艰难，他对哥哥孟皮的女儿也是尽心的照应，最后将这个侄女嫁给南容。南容即南宫适，亦作南宫括，字子容，也是孔门弟子。孔子说，南容在治世时能够被任用，在乱世时能够免于牢狱之灾。他为什么能做到这一点呢？《论语》中说，南容三复白圭。白圭指《诗经・大雅・抑之》的诗句"白圭之玷，尚可磨也；斯言之玷，不可为也"，南容反复诵读这几句诗。由此可见，他是一位谨言慎行、不断加强自身修养的人。孔子正是看中了这一点，才把侄女嫁给了他。

由上面两个例子可以看出，孔子评价一个人，不是看他外在的境遇如何，而是看他内在的本质怎样，这就是客观公正地评价一个人。

要做到客观公正，需要认真、深入、细致、负责地进行考察，不要被表面现象所干扰：

子曰:“众恶之,必察焉;众好之,必察焉。”(《论语·卫灵公》)

子贡问曰:“乡人皆好之,何如?”子曰:“未可也。”“乡人皆恶之,何如?”子曰:“未可也;不如乡人之善者好之,其不善者恶之。”(《论语·子路》)

孔子认为不能简单地以众人的好恶来认识和评价一个人。大家都厌恶他,一定要明察为什么厌恶;同样,大家都喜欢他,也要一定明察为什么喜欢。只有深入弄清其中的真正原因,才能真正地了解和认识一个人。比如,到了选举的时候,为什么大家都选举一个人,都反对另一个人,这就要引起注意,考虑是不是存在贿选的问题,而不能简单地唯票取人。那么,怎样才算是一个好人呢?那就是——乡里的善人都喜欢他,乡里的恶人都厌恶他。这就从正反两个方面证实了这个人的确是个好人,证实了他没有贿赂那些恶人来投他的票。这样,就有可能避免知人不明、选人不准的情况。应该说,孔子的认识是很高明、很深刻的。他非常重视把“真正的好人”科学地甄别出来,特别讨厌那种“表面一团和气的老好人”。在孔子看来,“唯仁者能好人,能恶人”(《论语·里仁》),而“老好人”并非真正的有德之人:

子曰:“乡愿,德之贼也。”(《论语·阳货》)

没有是非的好好先生是足以败坏道德的小人。为什么这样说呢?孟子对此作了深入而精彩的分析:

万子曰："一乡皆称原人焉，无所往而不为原人，孔子以为德之贼，何哉？"

（孟子）曰："非之无举也，刺之无刺也；同乎流俗，合乎污世；居之似忠信，行之似廉洁；众皆悦之，自以为是，而不可与入尧舜之道，故曰'德之贼'也。孔子曰：'恶似而非者：恶莠，恐其乱苗也；恶佞，恐其乱义也；恶利口，恐其乱信也；恶郑声，恐其乱乐也；恶紫，恐其乱朱也；恶乡原，恐其乱德也。'"（《孟子·尽心下》）

孟子说："这种人，你挑他的毛病，挑不出来；你想批评他，没有地方可以批评；他同流合污，平时好像忠诚守信，行为好像是清廉洁净；大家都很喜欢他，他自我感觉也良好，可就是不能和这种人一起步入尧舜的道路，所以说是道德的蟊贼呀。孔子说：'人们讨厌那种似是而非的东西：讨厌狗尾草，是怕它把禾苗搞乱了；讨厌阿谀奉承的人，是怕他把义搞乱了；讨厌能说会道的人，是怕他把信搞乱了；讨厌郑国的音乐，是怕他把《雅》《颂》等正乐搞乱了；讨厌紫色，是怕它把红色搞乱了；讨厌乡愿，是怕他把道德搞乱了。'"真正有道德的人是敢于坚持原则的人，是爱憎分明的人。只有这种人才堪当重任，才是真正的人才。

因此，要做到客观公正，首先需要善于识别这种虚伪的人。这种人往往表面做起来是一套，实际做起来是另一套，具有很大的欺骗性和诱惑性。这种伪君子的危害很大，重者，祸国殃民，篡权夺位；轻者，搞小团体主义，影响同事之间的关系，败坏一个单位的风气。

> 子曰："巧言令色，鲜矣仁。"（《论语·学而》）
>
> 子曰："论笃是与，君子者乎？色庄者乎？"（《论语·先进》）

孔子说："满口说着讨人喜欢的话，满脸装着讨人喜欢的面色，这种人，'仁德'是不会多的。"有的人，如孔子所说："总是推许言论要笃实，但他是真正的君子呢，还是精神上伪装庄重的人呢？"这就需要仔细辨别了。表面看起来越是"忠诚无比"的人，也许暗地里越是干着不可告人的勾当，如唐朝宰相李林甫就以"口蜜腹剑"而"著称于世"。

要做到客观公正，就不能只听身边的人或官员们的意见，还要广泛听取人民群众的意见，充分发扬民主精神。正如孟子所说：

> 国君进贤，如不得已，将使卑逾尊，疏逾戚，可不慎与？左右皆曰贤，未可也；诸大夫皆曰贤，未可也；国人皆曰贤，然后察之；见贤焉，然后用之。左右皆曰不可，勿听；诸大夫皆曰不可，勿听；国人皆曰不可，然后察之；见不可焉，然后去之。左右皆曰可杀，勿听；诸大夫皆曰可杀，勿听；国人皆曰可杀，然后察之；见可杀焉，然后杀之。故曰，国人杀之也。如此，然后可以为民父母。（《孟子·梁惠王下》）

听取民众的意见固然十分重要，但是，在争取民众意见之后，还有一点不可忽视，这就是"然后察之"；"察之"之后，或用，或去，或杀，再作定夺。这是必要的"集中"。可见孟子对于人才的识别和考察颇有点现代“民主集中制”的意思。

听言观行

孔子曰:“不知命,无以为君子也;不知礼,无以立也;不知言,无以知人也。”(《论语·尧曰》)

由“不知言,无以知人也”一句,可见“知言”对于“知人”的重要性。钱穆先生对此的解释是:“论辩思议之是非得失,生于心而发于言,若不能知言,何能知其是非得失乎?”

俗语云,言为心声。《鬼谷子》中有云:“口,乃心之门户。”言,表现着一个人的内心世界,是了解一个人思想性格、兴趣爱好的重要途径。所以,“知言”是取人的重要之法。

那么,怎么才叫“知言”呢?

知言,要能正确区分言与人的关系,掌握正确的原则:

子曰:“君子不以言举人,不以人废言。”(《论语·卫灵公》)

孔子说:“君子不能根据一个人说的话好便提拔他,也不能因为一个人的出身地位或缺点错误便废弃他的言论。”一个人光说得好还不行,更重要的是看他做得怎么样;一个人虽然身份卑微或有缺点错误,但他说的话不一定就没有好话。孔子在这里提出了知言的两条基本原则:一是要客观公正地对待“言”,要根据“言”的内容本身来判断“言”,不能只凭外在的因素(如说话人的身份、地位、有没有犯过错误等)来判断“言”之是非,更不能以此作为是否采信其“言”的依据。二是要认识到“言”的局限性,不能只凭一个人的“言”就给一个人下断语,更不能以此作为提拔重用一个人的依据。那些巧言令色、口是心非、言行不一的人是不能重用的,否则便会带来严重的危害。只有客观公正地对待“言”,并正确认识到“言”自身的局限性,才能做到正确地以“言”知人,避免主观偏见。

知言,要采取正确的态度,对“言”本身作客观清醒的分析:

子曰:“法语之言,能无从乎?改之为贵。巽与之言,能无说乎?绎之为贵。说而不绎,从而不改,吾末如之何也已矣。”(《论语·子罕》)

孔子说:“严肃而合乎原则的话,能够不接受吗?改正错误才可贵。顺从己意的话,能够不高兴吗?分析一下才可贵。盲目高兴,不加分析;表面接受,实际不改,这种人我是没有办法对付他的了。”孔子在这里提出,对于言,要正确地分析,从而采取相应的态度。对于可以效法的正确言论,要能真正按照这些言论去做;对于称赞自己的美好言论更要当心,要动脑子思考一下,这是在真正地赞美自己,还是故意奉承自己、别有所图;如果是拍自己的马屁,当然不要上当受骗,因为这种阿谀奉承的人,只是把你当成实现他目的的一个工具而已。当然,要辨别出这种真假之言,是需要一点“知言之明”的。

子张问明。子曰:“浸润之谮,肤受之诉,不行焉,可谓明

也已矣。浸润之谮，肤受之诉，不行焉，可谓远也已矣。”（《论语·颜渊》）

浸润之谮，指像水那样一点一滴地渗进来的谗言。肤受之诉，指像皮肤感觉到疼痛那样的诬告，即直接的诽谤。子张问怎样做才算是明智的。孔子说：“像水润物那样暗中挑拨的谗言和像切肤之痛那样直接的诽谤，在你这里都行不通，那你可以算是明智的了。暗中挑拨的坏话和直接的诽谤也都在你这里行不通，那你也可以算是有远见的了。”明里暗里的坏话，你都能识破并且不受影响，这就叫作明。历史上不知有多少昏君，就是听了坏话而不知，才导致好人遭殃、坏人得势、自己垮台的。但是要做到明，绝非易事。这需要我们深入地分析为什么这是好话，那是坏话。孟子说自己善于知言，就在于他知道这个为什么：

“何谓知言？”

曰：“诐辞知其所蔽，淫辞知其所陷，邪辞知其所离，遁辞知其所穷。”（《孟子·公孙丑上》）

孟子说：“片面的言辞能够知道它蒙蔽的地方在哪里，过头的言辞能够知道它陷溺的地方在哪里，邪僻的言辞能够知道它偏离的地方在哪里，逃避推脱的言辞能够知道它理屈词穷的地方在哪里。”做到孟子所说的这样，就可以达到“明”了。但这需要渊博的知识、深刻的洞察力和丰富的人生经验。

知言是重要的，但有时候不能简单地“听其言而信其行”，而要将他的言语和行为结合起来考察。这样的知言方能更确实可靠。而这也是孔子的经验之谈。

宰予昼寝。子曰:“朽木不可雕也,粪土之墙不可杇也。于予与何诛?”子曰:“始吾于人也,听其言而信其行;今吾于人也,听其言而观其行。于予与改是。”(《论语·公冶长》)

宰予,字子我,亦称宰我,是孔子弟子。他因为白天睡了会儿觉,被孔子斥责了一顿,说他像腐烂的木头一样不堪雕刻,像粪土的墙面一样不堪涂抹!因为宰予能言善辩,却在白天睡起了觉而不用功学习,孔子认为他简直是“孺子不可教也”!大概是“爱之愈深责之愈切”吧,孔子的失望之情是可以想见的,所以,才说了这样愤激的话。由此,孔子得出一个深刻的人生经验:认识一个人,不光要听其言,更重要的是观其行。儒学大师朱熹在《论语集注》中引胡氏的话说:“圣人怎么会现在才知道听其言而观其行呢?也不是真因为宰予就对所有人都抱不信任态度了。不过是以宰予的事情为例教育大家,要求我们多做少说,言行一致罢了。”其实,孔子的这句话有两层内涵:对于做人而言,要言行一致;对于知人而言,要听言观行。

艰苦考验

子曰:“岁寒,然后知松柏之后彫也。”(《论语·子罕》)

真正的人才是在艰难复杂的环境中成长起来的。艰难困苦,玉

汝于成。孟子有一段脍炙人口的话,就揭示了人才成长的这一规律:

孟子曰:"舜发于畎亩之中,傅说举于版筑之间,胶鬲举于鱼盐之中,管夷吾举于士,孙叔敖举于海,百里奚举于市。故天将降大任于是人也,必先苦其心志,劳其筋骨,饿其体肤,空乏其身,行拂乱其所为,所以动心忍性,增益其所不能。人恒过,然后能改;困于心,衡于虑,而后作;征于色,发于声,而后喻。入则无法家拂士,出则无敌国外患者,国恒亡。然后知生于忧患而死于安乐也。"(《孟子·告子下》)

据说,朱元璋是有点瞧不起孟子的,他做了皇帝之后,下令把孔庙里孟子的牌位拿掉,说他怎么能配当圣人呢!但当他读到这一段文字时,不由得拍案叫好:"嘿!孟子真是圣人,我对不起他,赶快恢复他的名誉!"所以又重新恢复了孟子的亚圣名誉。艰苦的环境能够磨炼人,使人增长才干,孔子的成长也体现了这一点。孔子多次谈到自己不是圣人,不是生而知之的人。他之所以多才多艺,以至于成为圣人,与他贫贱的人生经历有直接的关系:

太宰问于子贡曰:"夫子圣者与?何其多能也?"子贡曰:"固天纵之将圣,又多能也。"子闻之,曰:"太宰知我乎!吾少也贱,故多能鄙事。君子多乎哉?不多也。"

牢曰:"子云:'吾不试,故艺。'"(《论语·子罕》)

孔子说:"我小时候贫苦,所以能做很多鄙贱的事。""我不曾被国家所用，所以学得一些技艺。”艰苦环境能锻炼人，而艰苦环境的考验也能把真正的人才鉴别出来。

视其大节

俗话说，金无足赤，人无完人。周公谓鲁公曰：“无求备于一人。”（《论语·微子》）所以，看人要看大节。孔子在这方面做出了表率：

> 子路曰：“桓公杀公子纠，召忽死之，管仲不死。”曰：“未仁乎？”子曰：“桓公九合诸侯，不以兵车，管仲之力也。如其仁，如其仁。”
>
> 子贡曰：“管仲非仁者与？桓公杀公子纠，不能死，又相之。”子曰：“管仲相桓公，霸诸侯，一匡天下，民到于今受其赐。微管仲，吾其被发左衽矣。岂若匹夫匹妇之为谅也，自经于沟渎而莫之知也。”（《论语·宪问》）

在齐国的君位之争中，管仲与召忽辅助的公子纠没有争过鲍叔牙辅助的公子小白，结果，公子小白杀死了自己的哥哥公子纠，成为齐桓公。召忽因此而自杀，但管仲不仅没有以身殉主，还在鲍叔牙的力荐之下做了齐桓公的国相。于是孔子的弟子中有一些人认为管仲不够仁义，并就此事向孔子请教。出乎弟子们意料的是，孔子却认为管仲有他的“仁”：“桓公九合诸侯，不以兵车，管仲之力也。”“霸诸侯，一匡天下，民到于今受其赐。微管仲，吾其被发左衽矣。”孔子还进一步指出，管仲的“仁”不同于匹夫匹妇的小仁小义，他不会为了所谓的信义就自杀于沟渎之中而无所作为。这里表现了孔子评价人物的远见卓识——评价人物的功过是非应当着眼于他的主要贡献、他的大节。

综合考察

子曰:"视其所以,观其所由,察其所安。人焉廋哉?人焉廋哉?"(《论语·为政》)

孔子说:"考察一个人,要看他所做的事,观察他为达到一定目的所采用的方式方法,了解他的心情,知道他安于什么、不安于什么。那么,这个人怎样隐藏得住呢?这个人怎样隐藏得住呢?"这就是说,看一个人,不但要看他做了什么,还要看他怎么做的;不仅要看他外在的行为,还要看他内在的心理状态。这样,一个人就能比较完全地显现于你的面前了。

《庄子》中也记载了孔子关于知人的一段精彩的话:

孔子曰:"凡人心险于山川,难于知天;天犹有春秋冬夏旦暮之期,人者厚貌深情。故有貌愿而益,有长若不肖,有顺怀而达,有坚而缦,有缓而钎。故其就义若渴者,其去义若热。故君子远使之而观其忠,近使之而观其敬,烦使之而观其能,卒然问焉而观其知,急与之期而观其信,委之以财而观其仁,告之以危而观其节,醉之以酒而观其侧,杂之以处而观其色。九征至,不肖人得矣。"(《庄子·列御寇》)

孔子说："人心比山川还要险恶，比知天还要困难；天还有春、夏、秋、冬、早、晚的一定时期，人却是容貌深厚心情深沉。所以有外貌谨厚而行为骄溢，有貌似长者而其实不肖，有外貌圆顺而内心刚直，有看似坚实而内心怠慢，看似舒缓而内心急躁。所以他趋义急如饥渴，弃义急如避热。所以君子要让他到远处来观察他的忠诚，让他到近旁来观察他的敬慎，给他繁难的事情来观察他的才能，向他突然提出问题来观察他的机智，给他急促的期限来观察他的信用，将钱财委托给他来观察他的廉洁，告诉他危险的事来观察他的节操，让他醉酒来观察他的仪态，让他混杂相处来观察他的色态。九种证验做完，不肖的人就可以看得出来了。"在这里，孔子首先说明了知人之难，难就难在知人知面不知心。俗话说人心隔肚皮，不好猜。孔子用了九种办法，通过远观近察、急难险重任务试验、财色酒色考验等来识别一个人，可以说是比较全面的，有些地方也是值得借鉴的。

孔子也可以说是"人才学家"，他把人分成了五种，并描述了每一种人的不同特征：

> 孔子曰："人有五仪：有庸人，有士，有君子，有贤人，有大圣。"哀公曰："敢问何如斯可谓庸人矣？"孔子对曰："所谓庸人者，口不能道善言，心不知色色；不知选贤人善士托其身焉以为己忧，勤行不知所务，止交不知所定；日选择于物，不知所贵；从物如流，不知所归；五凿为正，心从而坏。如此，则可谓庸人矣。"哀公曰："善！敢问何如斯可谓士矣？"孔子对曰："所谓士者，虽不能尽道术，必有率也；虽不能遍美善，必有处也。

是故知不务多，务审其所知；言不务多，务审其所谓；行不务多，务审其所由。故知既已知之矣，言既已谓之矣，行既已由之矣，则若性命肌肤之不可易也。故富贵不足以益也，卑贱不足以损也。如此，则可谓士矣。”哀公曰：“善！敢问何如斯可谓之君子矣？”孔子对曰：“所谓君子者，言忠信而心不德，仁义在身而色不伐，思虑明通而辞不争，故犹然如将可及者，君子也。”哀公曰：“善！敢问何如斯可谓贤人矣？”孔子对曰：“所谓贤人者，行中规绳而不伤于本，言足法于天下而不伤于身，富有天下而无怨财，布施天下而不病贫。如此，则可谓贤人矣。”哀公曰：“善！敢问何如斯可谓大圣矣？”孔子对曰：“所谓大圣者，知通乎大道，应变而不穷，辨乎万物之情性者也。大道者，所以变化遂成万物也；情性者，所以理然不、取舍也。是故其事大辨乎天地，明察乎日月，总要万物于风雨，缪缪肫肫，其事不可循，若天之嗣，其事不可识，百姓浅然不识其邻。若此，则可谓大圣矣。”哀公曰：“善！”（《荀子·哀公》）

由此可见，孔子对人才问题进行了深入研究，归纳出了不同人的不同特征，为识别和选拔人才提供了重要的依据，有利于提高选人用人的科学性。

知人，不能只靠一个人。有时候，一双“眼睛”受视角和景深的影响，毕竟有一定的局限性，难免出现一些偏颇。而多双“眼睛”则能多视角、多侧面、多层次地了解一个人，可以尽量地避免“失真”。所以，要利用好集体的多双“眼睛”，发挥好集体的力量，知人辨人。

用人的艺术

鲁哀公问政,(孔子)对曰:“政在选臣。”(《史记·孔子世家》)用人是治国理政的关键。世界上没有绝对无用的庸人,只有放错了位置的人才。如何用人不仅是一种科学,更是一种艺术。要想成为一名优秀的领导者,必须掌握用人的艺术。

举贤任能

墨子云:“夫尚贤者,政之本也。”(《墨子·尚贤上》)举贤任能是用人的基本原则,也是用人最重要的艺术。举贤任能的关键在于用,若知贤而不能用,亦无济于事。

> 子路问于孔子曰:“贤君治国,所先者何?”孔子曰:“在于尊贤而贱不肖。”子路曰:“由闻晋中行氏尊贤而贱不肖矣,其亡何也?”孔子曰:“中行氏尊贤而不能用,贱不肖而不能去。贤者知其不用而怨之,不肖者知其必己贱而仇之,怨仇并存于国,邻敌构兵于郊,中行氏虽欲无亡,岂可得乎?”(《孔子家语·贤君》)

子路问孔子:“贤明的君主治理国家,首先要做的是什么呢?”孔子说:“在于尊重贤者,而鄙视不肖者。”子路说:“我听说晋国的中行氏,尊重贤者,鄙视不肖者,为什么却落了个逃亡的下场呢?”孔子说:“中行氏尊重贤者,却不能加以重用;鄙视不肖者,却又不解除他的职务。贤者知道他不会重用自己，因而埋怨他；不肖者知道他一定贬低自己，因而仇恨他。埋怨他和仇恨他的，在国内同时都有；而邻近的敌国又交战于外，中行氏虽想不逃亡，难道办得到吗？”“尊贤而贱不肖”可以治国，然而“尊贤而不能用，贱不肖而不能去”却会亡国。中行氏虽能分辨贤与不肖，却未能用善除恶，结果使自己逃亡国外，岂不发人深省！

仲弓为季氏宰，问政。子曰：“先有司，赦小过，举贤才。”（《论语·子路》）

仲弓做了季氏的总管，向孔子问政治。孔子说：“给工作人员带头，不计较人家的小错误，提拔优秀人才。”所谓贤才，应是德才兼备，尤其是能以德服众的人。孔子是很看重德的，他要求为政者选拔任用正直的人，认为只有这样的人才能服众。

哀公问曰：“何为则民服？”孔子对曰：“举直错诸枉，则民服；举枉错诸直，则民不服。”（《论语·为政》）

鲁哀公问道：“要做些什么事才能使百姓服从呢？”孔子答道：“把正直的人提拔起来，放在邪曲的人之上，百姓就服从了；若是把邪曲的人提拔起来，放在正直的人之上，百姓就不服从了。”孔子“举直错枉”的用人之道，具有超越时空的时代价值。选用正直的人不但会使“民服”，还会改变整个官场的生态：

> 樊迟问仁。子曰:“爱人。”问知。子曰:“知人。”樊迟未达。子曰:“举直错诸枉,能使枉者直。”樊迟退,见子夏曰:“乡也吾见于夫子而问知,子曰,‘举直错诸枉,能使枉者直’,何谓也?”子夏曰:“富哉言乎!舜有天下,选于众,举皋陶,不仁者远矣。汤有天下,选于众,举伊尹,不仁者远矣。”(《论语·颜渊》)

孔子说:“把正直的人放在邪曲的人之上,能使邪曲的人变得正直。”樊迟没有理解这句话的含义,就问子夏。子夏说:“这句话的含义太丰富了!舜有了天下,在众人中挑选,把皋陶挑选了出来,坏人就难以存在了;汤有了天下,在众人之中挑选,把伊尹挑选了出来,坏人就难以存在了。”

选人用人关系到政治生态,不可不慎。正如唐太宗对魏徵说:“为官择人,不可造次。用一君子,则君子皆至;用一小人,则小人竞进矣。”对曰:“然。天下未定,则专取其才,不考其行;丧乱既平,则非才行兼备不可用也。”(《资治通鉴·唐纪十》)唐太宗总结了自己平定天下的五条成功经验,其中有四条都与任用贤才有关。

> 庚辰,上御翠微殿,问侍臣曰:“自古帝王虽平定中夏,不能服戎、狄。朕才不逮古人而成功过之,自不谕其故,诸公各率意以实言之。”群臣皆称:“陛下功德如天地,万物不得而名言。”上曰:“不然。朕所以能及此者,止由五事耳。自古帝王多疾胜己者,朕见人之善,若己有之。人之行能,不能兼备,朕常弃其所短,取其所长。人主往往进贤则欲置诸怀,退不肖则

欲推诸壑，朕见贤者则敬之，不肖者则怜之，贤不肖各得其所。人主多恶正直，阴诛显戮，无代无之，朕践阼以来，正直之士，比肩于朝，未尝黜责一人。自古皆贵中华，贱夷、狄，朕独爱之如一，故其种落皆依朕如父母。此五者，朕所以成今日之功也。”顾谓褚遂良曰：“公尝为史官，如朕言，得其实乎？”对曰：“陛下盛德不可胜载，独以此五者自与，盖谦谦之志耳。”（《资治通鉴·唐纪十四》）

举贤任能关键要出于“公心”。司马光说：“臣闻用人者，无亲疏、新故之殊，惟贤、不肖之为察。其人未必贤也，以亲故而取之，固非公也；苟贤矣，以亲故而舍之，亦非公也。夫天下之贤，固非一人所能尽也，若必待素识熟其才行而用之，所遗亦多矣。古之为相者则不然，举之以众，取之以公。众曰贤矣，己虽不知其详，姑用之，待其无功，然后退之，有功则进之；所举得其人则赏之，非其人则罚之。进退赏罚，皆众人所共然也，己不置豪发之私于其间。苟推是心以行之，又何遗贤旷官之足病哉！”（《资治通鉴·唐纪四十二》）

英雄不问出处

子谓仲弓，曰：“犁牛之子骍且角，虽欲勿用，山川其舍诸？”（《论语·雍也》）

孔子谈到冉雍，说：“耕牛的儿子长着赤色的毛（周朝以赤色为贵，故祭祀时也用赤色的牲畜），整齐的角，虽然不想用它作牺牲来祭祀,山川之神难道会舍弃它吗?”古代供祭祀的牺牲不用耕牛,而且认为耕牛之子也不配作牺牲。但是,孔子认为耕牛之子如果够得上作牺牲的条件,长得骍且角,那么,山川之神也一定会接受这种祭祀的。据《史记·仲尼弟子列传》记载,冉雍的父亲是贱人,而冉雍却有才干。子曰:“雍也可使南面。”(《论语·雍也》)孔子说:“冉雍这个人,可以让他做一个部门或一个地方的长官。”由此可见,孔子的用人原则是唯才是举,英雄不问出身。除孔子外,唐太宗也是不拘一格用人才的代表人物:

> 马周,博州茌平人也。贞观五年,至京师,舍于中郎将常何之家。时太宗令百官上书言得失,周为何陈便宜二十余事,令奏之,事皆合旨。太宗怪其能,问何,何对曰:“此非臣所发意,乃臣家客马周也。”太宗即日召之未至间,凡四度遣使催促。及谒见,与语甚悦。令直门下省,授监察御史,累除中书舍人。周有机辩,能敷奏,深识事端,故动无不中。太宗尝曰:“我于马周,暂时不见,则便思之。”十八年,历迁中书令,兼太子左庶子。周既职兼两官,处事平允,甚获当时之誉。又以本官摄吏部尚书。太宗尝谓侍臣曰:“周见事敏速,性甚慎至。至于论量人物,直道而言,朕比任使之,多称朕意。既写忠诚,亲附于朕,实藉此人,共康时政也。”(《贞观政要·任贤》)

出身贫寒的马周,只因才华横溢便得到了唐太宗的赏识,由门客而步步高升。这反映出唐太宗是一位非常爱才、惜才并注重发现人才的皇帝。他认为人才没有出身、学历、年龄、身份之别,为政者应该不拘一格用人才。唐太宗正是由于非常重视人才、重用人才,才创造了贞观之治的太平盛世,使唐朝成为中国历史上最为繁荣昌盛的时期之一。

用人所长

子曰:“君子易事而难说也。说之不以道,不说也;及其使人也,器之。小人难事而易说也。说之虽不以道,说也;及其使人也,求备焉。”(《论语·子路》)

周公谓鲁公曰:“……无求备于一人!”(《论语·微子》)

孔子说:“在君子底下工作很容易,讨他的欢喜却很难。不用正当的方式去讨他的欢喜,他不会欢喜的;等到他使用人的时候,却衡量各人的才德去分配任务。在小人底下工作很难,讨他的欢喜却容易。用不正当的手段讨他的欢喜,他会欢喜的;等到他使用人的时候,便会百般挑剔,求全责备。”君子能用人所长,容人所短;而小人却难容人之短,亦未必喜人之长。所以,用人也是一面镜子,能够反映出领导者品质的高下优劣。

唐太宗执政时求贤如渴,他让大臣封德彝推荐人才。过了些日子,唐太宗见封德彝没有举荐人才,便责问他,封德彝回答:“不是我不尽心,是当今没有什么出众的人才。”唐太宗生气地说:“君子用人如同使用器皿,各取其长。古代明君难道是向前朝借用人才吗？是你不能发现人才罢了,怎么可以蔑视一个朝代的有用之才呢?”金无足赤,人无完人。如果过求全责备,也许这世界上真的没有可用之人了。因此,我们要用人所长,不责人所短,这是用人的基本原则。唐太宗御撰以赐太子的《帝范》集中反映了其用人所长的思想：

明主之任人，如巧匠之制木：直者以为辕，曲者以为轮，长者以为栋梁，短者以为栱角。无曲直长短，各有所施。明主之任人，亦犹是也。智者取其谋，愚者取其力，勇者取其威，怯者取其慎，无智、愚、勇、怯，兼而用之。故良匠无弃材，明主无弃士。（《帝范·审官》）

用人所长，要考虑到不同类型的人的特点：

子曰："君子不可小知而可大受也，小人不可大受而可小知也。"（《论语·卫灵公》）

孔子说："君子不可以用小事情考验他，却可以接受重大任务；小人不可以接受重大任务，却可以用小事情考验他。"孔子指出，君子可以担当大任，而小人是不可以担当大任的。因为君子着眼于大事，所以无法用小事来考验他；而小人只着眼于小事，所以无法承担大事。我们且不论孔子的这种说法是否正确，这里我们着重强调的是孔子因才而用、用人所长的用人原则。

大胆使用年轻人

子曰："后生可畏，焉知来者之不如今也？四十、五十而无闻焉，斯亦不足畏也已。"（《论语·子罕》）

孔子说:“年少的人是可怕的,怎能断定他的将来赶不上现在的人呢?一个人到了四五十岁还没有什么名望,也就不值得惧怕了。”这反映出孔子发展进步的历史观。长江后浪推前浪,一代更比一代强。注重培养和使用年轻人是领导者具有战略思维和长远眼光的表现。

年轻人有缺点,但也有优点。年轻人的缺点主要在于经验不足、不够成熟,但这可以通过实践锻炼逐步得到弥补。再加上年轻人思维敏捷、知识丰富,所以年轻人是值得敬畏的。一个富有眼光、心胸宽广的领导者是会大胆使用、关心和厚爱年轻人的,因为他们代表着未来。

爱人的情怀

子曰:“仁者,人也,亲亲为大。义者,宜也,尊贤为大。”(《中庸》)

孟子曰:“知者无不知也,当务之为急;仁者无不爱也,急亲贤之为务。”(《孟子·尽心上》)

作为领导者,不但要做到知人、用人,还要真心尊重、真正关心、真诚爱护人才,解除他们的后顾之忧,让他们心情舒畅地工作和学习。正如孟子所说:

食而弗爱,豕交之也;爱而不敬,兽畜之也。恭敬者,币之未将者也。恭敬而无实,君子不可虚拘。(《孟子·尽心上》)

俗话说，士为知己者死，女为悦己者容。用不同的态度对待人才，得到的结果是不一样的。

孔子讲“仁者爱人”。爱人，首先要肯定、接纳、欣赏真正的人才，并且不能有嫉贤妒能之心。孔子对于贤能的学生是不吝赞美之词的。比如，对他的爱徒颜回，孔子就赞不绝口：

子曰：“吾与回言终日，不违，如愚。退而省其私，亦足以发，回也不愚。”(《论语·为政》)

子谓子贡曰：“女与回也孰愈？”对曰：“赐也何敢望回？回也闻一以知十，赐也闻一以知二。”子曰：“弗如也；吾与女弗如也。”(《论语·公冶长》)

哀公问：“弟子孰为好学？”孔子对曰：“有颜回者好学，不迁怒，不贰过。不幸短命死矣，今也则亡，未闻好学者也。”(《论语·雍也》)

子曰：“回也，其心三月不违仁，其余则日月至焉而已矣。”(《论语·雍也》)

子曰：“贤哉，回也！一箪食，一瓢饮，在陋巷，人不堪其忧，回也不改其乐。贤哉，回也！”(《论语·雍也》)

子谓颜渊曰：“用之则行，舍之则藏，惟我与尔有是夫！”(《论语·述而》)

子曰：“语之而不惰者，其回也与！”(《论语·子罕》)

子谓颜渊，曰：“惜乎！吾见其进也，未见其止也。”(《论语·子罕》)

季康子问：“弟子孰为好学？”孔子对曰：“有颜回者好学，

不幸短命死矣，今也则亡。”（《论语·先进》）

一位老师，心中若没有对于学生、对于人才的深沉的爱，是不可能如此发自肺腑地赞美一位学生的。因为爱之深、望之重，所以对于颜回的死，孔子的悲伤是远远超过师生之情的。

颜渊死。子曰：“噫！天丧予！天丧予！”（《论语·先进》）

颜渊死，子哭之恸。从者曰：“子恸矣！”曰：“有恸乎？非夫人之为恸而谁为？”（《论语·先进》）

颜渊死，门人欲厚葬之。子曰：“不可。”门人厚葬之。子曰：“回也视予犹父也，予不得视犹子也。非我也，夫二三子也。”（《论语·先进》）

孔子视颜回之死为“天丧予”，可见他对颜回寄予了多大的厚望。孔子对其他学生也是充满关心的。

原思为之宰，与之粟九百，辞。子曰：“毋！以与尔邻里乡党乎！”（《论语·雍也》）

伯牛有疾，子问之，自牖执其手，曰：“亡之，命矣夫！斯人也而有斯疾也！斯人也而有斯疾也！”（《论语·雍也》）

原思是孔子的学生，并担任孔子家的总管。孔子给他小米九百（后无量名），他不肯接受。孔子说：“不要推辞！有多的，给你家乡的穷人吧！”孔子的学生伯牛生了病，孔子去探问他，从窗户里握着他的手，说道：“难得活了，这是命呀！这样的人竟有这样的病！这样的人竟有这样的病！”其痛惜之情，溢于言表。

领导者除了要尊重、欣赏人才之外，更重要的是为人才服务，甘当人梯。老子曰：“善用人者为之下。”（《道德经》第六十八章）在这一点上，孔子与老子是相通的：

> 孔子闲处，喟然而叹曰：“向使铜鞮伯华无死，则天下其有定矣。”子路曰：“由愿闻其人也。”子曰：“其幼也，敏而好学；其壮也，有勇而不屈；其老也，有道而能下人。有此三者，以定天下也，何难乎哉？”子路曰：“幼而好学，壮而有勇，则可也。若夫有道下人，又谁下哉？”子曰：“由不知，吾闻以众攻寡，无不克也；以贵下贱，无不得也。昔者周公居冢宰之尊，制天下之政，而犹下白屋之士，日见百七十人，斯岂以无道也？欲得士之用也。恶有有道而无下天下君子哉？”（《孔子家语·贤君》）

孔子把周公奉为能下人的榜样，突出强调“有道而能下人”对于治国安邦的重要性。“有道而能下人”，就是能够礼贤下士，热心为人才服务。只有这样，才能获取人心，得到拥护和支持。刘备三顾茅庐换取的是诸葛亮殚精竭虑、忠心耿耿的一生，这便是绝好的经典案例。其实，历史上的许多先圣明君都是非常尊重和爱护人才的，唐太宗李世民就是其中之一。

贞观元年，拜并州都督，令行禁止，号为称职，突厥甚加畏惮。太宗谓侍臣曰："隋炀帝不解精选贤良，镇抚边境，惟远筑长城，广屯将士，以备突厥，而情识之惑，一至于此。朕今委任李勣于并州，遂得突厥畏威远遁，塞垣安静，岂不胜数千里长城耶？"其后并州改置大都督府，又以勣为长史，累封英国公。在并州凡十六年，召拜兵部尚书兼知政事。勣时遇暴疾，验方云须灰可以疗之，太宗自剪须为其和药。勣顿首见血，泣以陈谢。太宗曰："吾为社稷计耳，不烦深谢。"十七年，高宗居春宫，转太子詹事，加特进，仍知政事。太宗又尝宴，顾勣曰："朕将属以孤幼，思之无越卿者。公往不遗于李密，今岂负于朕哉！"勣雪涕致辞，因噬指流血。俄沉醉，御服覆之，其见委信如此。勣每行军用师，筹算临敌应变，动合事机。自贞观以来，讨击突厥、颉利及薛延陀、高丽等，并大破之。太宗尝曰："李靖、李勣二人，古之韩、白、卫、霍岂能及也！"（《贞观政要·任贤》）

李勣原名徐世勣，字懋功。唐高祖李渊时获赐姓李，后为避唐太宗李世民讳，改名李勣。李勣是唐初名将，与李靖并称，被封为英国公，为凌烟阁二十四功臣之一。李勣一生征战无数：早在瓦岗寨时，他从李密征战，就为瓦岗军立下了汗马功劳；归唐后，又屡从唐太宗征讨，平王世充，灭窦建德，伐刘黑闼，为唐王朝夺取天下立下了不朽功勋；后来在攻灭东突厥、高句丽，平定薛延陀等重大军事战役中，也做出了重大贡献。李勣一生历仕唐高祖、唐太宗、唐高宗三朝，出将入相，深得朝廷信任，被朝廷倚重。李勣本身也是

“能下人”的将领，故能得人死力，战功卓著。

附　宓子贱治单父：鸣琴而治

在孔子的众多弟子当中，深得其用人之道的莫过于做过“单父宰”（单父，即今山东单县附近）的宓子贱。宓子贱，姓宓（fú），名不齐，字子贱，春秋末期鲁国人，七十二贤之一。宓子贱鸣琴而治，传为千古佳话：

> 宓子贱治单父，弹鸣琴，身不下堂，而单父治。巫马期以星出，以星入，日夜不居，以身亲之，而单父亦治。巫马期问其故于宓子，宓子曰：“我之谓任人，子之谓任力；任力者故劳，任人者故逸。”宓子则君子矣。逸四肢，全耳目，平心气，而百官以治，义矣，任其数而已矣。巫马期则不然，弊生事精，劳手足，烦教诏，虽治犹未至也。（《吕氏春秋·察贤》）

那么，宓子贱治单父是靠什么取得成功的呢？孔子也曾就这一问题与宓子贱进行探讨：

> 孔子谓宓子贱曰：“子治单父，众悦，子何施而得之也？子语丘所以为之者。”
>
> 对曰：“不齐之治也，父恤其子，其子恤诸孤而哀丧纪。”
>
> 孔子曰：“善。小节也，小民附矣，犹未足也。”
>
> 曰：“不齐所父事者三人，所兄事者五人，所友事者十

一人。”

孔子曰：“父事三人，可以教孝矣；兄事五人，可以教悌矣；友事十一人，可以举善矣。中节也，中人附矣，犹未足也。”

曰：“此地民有贤于不齐者五人，不齐事之而禀度焉，皆教不齐之道。”

孔子叹曰：“其大者乃于此乎有矣！昔尧舜听天下，务求贤以自辅。夫贤者，百福之宗也，神明之主也。惜乎不齐之以所治者小也。”（《孔子家语·辨政》）

宓子贱把自己治理单父的做法一一向老师做了汇报。“小节、中节、大节”是孔子对他的施政行为予以的点评。当宓子贱说到尊重贤人的时候，孔子不由得发出赞叹：“惜乎不齐之以所治者小也。”这可以说是老师对学生的最高评价了。

宓子贱的善于“任人”使他实现了鸣琴而治，所以，他的官不但做得“潇洒”，而且也受到了很多称赞：

孔子兄子有孔篾者，与宓子贱偕仕。孔子往过孔篾，而问之曰：“自汝之仕，何得何亡？”

对曰：“未有所得，而所亡者三：王事若龙，学焉得习，是学不得明也；俸禄少，饘粥不及亲戚，是以骨肉益疏也；公事多急，不得吊死问疾，是朋友之道阙也。其所亡者三，即谓此也。”

孔子不悦，往过子贱，问如孔篾。

对曰：“自来仕者无所亡，其有所得者三。始诵之，今得而行之，是学益明也；俸禄所供，被及亲戚，是骨肉益亲也；虽有公事，而兼以吊死问疾，是朋友笃也。”

孔子喟然谓子贱曰：“君子哉若人。鲁无君子者，则子贱焉取此。”(《孔子家语·子路初见》)

俗话说，不比不知道，一比吓一跳。同样是出仕做官，孔子的侄子孔篾的结果是“未有所得，而所亡者三”，而宓子贱的结果却是“自来仕者无所亡，其有所得者三”。对比何其鲜明也！孔子不由得又一次称赞了自己的弟子——“君子哉若人”。

孔子的称赞并不是随便说的。他自己曾经说过，想要称赞一个人，必须要了解实际情况，有所依据，不能空口无凭。对于宓子贱治单父的情况到底如何，孔子决定派弟子巫马期去实地考察一下。为什么派巫马期去呢？前面引文已经告诉我们，作为七十二贤之一的巫马期曾经也任单父宰，虽然他治理得也不错，但是披星戴月，工作异常辛苦，比不得宓子贱鸣琴而治、轻松愉快。让他去考察，一是他对当地的情况熟悉，二是他能够做到比较客观公正。《孔子家语》中写道：

三年，孔子使巫马期远观政焉。巫马期阴免衣，衣弊裘，入单父界。见夜渔者，得鱼辄舍之。巫马期问焉，曰：“凡渔者为得，何以得鱼即舍之？”

渔者曰：“鱼之大者名为鲭，吾大夫爱之；其小者名为鱦，吾大夫欲长之。是以得二者，辄舍之。”

巫马期返，以告孔子曰：“宓子之德至，使民暗行若有严刑于旁。敢问宓子何行而得于是?”

孔子曰:“吾尝与之言曰:‘诚于此者刑乎彼。’宓子行此术于单父也。”(《孔子家语·屈节解》)

巫马期乔装私访,真实了解到宓子贱治理单父的政绩后,便回去如实报告给了孔子,并且向孔子询问宓子贱取得成功的奥秘。孔子告诉他:“我曾经对他说:‘使一个地方讲求诚信,刑罚就只能在别处施行。’宓子在单父贯彻了这一原则。”

由此可见,宓子贱治单父能够取得成功,一靠“举贤才”,二靠“为政以德”。而这正是孔子反复教导弟子们的为政之道。宓子贱忠实地践行了孔子的教诲,做出了优异的成绩,难怪孔子对他是那样的赞赏!

第六章　以和为贵——团结合作力

有子曰:“礼之用,和为贵。”

——《论语·学而》

团结就是力量。正如歌德所说:“不管努力的目标是什么,不管他干什么,他单枪匹马总是没有力量的。合群永远是一切善良思想的人的最高需要。”

和而不同:真正的团结合作

“和为贵”是中国传统文化尤其是儒家文化的重要价值观。俗话说,家和万事兴。不仅对于一个家庭是如此,对于一个国家、社会和团体亦是如此。“和为贵”的思想体现了中国人重团结、讲和谐的处世态度。

团结就是力量,这是千古不易的真理。《易》云:“二人同心,其利断金。”(《周易·系辞上》)孟子曰:“天时不如地利,地利不如人和。”(《孟子·公孙丑下》)孙子曰:“上下同欲者胜。”(《孙子兵法·谋攻》)荀子曰:“臣所闻古之道,凡用兵攻战之本,在乎壹民。弓矢不调,则羿不能以中微;六马不和,则造父不能以致远;士民不亲附,则汤、武不能以必胜也。故善附民者,是乃善用兵者也。故兵要在乎善附民而已。”“民齐者强,民不齐者弱。”(《荀子·议兵》)“和则一,一则多力,多力则强,强则胜物。”(《荀子·王制》)

民间流传的许多格言俗语中也充满了团结合作的精神。比如,像三个臭皮匠,顶个诸葛亮;众人拾柴火焰高;人心齐,泰山移;一个巴掌拍不响,一个好汉三个帮;单丝不成线,独木不成林,等等。这充分说明,中国人很早就从生活经验中深切认识到一个人的力量是有限的,人们只有团结起来,才能干成大事。

历史上的很多故事,也都劝告人们要注重团结,如《史记》中记载的“将相和”的故事:

(蔺相如完璧归赵、渑池之会捍卫了赵国的尊严和利益)既罢归国,以相如功大,拜为上卿,位在廉颇之右。廉颇曰:“我为赵将,有攻城野战之大功,而蔺相如徒以口舌为劳,而位居我上。且相如素贱人,吾羞,不忍为之下!”宣言曰:“我见相如,必辱之。”相如闻,不肯与会。相如每朝时,常称病,不欲与廉颇争列。已而相如出,望见廉颇,相如引车避匿。于是舍人相与谏曰:“臣所以去亲戚而事君者,徒慕君之高义也。今君与廉颇同列,廉君宣恶言而君畏匿之,恐惧殊甚,且庸人尚羞之,况于将相乎!臣等不肖,请辞去。”蔺相如固止之,曰:“公之视廉将军孰与秦王?”曰:“不若也。”相如曰:“夫以秦王之威,而相如廷叱之,辱其群臣。相如虽驽,独畏廉将军哉?顾吾念之，强秦之所以不敢加兵于赵者，徒以吾两人在也。今两虎共斗，其势不俱生。吾所以为此者，以先国家之急而后私仇也。”廉颇闻之，肉袒负荆，因宾客至蔺相如门谢罪，曰：“鄙贱之人，不知将军宽之至此也！”卒相与欢，为刎颈之交。（《史记·廉颇蔺相如列传》）

这一故事发人深省。蔺相如深明大义，谦卑退让，顾全大局，故意避免与廉颇发生直接的矛盾冲突；而廉颇在蔺相如的感召下，也深刻认识到了自己的错误和极有可能由此导致的严重后果，勇于知错就改，负荆请罪，从而维护了赵国将相之间的团结，也因此保存了捍卫赵国主权和尊严的力量。否则，鹬蚌相争，渔翁得利——在原本秦强赵弱的形势下，加上廉、蔺二人的不和与分裂，赵国的处境就岌岌可危了。

“和而不同”还包含着“不同”的意思。那么，“和”与“同”到底有什么区别？为什么要“和而不同”呢？春秋时期著名的政治家、思想家晏子对此作了精彩的分析。

齐侯至自田，晏子侍于遄台，子犹驰而造焉。公曰：“唯据与我和夫！”晏子对曰：“据亦同也，焉得为和？”公曰：“和与同异乎？”对曰：“异。和如羹焉，水、火、醯、醢、盐、梅，以烹鱼肉，燀之以薪。宰夫和之，齐之以味，济其不及，以泄其过。君子食之，以平其心。君臣亦然。君所谓可而有否焉，臣献其否以成其可；君所谓否而有可焉，臣献其可以去其否。是以政平而不干，民无争心。……先王之济五味、和五声也，以平其心，成其政也。声亦如味，一气，二体，三类，四物，五声，六律，七音，八风，九歌，以相成也；清浊、小大，短长、疾徐，哀乐、刚柔，迟速、高下，出入、周疏，以相济也。君子听之，以平其心。心平，德和。……今据不然。君所谓可，据亦曰可；君所谓否，据亦曰否。若以水济水，谁能食之？若琴瑟之专一，谁能听之？同之不可也如是。”(《左传·昭公二十年》)

公曰：“据与我和者夫！”晏子曰：“此所谓同也。所谓和者，君甘则臣酸，君淡则臣咸。今据也君甘亦甘，所谓同也，安得为和？”(《晏子春秋·景公游公阜一日有三过言晏子谏》)

晏子认为“和”是多样性的统一。“和”表现在君臣关系上，指臣下要有独立的见解，不能盲目附和，敢于补君主之过，“君所谓可而有否焉，臣献其否以成其可。君所谓否而有可焉，臣献其可以去其否”。这样做才能“政平而不干，民无争心”。“同”是单纯的一致，表现在君臣关系上，指臣下要完全听命于君主，“君所谓可，据亦曰可；君所谓否，据亦曰否”。这样做的结果就是：“若以水济水，谁能食之？若琴瑟之专一，谁能听之？”“和”则相济相成，相得益彰；“同”则人云亦云，无所补益。《国语·郑语》讲“夫和实生物，同则不继。以他平他谓之和，故能丰长而物生之”。因此，“君子和而不同，小人同而不和”。

“和”与“同”是两种不同的处理问题的原则和方法。不同的人、不同的民族、不同的国家、不同的文明都要以“和而不同”为原则来共处。孟子云：“物之不齐，物之情也。”《中庸》中讲道：“万物并育而不相害，道并行而不相悖，小德川流，大德敦化，此天地之所以为大也。”

节之以礼:没有规矩不能成方圆

本章章首引用的有子的话只是一部分,有子完整的话是这样的:“礼之用,和为贵。先王之道,斯为美;小大由之。有所不行,知和而和,不以礼节之,亦不可行也。”(《论语·学而》)

有子说:“礼的应用,以和谐为贵。过去,圣明的君王治理国家,好就好在这里;他们不管小事大事都遵循这一原则。但也有行不通的地方。只知一味地为了和谐而求和谐,却不以礼来节制,也就行不通了。”这里,有子提出了一个重要的问题——“和”与“礼”的关系。一方面,“礼之用,和为贵”,“礼”的作用在于维护“和”;另一方面,“和而有礼”,“和”的实现也要靠“礼”加以节制。

那么,“和”为什么需要“礼”加以节制呢?

子曰:“礼也者,理也;乐也者,节也。君子无理不动,无节不作。”(《礼记·仲尼燕居》)“礼者,理也”,这是说,“礼”体现了客观之“道”——天地之道、为人之道、处事之道、做官之道。“君子无理不动”,就是说君子做事要合乎客观之“道”,时时处处以是否符合道理作为自己思考问题和说话办事的标准。这是保持团结合作的原则性问题,不能一味为了团结而团结,不辨是非、不问原则的所谓团结,并非真正的团结,因为它把团结放置在了一个非常错误的基础之上。

“礼”是大家应该遵守的行为规范。有章可循、按章办事是保持团结互助的制度保障。荀子曰:

礼之于正国家也，如权衡之于轻重也，如绳墨之于曲直也。故人无礼不生，事无礼不成，国家无礼不宁。(《荀子·大略》)

凡是有集体生活的地方，小到一家一户，中到一个单位，大到国家天下，都必须有一个公认的行为规则。大家按照这个规则办事，这样才能团结合作。“礼”实际上就是这样一种规则。

“礼者，义也。”“义”通“宜”，指合适的、中正的、不偏不倚的。一个人的思想性格和言行举止都要适中，不能片面、不能走极端，即“极高明而道中庸”。如此，才能和周围的人打成一片。

子曰：“恭而无礼则劳，慎而无礼则葸，勇而无礼则乱，直而无礼则绞。”(《论语·泰伯》)

子曰：“敬而不中礼，谓之野；恭而不中礼，谓之给；勇而不中礼，谓之逆。”(《礼记·仲尼燕居》)

恭、慎、勇、直，本是人的优点，但是，如果不符合礼的本质要求的话，也会出现问题。“恭而无礼则劳。”如果一个人只知道一味地恭敬，而不符合礼的要求的话，他就会劳而无功。“慎而无礼则葸。”如果一个人只知道一味地谨小慎微，而不符合礼的要求的话，他就会显得猥琐懦弱。“勇而无礼则乱。”如果一个人只知道一味地勇敢，而不符合礼的要求的话，他就会盲动乱来。“直而无礼则绞。”如果一个人只知道一味地正直，而不符合礼的要求的话，他就会尖刻伤人。只有合乎礼，才会使自己的行为恰到好处，正如孔子

所说:“礼乎礼！夫礼所以制中也。”(《礼记·仲尼燕居》)

“礼者,仪也。”“礼”作为一种礼仪和礼貌,可以使自己更有文明素养,使自己的行为变得更加得体。孔子说:

君子义以为质,礼以行之,孙以出之,信以成之。君子哉!(《论语·卫灵公》)

知及之,仁不能守之;虽得之,必失之。知及之,仁能守之。不庄以莅之,则民不敬。知及之,仁能守之,庄以莅之,动之不以礼,未善也。(《论语·卫灵公》)

孔子认为,君子只做到“义以为质”是不够的,还要做到“礼以行之,孙以出之,信以成之”。只有这样才是真正的君子,否则,“动之不以礼,未善也”。

“礼,履也。”徐灏注笺《说文解字》云:“礼之言履,谓履而行之也。”在日常工作与生活中,领导者要以身作则,率先垂范:要求别人做到的,自己首先做到;禁止别人去做的,自己首先不去做。这样才会“居其所而众星共之”,才会使大家自觉、自愿地团结在你的周围。

周而不比,群而不党

子曰:“君子周而不比,小人比而不周。”(《论语·为政》)

孔子说:“君子是团结,而不是勾结;小人是勾结,而不是团结。”君子因为注重全局，所以追求长远的团结。小人为了暂时的利益而临时勾结在一起，彼此同流合污，沆瀣一气；而当利益破裂时，临时的结盟也就作鸟兽散。孔子多次提到君子的这一品质：

子曰：“君子矜而不争，群而不党。”（《论语·卫灵公》）

孔子说：“君子庄矜而不争执，合群而不闹宗派。”荀子认为，“能群”是“人最为天下贵”（《荀子·王制》）的原因。他说：

力不若牛，走不若马，而牛马为用，何也？曰：人能群，彼不能群也。（《荀子·王制》）

不仅如此，他还认为一个合格的领导者要善于“群”：

君者，善群也。群道当，则万物皆得其宜，六畜皆得其长，群生皆得其命。（《荀子·王制》）

荀子所说的善于“群”并不是指“结党”，因为“结党”实际上就是搞宗派，并且“结党”往往与“营私”联系在一块儿。所以，孔子认为“群而不党”是君子的一种基本品质。

我们反对搞小团体主义、宗派主义，就是对“群而不党”的继承和发展。

躬自厚而薄责于人

严于律己、宽以待人是儒家立身处世的基本原则之一，也是实现儒家所主张的“和为贵”的重要方法。

子曰：“躬自厚而薄责于人，则远怨矣。”（《论语·卫灵公》）

孔子说：“对自己要求严一些，对别人要求少一些，就会远离怨恨。”这样，自然就会促进团结合作。朱熹在《论语集注》中注：“责己厚，故身益修；责人薄，故人易从。所以人不得而怨之。”意思是，能够自我反省，责备自己多而埋怨人家少，招致的怨恨自然就少了。

宋文帝刘义隆（407 年—453 年），是中国南北朝时期刘宋王朝的第三位皇帝，宋武帝刘裕第三子。他于 424 年即位，在位 30 年间“役宽务简，氓庶繁息”，史称“元嘉之治”。魏太武帝率六十万大军进攻江南并一度攻占瓜州（今南京六合）时，宋文帝登烽火楼眺望，见狼烟四起，不由得一声长叹：“今日士庶劳怨，不得无惭。贻大夫之忧，在予过矣。”百姓罹难，他深感惭愧；诸位官员忧心忡忡，他也认为是自己的过错。国难当头，宋文帝厚责己，此所谓“国君含垢，天之道也”。

孔子与宋文帝的事例都在告诉人们，要多从自身下功夫、找原因，少怨天尤人。这不但有利于搞好团结，也是自己成长进步的基础和修德向善的起点。对别人要求宽一些，就不要求全责备，少议论别人：

子贡方人。子曰："赐也贤乎哉？夫我则不暇。"（《论语·宪问》）

子贡讥评别人。孔子对他说："你就够好了吗？我却没有这闲工夫议论别人。"

北宋著名诗人林逋论述了议论他人之弊：

事后论人，局外论人，是学者大病。事后论人，每将智人说得极愚；局外论人，每将难事说得极易，二者皆从不忠不恕生出。（林逋《省心录》）

林逋进一步指出了学会换位思考对于理解他人、保持友谊的重要性：

以责人之心责己，则寡过；以恕己之心恕人，则全交。（林逋《省心录》）

拿责备别人的心来责备自己，就会少犯错误；拿宽恕自己的心去宽恕别人，就会保全朋友。

孔子是一位什么样的人呢？

> 子曰:“莫我知也夫!”子贡曰:“何为其莫知子也?”子曰:“不怨天,不尤人,下学而上达。知我者其天乎!”(《论语·宪问》)

孔子说:“没有人了解我啊!”子贡问:“怎么能说没有人了解您呢?”孔子说:“我不埋怨天,也不责备人,下学人事而上达天命,了解我的只有天吧!”皇侃《论语义疏》对此解释道:“下学,学人事;上达,达天命。我既学人事,人事有否有泰,故不尤人。上达天命,天命有穷有通,故我不怨天也。”这是一种极高的人生智慧。因为怨天尤人于事无补,而于己却有可能为害。孟子曰:“言人之不善,当如后患何?”(《孟子·离娄下》)所以,不要轻易对别人发表议论。

> 子曰:“吾之于人也,谁毁谁誉?如有所誉者,其有所试矣。斯民也,三代之所以直道而行也。”(《论语·卫灵公》)

孔子对人是不妄加褒贬的,如有所赞誉,一定会有所考察、有所依据。他认为,夏、商、周三代的人都是如此,所以三代能直道而行。实事求是、负责任地评价别人,是对领导者的基本要求,也是保持一个集体团结合作的重要条件。

第七章　言以足志——沟通协调力

仲尼曰："志有之：'言以足志，文以足言。'不言，谁知其志？"

——《左传·襄公二十五年》

马克思指出，人是社会关系的总和。卡耐基说过这样一句名言："一个人的成功，只有百分之十五是由于他的专业技术，而百分之八十五则要靠人际关系和他的做人处世能力。"可见，人际关系对于一个人的成功有多么重要。而良好的人际关系的创造，离不开有效的沟通和协调。沟通协调能力是一个人生存和发展的必备能力，更是领导者不可或缺的基本素质。孔子就是一位非常重视沟通协调能力并且善于沟通协调的人。

尊重、真诚、信任

正确的态度是保证沟通协调有效进行的前提和基础。对于沟通协调而言，尊重、真诚和信任尤为重要。

尊重与真诚是沟通协调的前提

大家都知道不食嗟来之食的故事。那个饥民为什么不肯吃别人施舍的食物呢？原因很简单：他没有受到尊重。对于人而言，尊严比生命更重要，一旦丧失了尊严，人就失去了灵魂，无异于行尸走肉。“士可杀不可辱”的道理就在于此。尊严是与人的本质特征紧密相连的。所以，人与人之间的交往、交流应以互相尊重为前提。

领导与下属之间同样要相互尊重，尤其作为领导者，更要懂得尊重下属。

> 定公问：“君使臣，臣事君，如之何？”孔子对曰：“君使臣以礼，臣事君以忠。”（《论语·八佾》）

鲁定公向孔子询问君臣之间应该如何相处，孔子回答道：“君使臣以礼，臣事君以忠。”朱熹说：“两尽其道。”即君以君道，臣以臣道，“君君臣臣父父子子”各尽其道。孔子认为君臣关系实际上是对等的：只有君“使臣以礼”，臣才能“事君以忠”；如果君不能“使臣以礼”，那么臣也就可以不“事君以忠”。在这里，虽说君处尊位，是领导者，但臣的行为是自主的，会依据君主对待自己的态度而决定自己对待君主的态度。君臣虽有上下级关系，但绝不是隶属关系。后来的“君要臣死，臣不得不死”，完全把臣子看成是君主个人可以随意处置的附属品，这岂是孔子的原意！

君臣相互尊重这一思想，孟子说得更加清楚：

> 孟子告齐宣王曰："君之视臣如手足，则臣视君如腹心；君之视臣如犬马，则臣视君如国人；君之视臣如土芥，则臣视君如寇仇。"（《孟子·离娄下》）

孟子告诉齐宣王说："君主看待臣下好像手足，那么臣下看待君主就像心腹；君主看待臣下好像狗马，那臣下看待君主就会像陌生人；君主看待臣下像尘土小草一样，那臣下看待君主就像仇敌。"既然如此，如果一个君王不仁不义，那么臣下也就可以像敌人一样推翻他了：

> 齐宣王问曰："汤放桀，武王伐纣，有诸？"
>
> 孟子对曰："于传有之。"
>
> 曰："臣弑其君，可乎？"
>
> 曰："贼仁者谓之'贼'，贼义者谓之'残'，残贼之人谓之'一夫'。闻诛一夫纣矣，未闻弑君也。"（《孟子·梁惠王下》）

这就是孟子思想中包含着"民主性、革命性"的地方。据《明史·钱唐传》记载，朱元璋读此大怒，下令删改《孟子》，并要把孟子的牌位位移出孔庙。后来，才下令恢复孟子名誉，将其牌位重新请入孔庙。朱元璋之所以反应如此强烈，是因为看到了这句话背后潜在的危险性；但这也恰好证明了尊重人的重要性。

宋朝罗大经在《鹤林玉露》中说道："至于君，虽得以令臣，而不

可违于理而妄作。臣虽所以共君，而不可贰于道而曲从。”（罗大经《鹤林玉露·甲篇·卷三》）

孔子本人是非常尊重人的。作为伟大的教育家，孔子虽为老师，却非常尊重学生，他是启发式教学的创始人。子曰：“不愤不启，不悱不发。举一隅不以三隅反，则不复也 。”（《论语·述而》）孔子认为，教育学生，不到他苦苦思索想弄明白而又想不通的时候，就不去开导他；不到他想说却又说不出来的时候，就不去引导他；举一而不能反三，就不再去教他。孔子没有把自己的想法强硬粗暴地塞给学生，而是循循善诱，引导学生自己去学习，去体会，去感悟。《论语》中不乏孔子师徒平等交流、各抒己见、相互切磋的生动场景。

子路、曾皙、冉有、公西华侍坐 。子曰：“以吾一日长乎尔，毋吾以也！居则曰：‘不吾知也！’如或知尔，则何以哉？”

子路率尔而对曰：“千乘之国，摄乎大国之间，加之以师旅，因之以饥馑，由也为之，比及三年，可使有勇，且知方也。”夫子哂之。

“求！尔何如？”对曰：“方六七十，如五六十，求也为之，比及三年，可使足民；如其礼乐，以俟君子。”

“赤！尔何如？”对曰：“非曰能之，愿学焉！宗庙之事，如会同，端章甫，愿为小相焉。”

“点！尔何如？”鼓瑟希，铿尔，舍瑟而作。对曰：“异乎三子者之撰！”子曰：“何伤乎？亦各言其志也。”曰：“莫春者，春服既成，冠者五六人，童子六七人，浴乎沂，风乎舞雩，咏而归。”

夫子喟然叹曰:“吾与点也。”(《论语·先进》)

从上述对话中我们可以看到,孔子并没有因为自己年长,又是老师,就对学生指手画脚,也没有当面对学生品头论足;而是平等地与学生交流,引导学生各抒己见。在和谐融洽的气氛中,孔子与学生达到了相互了解、相互沟通、相互学习的目的。在这段对话中,孔子两次说到“亦各言其志也”,尤其表现了他对别人的充分尊重。他虽然赞同曾皙的志向,却没有把自己的意志强加于人;他只是应曾皙之问对每个人的回答作了点评,却没有否定任何一个人的观点。正如伏尔泰所说:“我可以不同意你的观点,但是我誓死捍卫你说话的权力!”在这一点上,中西方的哲人是相通的。

真诚同样是沟通协调的前提条件。真诚,就是要讲真话、讲实话、讲有用的话。

子曰:“群居终日,言不及义,好行小慧,难矣哉!”(《论语·卫灵公》)

子张问行。子曰:“言忠信,行笃敬,虽蛮貊之邦,行矣。言不忠信,行不笃敬,虽州里,行乎哉?立则见其参于前也,在舆则见其倚于衡也,夫然后行。”子张书诸绅。(《论语·卫灵公》)

“言不及义,好行小慧。”谈话一点儿不涉及道义,却喜欢耍弄小聪明,这样的谈话是缺乏真诚的。即使大家整天在一起交流,也很难做到真正的沟通。因此，当子张问如何才能使自己到处都能行得通时，孔子告诉他："只要做到言行忠信笃敬，哪怕到了别的部族或地区，也是可以行得通的；否则，即使在本乡本土，能行得通吗？因此，要把忠信笃敬时刻牢记心间，站立的时候，就仿佛看到这几个字显现在面前；在车厢里，就好像看到它们刻在车辕前的横木上。只有这样，才行得通。"子张把这些话写在腰间的大带上。

因此，沟通的第一要义是真诚，正如《易》所说："修辞立其诚，所以居业也。"（《周易·乾·文言》）这里有一个值得深思的故事：

> 宋人取邾田。邾人告于郑曰："请君释憾于宋，敝邑为道。"郑人以王师会之，伐宋，入其郛，以报东门之役。宋人使来告命。公闻其入郛也，将救之，问于使者曰："师何及？"对曰："未及国。"公怒，乃止，辞使者曰："君命寡人同恤社稷之难，今问诸使者，曰'师未及国'，非寡人之所敢知也。"（《左传·隐公五年》）

邾国是一个先秦古国，故址在今山东邹城市周围地区，战国之后称邹。当时，宋人夺取了邾国的田地，邾国国君派人向郑国求救。郑、宋之间存在历史恩怨：在隐公四年，"宋公、陈侯、蔡人、卫人伐郑，围其东门，五日而还"（《左传·隐公四年》），此即为东门之役。虽是四国联军，但主谋是宋国。因此，邾国便利用郑宋之间的矛盾，让郑君"释憾于宋"，即报复宋国。郑国国君为周王朝卿士，可以指挥周王朝的军队，所以他带领王军和自己的军队讨伐宋国，已经进入到宋国国都的外城了，正准备一雪当年“东门之役”之耻。在这千钧一发之际，宋国派出使者去请求鲁隐公的帮助。这时，鲁隐公已经听到郑国攻打到宋国国都外城的消息了，打算要出兵救助，便问使者郑国军队进攻到什么地方了。可是，宋国的使者没有向鲁隐公如实报告宋国面临的严峻形势，隐瞒了军情，说郑国军队还没有到达宋国国都。听到使者在撒谎，鲁隐公大为生气，于是放弃了本打算派兵援助的想法。其原因很简单：本来，贵国国君请求我去解救你们国家面临的忧患，作为贵国代表的使者却向我说了假话，连起码的诚意都没有，我怎么帮助你们呢？

这个故事的教训是深刻的。在国家危难之际，作为代表国家从事外交活动的使者，不但没有达到解救自己国家的目的，反而起到了相反的作用，最根本的原因就在于“修辞”而未“立其诚”，犯了沟通的第一大忌。

开诚布公，将心比心，是化解沟通难题的金钥匙。

信任是沟通协调的基石

如果缺乏相互之间的信任，沟通协调就会低效、无效或无法进行，甚至会适得其反。

> 子夏曰：“君子信而后劳其民；未信，则以为厉己也。信而后谏；未信，则以为谤己也。”（《论语·子张》）

子夏说：“君子必须先取得百姓的信任后，再去役使他们；否则，百姓就以为君子在虐待自己。同样，君子必须先取得对方的信任之后,再去规劝对方;否则,对方会以为君子在诽谤自己。”如果没有取得对方的充分信任就去劝谏,不但不会收到沟通的效果,反而会引起对方的误会,这样的沟通还不如不做的好。大文学家苏轼在《上神宗皇帝书》中指出:“交浅言深,君子所戒。”所以,要想取得预期的沟通效果,首先要与沟通对象建立良好的信任关系。

唐朝的魏徵之所以敢多次向唐太宗进谏,是因为他深知唐太宗一定会吸取隋朝灭亡的惨痛教训,积极纳谏。唐太宗亲身经历了隋末农民大起义的惊涛骇浪,为了巩固自己的统治,必然会总结历史的经验教训,而其中重要的一条教训,就是隋朝君臣互相猜疑:君王不敢放权,当得辛苦而无奈;大臣缄口以自保,文过饰非,不敢说出实情。结果,隋朝成了短命王朝。唐太宗作为一代明君,不会不竭智尽力以避免重蹈隋朝的覆辙,因此,他会想方设法让大臣们纳谏进言,匡正错误,以求大唐江山的长治久安。事实上,在历代皇帝中,唐太宗的忧患意识是非常强烈的,因此,他不仅虚心纳谏,而且主动求谏。如果收到的谏言少了,他会自觉查找原因,主动化解大臣的后顾之忧。他说,为君不易,为臣更难。正是因为君臣相处如鱼得水,唐太宗的大臣们才敢大胆进谏,而这也正是“贞观之治”局面得以出现的重要原因。

不可不择时

时机是沟通协调的关键。孔子便非常重视“时”,被称为“圣之时者也”(《孟子·万章下》)。天时、地利、人和被古人看作关系事情成败的三大基本因素,时机是蕴含其中的重要内容。“与时偕行”是先人的基本行动原则，只有做到“时止则止，时行则行，动静不失其时”(《周易·艮·彖传》)，才会取得成功。沟通协调也不例外，选择恰当有利的时机，是保证沟通效果的重要条件。

孔子曰：“侍于君子有三愆：言未及之而言谓之躁；言及之而不言谓之隐；未见颜色而言谓之瞽。”(《论语·季氏》)

孔子说：“侍奉君子要注意避免三种过失：还没有问到你的时候就说话，这就叫作急躁；问到你而不说，这就叫作隐瞒；不看君子的脸色而贸然说话，这就叫作瞎子。”时机未到就说话，容易引起人的反感，可能欲速则不达；时机到了却不说，就会错失机遇，后悔晚矣。不善于捕捉有利时机，盲目唐突，瞎说一顿，结果可想而知。曾靠贿选而被选举为第五任中华民国大总统的曹锟就是这样一位不会选择正确的时机说话的人。

曹锟应该叫曹混。孙中山命蔡元培等“专使团”北上京城迎接袁世凯到南京就任大总统，袁世凯不想去，便指使曹锟发动兵变。兵变后，专使团请唐绍仪与袁世凯商议对策，此时，曹锟莽莽撞撞地跑到袁世凯身边，一脸兴奋地说：“报告大总统，昨夜奉大总统密令，兵变之事已办到矣。”袁世凯一听，气得大骂：“胡说，滚出去！”曹锟不解，又说：“不是您让我发动兵变的吗？”袁世凯怒不可遏，暴跳着说：“滚出去，快给老子滚出去！”

既然时机如此重要，那么如何识别和把握它呢？识别和把握时机的关键在于“知几”：

子曰："知几其神乎？君子上交不谄，下交不渎，其知几乎！几者，动之微，吉之先见者也。君子见几而作，不俟终日。"(《周易·系辞下》)

孔子说："能知晓（事理的）几微，大概是神吧？君子与上交不谄媚，与下交不渎慢，这算是知晓几微了。几，是事物变动的细微之处，是吉的征兆。君子见几而行动，不待终日。"风起于青萍之末，浪成于微澜之间。识别和把握时机，就要善于从细微处去观察，从趋势中去把握，见微知著，睹始知终。

说话要看对象

见人说人话，见鬼说鬼话；到什么山，唱什么歌，这都说明说话要看对象。这是沟通必须遵循的一个基本原则，因为沟通重在通，而通首先要以懂为前提，只有互相能懂，才能互相通。对牛弹琴，罪不在牛，而只能怨弹琴者找错了对象。

子曰："中人以上，可以语上也；中人以下，不可以语上也。"(《论语·雍也》)

师冕见，及阶，子曰："阶也。"及席，子曰："席也。"皆坐，子告之曰："某在斯，某在斯。"师冕出，子张问曰："与师言之道与？"子曰："然，固相师之道也。"(《论语·卫灵公》)

孔子于乡党，恂恂如也，似不能言者。其在宗庙朝廷，便便言，唯谨尔。(《论语·乡党》)

朝，与下大夫言，侃侃如也；与上大夫言，訚訚如也。君在，踧踖如也，与与如也。(《论语·乡党》)

这几段话都指出，我们要根据对象的水平和特点选择沟通的内容和方式，这样，才易于对方接受，从而实现沟通的目的。比如，做群众工作时，就要说群众能听得懂的语言，采用群众喜闻乐见的方式；否则，就难以真正融入群众、和群众打成一片，也就很难做好群众工作。

沟通要看对象，而仔细辨别沟通对象的类别并准确把握其特点，就需要智慧了：

子曰："可与言而不与之言，失人；不可与言而与之言，失言。知者不失人，亦不失言。"(《论语·卫灵公》)

孔子论述的交友之道中所体现的指导原则，同样适用于沟通协调。这就是说，沟通，也要首先精准辨析沟通对象本质，然后采取相应的沟通之道。这样的沟通才不会"失之于人"或"失之于言"，才是正确而有效的沟通。沟通时要选择正确的沟通对象，不能对牛弹琴（当然有时候，对象是确定了的，无法选择）。这看起来似乎很简单，但有时候也很考验一个人的智慧，尤其在重大而机密的行动中，沟通对象的选择往往会决定行动的成败。沟通时还要选择正确的人去沟通，即选择正确的沟通者。沟通者和沟通对象都是沟通行为的当事人，但是地位和作用完全不同：一个主动，一个被动，沟通协调的好坏很大程度上还是取决于沟通者的诚意、智慧和意志。

冯梦龙的《智囊》中有一个“使马圉”(马圉即马夫)的故事,就说明了沟通者的重要性:

> 孔子行游,马逸食稼,野人怒,絷其马。子贡往说之,卑词而不得。孔子曰:“夫以人之所不能听说人,譬以太牢享野兽,以《九韶》乐飞鸟也。”乃使马圉往,谓野人曰:“子不耕于东海,予不游西海也,吾马安得不犯子之稼?”野人大喜,解马而予之。(冯梦龙《智囊·上智部》)

《史记·仲尼弟子列传》记载:“故子贡一出,存鲁,乱齐,破吴,强晋而霸越。子贡一使,使势相破,十年之中,五国各有变。”可见,子贡口才十分了得!但是,在“使马圉”一事中,他好话说尽,仍不能说服庄稼人(即野人);而马夫开门见山,直截了当,一句话说得庄稼人大喜,圆满地解决了问题。这是为何?冯梦龙对此点评道:

> 人各以类相通。述《诗》《书》于野人之前,此腐儒之所以误国也。马圉之说诚善,假使出子贡之口,野人仍不从。何则?文质貌殊,其神固已离矣。然则孔子曷不即遣马圉,而听子贡之往耶?先遣马圉,则子贡之心不服;既屈子贡,而马圉之神始至。圣人达人之情,故能尽人之用;后世以文法束人,以资格限人,又以兼长望人,天下事岂有济乎!(冯梦龙《智囊·上智部》)

冯氏一语中的："文质貌殊，其神固已离矣。"子贡与庄稼人的地位、气质有天壤之别，他虽卑躬屈膝，但话不投机，没有共同语言，也就无法与庄稼人有效地沟通；而马夫与庄稼人身份相似，兴趣相投，有共同语言，所以，一拍即合，皆大欢喜，事情便迎刃而解。所以，让合适的人去做合适的事，就会事半功倍，反之，就会事倍功半。此用人之智也。

语言的艺术

俗话说："言为心声。""一言既出，驷马难追。"说出去的话，泼出去的水，覆水难收。因此，说话不可不慎。

> 子曰："君子居其室，出其言善，则千里之外应之，况其迩者乎？居其室，出其言不善，则千里之外违之，况其迩者乎？言出乎身，加乎民；行发乎迩，见乎远：言行，君子之枢机。枢机之发，荣辱之主也；言行，君子之所以动天地也，可不慎乎？"（《周易·系辞上》）

所谓"言行，君子之枢机。枢机之发，荣辱之主也"，正如子贡所说："君子一言以为知，一言以为不知，言不可不慎也。"（《论语·子张》）而作为领导者，更应谨言慎行：

> 贞观八年，太宗谓侍臣曰："言语者君子之枢机，谈何容易？凡在众庶，一言不善，则人记之，成其耻累。况是万乘之

主,不可出言有所乖失。其所亏损至大,岂同匹夫?我常以此为戒。"(《贞观政要·慎言语》)

沟通协调是语言的艺术。有的人,一句话可以说得人笑;有的人,同样意思的一句话却可以说得人跳。所以,语言表达直接关系着沟通协调的效果,尤其不可不慎。孔子非常重视"言"的问题,认为沟通协调时要做到以下两点。

第一,要准确、简明。准确、简明是沟通协调的基本要求,正确而有效的沟通协调必须以信息交流的准确性为基础。

子曰:"辞达而已矣。"(《论语·卫灵公》)

"辞达而已矣",指把想要表达的意思表达清楚就行了。所谓表达清楚,就是准确、简明。这看起来简单,但有时候也不容易,词不达意的情况还是比较常见的,比如下面这个笑话:

古代有个人过生日请客,眼看预定的时间过了,还有一大半的客人没来。主人心里有些着急,不禁脱口而出:"怎么搞的,该来的怎么还没来?"一些敏感的客人听到了,心想:"该来的没来,那我们是不该来的啰?"于是悄悄地走了。主人看到又走掉好几位客人,越发着急了,便又冒出一句:"真是的,不该走的又走了。"剩下的客人一听,心想:"走了的人是不该走的,那我们这些没走的人倒是该走的了!"于是又都走了。最后只剩下一个跟主人较亲近的朋友,看到这种尴尬的场面,就好意地劝他说:“你这人说话前应该先考虑一下,看看,你把人都说走了吧。”主人大叫冤枉,急忙解释说:“我并不是叫他们走哇!”朋友一听,大为光火,说:“不是叫他们走,那就是叫我走了!”说完便头也不回地离开了。

应该说,这个主人与客人的语言沟通是很失败的,因为他说的意思不但不是他真正想要表达的意思,而且正好与他真实的意思相反。

孔子提出“辞达”的概念是隐含着对“巧言”的批评的。孔子不止一次地反对花言巧语、夸夸其谈。

子曰:“巧言令色,鲜矣仁!”(《论语·学而》)

子曰:“巧言乱德。”(《论语·卫灵公》)

孔子说:“花言巧语,满脸媚态,就很少有仁心了。”孔子揭示了一个真理:人愈重视外在的形式,就愈少真实的内容;有时甚至外在的形式却包含着相反的内容,即所谓的口是心非、表里不一。所以,孔子认为“巧言乱德”、言过其实、口是心非侵蚀着一个人的道德根基。

第二,要言而有文。孔子主张“辞达而已矣”,但他并非反对讲究文采,恰恰相反,孔子是非常重视和讲究文采的。讲究文采和夸夸其谈不是一回事。有了文采,才能提高沟通的效果。孔子认为,沟通时要做到内容和形式的和谐统一,这样才能完美:

子曰："质胜文则野，文胜质则史。文质彬彬，然后君子。"（《论语·雍也》）

孔子说："质朴胜过了文饰就会粗野，文饰胜过了质朴就会虚浮，质朴和文饰搭配恰当，然后才可以成为君子。"这里虽然说的是君子，但也适用于沟通的艺术。沟通，既要做到态度真诚，内容真实，又要注意表达形式，言而有文。这样才能增强沟通效果，进而达到协调的目的。

仲尼曰："……言之无文，行而不远。"（《左传·襄公二十五年》）

说话不讲究文采，就不能传布到远方。同样，沟通不讲究文采，也会影响沟通的效果。

要想提高沟通的能力，达到文质兼美的沟通水平，就必须重视学习。

陈亢问于伯鱼曰："子亦有异闻乎？"对曰："未也。尝独立，鲤趋而过庭。曰：'学诗乎？'对曰：'未也。''不学诗，无以言。'鲤退而学诗。他日，又独立，鲤趋而过庭。曰：'学礼乎？'对曰：'未也。''不学礼，无以立。'鲤退而学礼。闻斯二者。"陈亢退而喜曰："问一得三，闻诗，闻礼，又闻君子之远其子也。"（《论语·季氏》）

伯鱼是孔子的儿子。陈亢猜想孔子可能偏爱自己的儿子，便问伯鱼：“你在老师那里听到过什么特别的教诲吗？”伯鱼回答说：“没有呀。有一次他独自站在庭中，我快步从庭里走过。他问道：‘学诗了吗？’我回答说：‘没有。’他说：‘不学诗，就不懂得怎么说话。’我回去就学诗。又有一天，他又独自站在庭中，我快步从庭里走过，他问道：‘学礼了吗？’我回答说：‘没有。’他说：‘不学礼就不懂得怎样立身。’我回去便学礼。我就听到过这两件事。”陈亢回去高兴地说：“我问一件事，得到三方面的收获。知道诗，知道礼，又知道君子不偏爱自己的儿子。”孔子提出“不学诗，无以言”和“不学礼，无以立”，这两条实际上都是我们进行有效沟通时不可或缺的重要条件，也是我们提高沟通能力的重要途径。“不学诗，无以言。”《诗经》是当时谈话、著文常常引用的内容，不懂诗，就无法与有身份有学问的人交流；同时，自己在谈话、著文时引经据典，不但会使言谈、文章有说服力，而且增加了其文采。“不学礼，无以立。”礼仪是当时社交场合非常重视的大事。如果一个人的言行举止不合礼仪，就会受到人们的讥笑，甚至无法立足于世。学诗，侧重于言而有文；学礼，侧重于修身立世。二者结合，内外兼修，先圣所诲，于今尤要。

方式方法很重要

沟通协调必须重视和研究方式方法等问题。只有运用恰当而艺术的方式方法，才能保证沟通协调的正常进行，提高沟通协调的效率。卓越的沟通协调能力和艺术就是指善于选择最适合、最巧

妙的沟通协调的方式。孔子就是一位卓越的沟通艺术家,下面两处记载对此有明确体现:

> 孔子厄于陈、蔡,从者七日不食。子贡以所赍货,窃犯围而出,告籴于野人,得米一石焉。颜回、仲由炊之于坏屋之下,有埃墨堕饭中,颜回取而食之。子贡自井望观之,不悦,以为窃食也。入问孔子曰:"仁人廉士穷改节乎?"孔子曰:"改节即何称于仁廉哉?"子贡曰:"若回也,其不改节乎?"孔子曰:"然。"子贡以所饭告孔子。子曰:"吾信回之为仁久矣。虽汝有云,弗以疑也,其或者必有故乎?汝止,吾将问之。"召颜回曰:"畴昔予梦见先人,岂或启佑我哉。子炊而进饭,吾将进焉。"对曰:"向有埃墨堕饭中,欲置之,则不洁;欲弃之,则可惜。回即食之,不可祭也。"孔子曰:"然乎!吾亦食之。"颜回出。孔子顾谓二三子曰:"吾之信回也,非待今日也。"二三子由此乃服之。(《孔子家语·在厄》)
>
> 孔子穷乎陈、蔡之间,藜羹不斟,七日不尝粒。昼寝。颜回索米,得而爨之,几熟。孔子望见颜回攫取其甑中而食之。选间,食熟,谒孔子而进食。孔子佯为不见之。孔子起曰:"今者梦见先君,食洁而后馈。"颜回对曰:"不可。向者煤炱入甑中,弃食不详,回攫而饭之。"孔子叹曰:"所信者目也,而目犹不可信;所恃者心也,而心犹不足恃。弟子记之,知人固不易矣。"(《吕氏春秋·审分览·任数》)

这两处记载,内容大同小异。相同之处在于:孔子和弟子们在陈、蔡两国之间的路上断了粮,已经七天没有吃饭了,后来,大家好不容易找到了一点儿米做饭吃。其不同之处是对颜回做饭时是否偷吃米的记载。第一处记载是子贡看见颜回偷吃了,气愤地到孔子那里告了状,言语之间不乏对老师的质问之意。第二处记载是孔子看见了颜回吃米却“佯为不见”。“佯为不见”透露了孔子的复杂心理:一方面,自己明明看见了,眼见为实,不能不相信自己的眼睛;另一方面,颜回又是自己最为欣赏的得意门生,以自己对颜回的认知,他绝对不会做出如此下作的事。不弄清这件事情的真相,自己无法释怀,也无法对弟子交代。后来,孔子想出一个绝妙的办法:说自己做了个梦,梦见自己的父亲了,想用这干净的米饭来祭祀他。这一下就得出了事情的真相:原来是尘埃落进了米饭,颜回觉得弃之可惜,便抓出来吃掉了。谜团解开了,一场误会解除了,颜回却什么都没有发觉,师生之间、同学之间的关系也没有受到无端的伤害,并且孔子和其他弟子都从中受到了深刻的启示。我们不能不佩服孔子处理问题的方式。

不可忽视历史文化背景

沟通协调是在不同的个人、组织、地区和国家之间进行的,了解对方的风俗习惯等文化背景非常重要,有时直接关系到沟通协调的成败。

冉有曰:“夫子为卫君乎?”子贡曰:“诺。吾将问之。”入,曰:“伯夷、叔齐何人也?”曰:“古之贤人也。”曰:“怨乎?”曰:“求

> 仁而得仁，又何怨？”出，曰：“夫子不为也。”（《论语·述而》）

当时的卫君是卫灵公的孙子定公辄，其所拒对象就是此前被卫灵公驱逐出境的儿子，即辄的父亲蒯聩。灵公死后传位于辄，被驱逐的蒯聩要回来与儿子争位。当时，孔子及冉有、子贡、子路等弟子正在卫国。冉有等弟子们很想了解一下孔子的态度，想知道老师到底帮不帮卫君。这是一个重大而敏感的问题，子贡不方便直接问自己的老师，老师也不便直接表态。另外，“君子居是邦，不非其大夫，况其君乎？故子贡不斥卫君，而以夷、齐为问”（朱熹《四书章句》）。于是，子贡别出心裁，拐弯抹角地通过向老师请教对伯夷、叔齐这对历史人物的评价来判断老师的态度。选取伯夷、叔齐这对历史人物，当然要对其历史典故有准确的了解。

> 伯夷、叔齐，孤竹君之二子也。父欲立叔齐，及父卒，叔齐让伯夷。伯夷曰：“父命也。”遂逃去。叔齐亦不肯立而逃之。国人立其中子。于是伯夷、叔齐闻西伯昌善养老，盍往归焉。及至，西伯卒，武王载木主，号为文王，东伐纣。伯夷、叔齐叩马而谏曰：“父死不葬，爰及干戈，可谓孝乎？以臣弑君，可谓仁乎？”左右欲兵之。太公曰：“此义人也。”扶而去之。武王已平殷乱，天下宗周，而伯夷、叔齐耻之，义不食周粟，隐于首阳山，采薇而食之。及饿且死，作歌。其辞曰：“登彼西山兮，采其薇矣。以暴易暴兮，不知其非矣。神农、虞、夏忽焉没兮，我安适归矣？于嗟徂兮，命之衰矣！”遂饿死于首阳山。（《史记·伯夷列传》）

从这段事迹不难看出，伯夷、叔齐最突出的品质就是“让”，而这正是孔子所主张、所赞美的。如，子曰：“能以礼让为国乎？何有？不能以礼让为国，如礼何？”（《论语·里仁》）子曰：“泰伯，其可谓至德也已矣！三以天下让，民无得而称焉。”（《论语·泰伯》）因此，从“求仁而得仁，又何怨”中，可以判断，孔子是不会帮助卫君去与自己的父亲争的。

无独有偶，另一则子贡和子路向孔子提问的故事，同样表现了掌握风俗礼仪等相关文化背景的重要性。

> 子路问于孔子曰：“鲁大夫练而床，礼邪？”孔子曰：“吾不知也。”子路出，谓子贡曰：“吾以夫子为无所不知，夫子徒有所不知。”子贡曰：“女何问哉？”子路曰：“由问：‘鲁大夫练而床，礼邪？’夫子曰：‘吾不知也。’”子贡曰：“吾将为女问之。”子贡问曰：“练而床，礼邪？”孔子曰：“非礼也。”子贡出，谓子路曰：“女谓夫子为有所不知乎？夫子徒无所不知，女问非也。礼，居是邑，不非其大夫。”（《荀子·子道》）

所谓“练”，是指白色的熟绢。古代子女在父母死后一周年进行祭祀时，身上要戴练，而且不能睡床。

有一次，子路向孔夫子请教说：“鲁国的一位大夫，在父母周年祭的时候，身戴白绢睡在床上，这样做合于礼吗？”孔子回答说：“我不知道。”子路听后，对子贡说：“我以为夫子无所不知，原来夫子也有不知道的啊。”子贡问：“你请问夫子的是什么问题呢？”子路于是将其与夫子的对话告诉了子贡。子贡听后说：“好，待我替你去问一下吧。”于是，子贡快步到孔子面前，向孔子问了同样的问题，但隐去了“鲁大夫”三个字。孔子回答：“不合于礼。”子贡告退后，将孔子的回答告诉了子路，并对子路说：“你说夫子不知道么？其实夫子真是无所不知啊，只是你问得不合礼罢了。依礼的规定：住在这个国家，便不可非议这个国家的大夫。”

子贡与子路所问的问题相同，但结果大相径庭的原因在于，两人问的方式方法不同。子路直接问“鲁大夫练而床”，违背了“礼，居是邑，不非其大夫”的礼仪规范，当然，也就实现不了沟通的预期目的了；而子贡只是隐去了“鲁大夫”三个字，便达到了预期效果，是因为他了解和遵守了相关的礼仪。由此可见，学习相关的背景知识对于沟通而言是多么重要。

孔子的危机公关

危机公关是一种特殊的沟通协调艺术，需要灵活机动的应变能力，同时考验着一个人的智慧和意志。

孔子一生坎坷，壮志未酬，然而历经苦难，痴心未改，并用生命写就了苦难辉煌。在孔子经历的磨难和挫折之中，他周游列国的14年尤为艰险，其中，“陈蔡之难”可以说是一起典型的突发事件。这次事件不但是孔子遭遇的一次严重的外部危机，也是他面临的一次前所未有的内部危机——他的弟子们的思想信仰产生了动摇，出现了分歧。孔子感觉到了弟子们的变化，也知道了弟子们的怨气。于是，孔子决定要做好思想政治工作，统一思想，统一行动，共同渡过这一难关。下面的文字记述了这一事件的具体过程：

孔子迁于蔡三岁，吴伐陈国。楚救陈，军于城父。闻孔子在陈蔡之间，楚使人聘孔子。孔子将往拜礼，陈蔡大夫谋曰："孔子贤者，所刺讥皆中诸侯之疾。今者久留陈蔡之间，诸大夫所设行皆非仲尼之意。今楚，大国也，来聘孔子。孔子用于楚，则陈蔡用事大夫危矣。"于是乃相与发徒役围孔子于野。不得行，绝粮。从者病，莫能兴。孔子讲诵弦歌不衰。子路愠见曰："君子亦有穷乎？"孔子曰："君子固穷，小人穷斯滥矣。"

子贡色作。孔子曰："赐，尔以予为多学而识之者与？"曰："然。非与？"孔子曰："非也。予一以贯之。"

孔子知弟子有愠心，乃召子路而问曰："《诗》云：'匪兕匪虎，率彼旷野。'吾道非邪？吾何为于此？"子路曰："意者吾未仁邪？人之不我信也。意者吾未知邪？人之不我行也。"孔子曰："有是乎！由，譬使仁者而必信，安有伯夷、叔齐？使知者而必行，安有王子比干？"

子路出，子贡入见。孔子曰："赐，《诗》云：'匪兕匪虎，率彼旷野。'吾道非邪？吾何为于此？"子贡曰："夫子之道至大也，故天下莫能容夫子。夫子盖少贬焉？"孔子曰："赐，良农能稼而不能为穑，良工能巧而不能为顺。君子能修其道，纲而纪之，统而理之，而不能为容。今尔不修尔道而求为容。赐，而志不远矣！"

子贡出，颜回入见。孔子曰："回，《诗》云：'匪兕匪虎，率彼旷野。'吾道非邪？吾何为于此？"颜回曰："夫子之道至大，故天下莫能容。虽然，夫子推而行之，不容何病，不容然后见君子！夫道之不修也，是吾丑也。夫道既已大修而不用，是有国者之丑也。不容何病,不容然后见君子!”孔子欣然而笑曰:“有是哉颜氏之子!使尔多财,吾为尔宰。”

于是使子贡至楚。楚昭王兴师迎孔子,然后得免。(《史记·孔子世家》)

一次偶然的机会(吴国出兵讨伐陈,楚国派兵援救陈国,驻兵在城父),楚王听说孔子就在陈、蔡两国之间,于是派人去请孔子。陈、蔡两国的大夫们认为孔子是个贤达的人,并且知道孔子对于他们的所作所为多有不满。他们认为,如果孔子在楚国被重用,就会威胁到他们。所以,他们串通起来征发下属,把孔子包围在荒郊野地里。孔子师徒走不了,粮食也吃完了。随从的弟子们饿坏了,躺在地上站不起来。面对如此险境,孔子照样讲诗书、读文章、弹琴唱歌,可弟子们却很难忍受。性格爽直的子路率先向老师埋怨道:“君子难道也有走投无路的时候吗?”不是说天道佑善吗?为什么他们师徒一直致力于仁义道德,而人生之路却命运多舛呢?其实,这并非子路一个人的疑问,大史学家司马迁也同样对此困惑不解:

或曰:“天道无亲,常与善人。”若伯夷、叔齐,可谓善人者非邪?积仁洁行如此而饿死!且七十子之徒,仲尼独荐颜渊为好学。然回也屡空,糟糠不厌,而卒蚤夭。天之报施善人,其何如哉?盗跖日杀不辜,肝人之肉,暴戾恣睢,聚党数千人横行天下,竟以寿终。是遵何德哉?此其尤大彰明较著者也。若至近世,操行不轨,专犯忌讳,而终身逸乐,富厚累世不绝。

或择地而蹈之，时然后出言，行不由径，非公正不发愤，而遇祸灾者，不可胜数也。余甚惑焉，傥所谓天道，是邪非邪？（《史记·伯夷列传》）

由此可见，好人遭殃、坏人走运似乎是封建社会的普遍现象。子路之问，涉及一个深刻的历史问题。面对子路的质疑，孔子并没有否认君子受穷的事实，然而，孔子把话题转到了“君子在困境中能够坚守节操，而小人在困境中就会不择手段、胡作非为”。孔子并没有顺着子路的思路去探讨君子为什么受穷的问题，而是引导子路思考如何面对困难的问题：是做一个君子，坚强地面对困境，还是去当一个小人，为了摆脱困境而不择手段呢？显然，在这里，孔子教导子路面对逆境要坚守自己的理想信念，不能改变自己的道德操守——“岁寒，然后知松柏之后彫也。”正如子张所说：“执德不弘，信道不笃，焉能为有？焉能为亡？”（《论语·子张》）就是说，对于道德，行为不坚强，信仰不忠实，这种人，有他不为多，没他不为少。

看见子贡比子路还要不满，孔子便向他说明，自己并非博学多识，而是“一以贯之”。孔子的全部学说和一生的追求都围绕着这个“一”，这个“一”就是孔子的道，就是孔子的思想、理想和梦想。显然，孔子并不把自己看作一个单纯的学者，而是看作一个实现道的人。既然人生的目的就是为了实现这个理想和梦想，就要坚定不移，百折不挠。

孔子知道弟子们心有怨气，于是决定主动和弟子们沟通交流一下，以便替他们解开疙瘩，卸下包袱，让他们振作起来，统一行动。

子路思想不够坚定，对自己仁德和智慧产生了怀疑，孔子用无可否认的历史事实解释了仁德和智慧之人并不一定到处行得通，从而消除了他的怀疑，坚定了他的理想信念。子贡认为老师追求的理想太高尚了，不合时宜，因此，要求老师降格以求，不要曲高和寡，搞成孤家寡人。孔子用“良农能稼而不能为穑，良工能巧而不能为顺”作比，告诉他君子修道不能为了求容于世，那样的志向不够远大。孔子的意思是，我们应该用自己的思想来改造世界，使世界变得更加美好，而不能苟且求容！颜回不愧是孔子的爱徒，他不但肯定了老师理想的伟大，而且鼓励和支持老师要坚持到底，绝不向世俗的权威屈服。这一席话，句句说到了孔子的心坎里，给了孔子宝贵而巨大的鼓舞和支持，使他在困难时期有了难得的知己。孔子听后的欣喜之情是不言而喻的，于是情不自禁地说道：“颜家的小子，你说得真好呀！假如你发财了，我去给你当管家。”

后来孔子派子贡到楚国报告情况，楚昭王派兵来迎接孔子，孔子一行摆脱了困境。

如果孔子不善于应对突发事件，特别是不善于化解内部危机的话，这件事的后果是难以想象的。如果他们师徒之间出现了严重危机和裂痕，就难以集中力量和智慧采取有效行动，难以摆脱困境、走出危机。因此，我们可以毫不夸张地说，孔子成功地化解了一场政治危机和信仰危机，是一次成功的危机公关。孔子的这次危机公关，给我们诸多启示：

第一，面对突发事件，要临危不惧，镇定自如，从容不迫，稳住阵脚。如果作为老师和团队灵魂的自己乱了方寸，后果会不堪设想。

第二，面对突发事件，要立场坚定，有主见、有定力，按照既定的原则和方针，采取灵活、妥善、有效的措施，把思想和行动引导并统一到正确的方向上来；不要盲目屈服于外在压力，改弦易辙，背道而驰。

第三，面对突发事件，要洞察形势，主动出击，把问题和矛盾消灭在萌芽状态之中；不要被动应付、逃避现实，使小事托大、大事拖炸。

第四，面对突发事件，要善于做思想政治工作，注重沟通交流、教育引导，从思想上、根本上解决问题，而不要搞强迫命令或威逼利诱。

第五，做工作要有针对性，找准症结，对症下药；不要主观武断，鲁莽行事，眉毛胡子一把抓，不分青红皂白地一刀切。

附　子贡“以舌救国”

子贡即端木赐，“孔门十哲”之一。据《论语·先进》记载：“德行：颜渊，闵子骞，冉伯牛，仲弓。言语：宰予，子贡。政事：冉有，季路。文学：子游，子夏。”可见，子贡的口才是非常出众的。其实，在孔子的众多弟子中，子贡是一位十分难得的全才。论德行，他经常救济别人，比如孔子周游列国时，他是其经济上的支持者。更为重要的是，当有人说自己比老师更好时，他没有沾沾自喜、引以为傲，而是坚决捍卫老师的声誉，斥责那些这样说的人不知天高地厚；在孔子死后，他为其守墓六年。论政事，他“常相鲁卫”，是孔子弟子中官做得最大的人。据《论语·雍也》记载，季康子向孔子询问子路、子贡、冉求是否可以从政，孔子回答说三人皆可从政，并分别道出三人的优点——“由（子路）也果”“赐（子贡）也达”“求（冉求）也艺”。“达”就是通达事理，尤为从政之所需。论文学，子贡常和孔子论《诗》，并受到老师的表扬：“赐也，始可与言《诗》已矣。告诸往而知来者。”除此之外，子贡还有一个非常独特的才干——经商！《论衡·知实》载：“子贡善居积，意贵贱之期，数得其时，故货殖多，富比陶朱。”《史记·仲尼弟子列传》载：“七十之徒，赐最为饶益。”“家累千金。”《史记·货殖列传》共记载了十七个人的经商活动，子贡位居第二；并记载了子贡“富可敌国”的“富豪生活”：“子贡结驷连骑，束帛之币以聘享诸侯。所至，国君无不分庭与之抗礼。”现在看来，也只有比尔盖茨和我们的马云能够与其相提并论了。

老实说，这些还不是子贡最大的“本事”，其最大的“本事”在于能“以舌救国”。知徒莫如师，孔子把子贡列为“言语”是有道理的。子贡自己也说：“赐愿使齐楚合战于漭漭之野，两垒相望，尘埃相接，挺刃交兵。赐着缟衣白冠，陈说其间，推论利害，释国之患。唯赐能之，使夫二子者从我焉。”（《孔子家语·致思》）这可不是子贡“吹牛”，有史为证：

田常欲作乱于齐，惮高、国、鲍、晏，故移其兵欲以伐鲁。孔子闻之，谓门弟子曰：“夫鲁，坟墓所处，父母之国，国危如此，二三子何为莫出？”子路请出，孔子止之。子张、子石请行，孔子弗许。子贡请行,孔子许之。

遂行,至齐,说田常曰:"君之伐鲁过矣。夫鲁,难伐之国,其城薄以卑,其地狭以泄,其君愚而不仁,大臣伪而无用,其士民又恶甲兵之事,此不可与战。君不如伐吴。夫吴,城高以厚,地广以深,甲坚以新,士选以饱,重器精兵尽在其中,又使明大夫守之,此易伐也。"田常忿然作色曰:"子之所难,人之所易;子之所易,人之所难。而以教常,何也?"

子贡曰:"臣闻之,忧在内者攻强,忧在外者攻弱。今君忧在内。吾闻君三封而三不成者,大臣有不听者也。今君破鲁以广齐,战胜以骄主,破国以尊臣,而君之功不与焉,则交日疏于主。是君上骄主心,下恣群臣,求以成大事,难矣。夫上骄则恣,臣骄则争,是君上与主有郤,下与大臣交争也。如此,则君之立于齐危矣。故曰不如伐吴。伐吴不胜,民人外死,大臣内空,是君上无强臣之敌,下无民人之过,孤主制齐者唯君也。"田常曰:"善。虽然,吾兵业已加鲁矣,去而之吴,大臣疑我,奈何?"子贡曰:"君按兵无伐,臣请往使吴王,令之救鲁而伐齐,君因以兵迎之。"田常许之,使子贡南见吴王。

说曰:"臣闻之,王者不绝世,霸者无强敌,千钧之重加铢两而移。今以万乘之齐而私千乘之鲁,与吴争强,窃为王危之。且夫救鲁,显名也;伐齐,大利也。以抚泗上诸侯,诛暴齐以服强晋,利莫大焉。名存亡鲁,实困强齐。智者不疑也。"吴王曰:"善。虽然,吾尝与越战,栖之会稽。越王苦身养士,有报我心。子待我伐越而听子。"子贡曰:"越之劲不过鲁,吴之强不过齐,王置齐而伐越,则齐已平鲁矣。且王方以存亡继绝为名，夫伐小越而畏强齐，非勇也。夫勇者不避难，仁者不穷约，智者不失时，王者不绝世，以立其义。今存越示诸侯以仁，救鲁伐齐，威加晋国，诸侯必相率而朝吴，霸业成矣。且王必恶越，臣请东见越王，令出兵以从，此实空越，名从诸侯以伐也。”吴王大说，乃使子贡之越。

越王除道郊迎，身御至舍而问曰：“此蛮夷之国，大夫何以俨然辱而临之？”子贡曰：“今者吾说吴王以救鲁伐齐，其志欲之而畏越，曰‘待我伐越乃可’。如此，破越必矣。且夫无报人之志而令人疑之，拙也；有报人之志，使人知之，殆也；事未发而先闻，危也。三者举事之大患。”句践顿首再拜曰：“孤尝不料力，乃与吴战，困于会稽，痛入于骨髓，日夜焦唇干舌，徒欲与吴王接踵而死，孤之愿也。”遂问子贡。子贡曰：“吴王为人猛暴，群臣不堪；国家敝以数战，士卒弗忍；百姓怨上，大臣内变；子胥以谏死，太宰嚭用事，顺君之过以安其私：是残国之治也。今王诚发士卒佐之以徼其志，重宝以说其心，卑辞以尊其礼，其伐齐必也。彼战不胜，王之福矣。战胜，必以兵临晋，臣请北见晋君，令共攻之，弱吴必矣。其锐兵尽于齐，重甲困于晋，而王制其敝，此灭吴必矣。”越王大说，许诺。送子贡金百镒，剑一，良矛二。子贡不受，遂行。

报吴王曰：“臣敬以大王之言告越王，越王大恐，曰：‘孤不幸，少失先人，内不自量，抵罪于吴，军败身辱，栖于会稽，国为虚莽，赖大王之赐，使得奉俎豆而修祭祀，死不敢忘，何谋之敢虑！’”……

子贡因去之晋，谓晋君曰：“臣闻之，虑不先定不可以应卒，兵不先辨不可以胜敌。今夫齐与吴将战，彼战而不胜，越乱之必矣；与齐战而胜，必以其兵临晋。”晋君大恐，曰：“为之奈何？”子贡曰：“修兵休卒以待之。”晋君许诺。……

故子贡一出，存鲁，乱齐，破吴，强晋而霸越。子贡一使，使势相破，十年之中，五国各有变。（《史记·仲尼弟子列传》）

之所以大段引用，是因为我们可以从中完整地学习到沟通协调的秘诀。读着这篇生动的记载，我们仿佛看到了战国时期纵横家之风采。可以说，子贡是当之无愧的纵横家之鼻祖。

“子贡一出，存鲁，乱齐，破吴，强晋而霸越。子贡一使，使势相破，十年之中，五国各有变。”历史的发展和结局按照子贡的预设展开了。由此，我们看到了主动进行沟通协调的巨大作用，领略到了“三寸不烂之舌，强于百万之师”的魅力。那么，子贡到底是靠什么取得成功的呢？

从子贡的游说中，我们不难发现，子贡虽然有着自己的预期目的，但处处为对方着想，并根据对方的实际——既包括客观的实际，也包括主观的实际——来决定自己的游说目标和游说策略，进行“有的放矢”的“精准”出击。结果，他不仅达到了预期目的，而且使每一方都非常满意。比如，子贡说服田常弃鲁伐吴是关键的一步，而如何让田常放弃已经开始实施的伐鲁计划呢？子贡给出的是看起来极为“反常”的理由——“鲁弱吴强”。为此，田常大惑不解：“子之所难，人之所易；子之所易，人之所难。而以教常，何也？”但是，子贡在精准而深刻地解到田常内心深处的真实意图和他在齐国政坛面临的真实处境后，向其提出了“忧在内者攻强，忧在外者攻弱”的道理,使田常听后不由得说“善”。接下来,子贡如法炮制,游说吴王、越王、晋王时无不精准地抓住他们各自的“心思”而为其一一“化解”,句句都说在了他们的“心坎上”,以至于他们对其感恩戴德。

因此,子贡的成功并非单凭“口才”,其根源在于为对方着想。他会站在对方的立场上替对方想问题、出主意,充分重视并合理化解对方的合理关切。这是任何沟通协调尤其是比较重要的沟通协调取得成功的真正秘诀。

第八章　贵在躬行——实践执行力

子曰:“文,莫吾犹人也。躬行君子,则吾未之有得。”

——《论语·述而》

一个好的领导者,不但要善于描绘共同愿景,更要善于把愿景变为现实;不但要做思想家,更要做实干家。正如马克思所说:“哲学家们仅仅用不同的方式解释世界,而问题在于改变世界。”

孔子是一个非常重视实践的人。他认为自己书本上的知识大概与别人差不多了,但在实践行动方面还没有做好。其实,孔子在弟子们的眼中已经是一个做得非常成功的“躬行君子”了,就像子贡所说:“所谓立之斯立,道之斯行,绥之斯来,动之斯和。”(《论语·子张》)就是说,一叫百姓立足于社会,百姓就能立足于社会;一引导百姓前进,百姓自会前进;一安抚百姓,百姓就会从远方来投靠;一动员百姓,百姓就会同心协力。孔子的领导力可谓达到了一呼百应的地步。这并非弟子们对孔子的溢美之词。纵观孔子的从政经历,他在每一个位置上的时间虽然很短,但都做得非常出色。

儒家的实践观

儒家学说中蕴含着与实践相关的内容。儒家的实践观具有丰富的内容和鲜明的特色,其主要内容围绕着"知与行"的关系而展开,而"行"本身又包含着"内与外"两个不同的向度。

知与行

"知与行"的关系是儒学重点探讨的问题之一。《尚书·说命中》说:"非知之艰,行之惟艰。"《左传·昭公十年》云:"非知之实难,将在行之。"可见,中华民族的祖先很早就认识到"行"的困难。

孔子继承和发展了先祖的这一思想,认为学习的目的就在于运用:

> 子曰:"诵《诗》三百,授之以政,不达;使于四方,不能专对;虽多,亦奚以为?"(《论语·子路》)
>
> 子贡问曰:"何如斯可谓之士矣?"子曰:"行己有耻,使于四方,不辱君命,可谓士矣。"(《论语·子路》)

孔子讲道:"熟读《诗经》三百篇,交给他政治任务,却不能很好地完成;让他出使外国,却不能独立应对;纵使读得再多,又有什么用呢?"他认为要成为一个合格的"士",就要具有实际的才干,要做到不辱使命。孔子主张学以致用,并以此为指导教育他的学生。他的学生中人才济济,有从政的人、经商的人、搞军事的人、做教育的人，并且来自不同的国家，都具有不可忽视的国际影响力。《论语》中的部分记载，让我们看到了孔子自身是如何完成“君命”的：

> 君命召，不俟驾行矣。（《论语·乡党》）
>
> 君召使摈，色勃如也，足躩如也。揖所与立，左右手，衣前后，襜如也。趋进，翼如也。宾退，必复命曰：“宾不顾矣。”（《论语·乡党》）

国君召唤，孔子不等驾好马车，就先步行前往。国君让他去接待宾客，他的脸色便庄重起来，脚步也快起来。他向立于身边的人，或左或右拱手作揖，衣服前后摆动而又整齐不乱；快步向前走时，如鸟舒展翅膀一样。宾客辞别后，他一定会向君主禀报说：“客人已经走远了。”

从上述记载中我们可以看出，孔子具有卓越的执行力，这主要表现在以下四个方面。第一，行动快。他接到任务便立即行动。第二，态度严肃认真。他临事而惧，不敢马虎。第三，业务精通。他熟谙外交礼仪，作揖拱手、神态形象专业且优美，尽显外交家的风采。第四，及时反馈。整个任务结束后，他会及时向国君复命，报告完成的情况。总之，这是一次完美而漂亮的外交行动。

孔子学以致用、重在躬行的思想，在王阳明那里得到了大力发扬。王阳明的“知行合一”说反对空谈，崇尚“事上磨”，强调“知与行”的不可分割性以及“行”相对于“知”的本源性。他说：

> 知者行之始，行者知之成。圣学只一个功夫，知行不可分

作两事。(王阳明《传习录》)

天下所以不治,只因文盛实衰,人出己见,新奇相高,以眩俗取誉。徒以乱天下之聪明,涂天下之耳目,使天下靡然争务修饰文词,以求知于世,而不复知有敦本尚实、反朴还淳之行。(王阳明《传习录》)

由此可见,儒家学说从整体上说是注重“行”的学说,这充分体现了它经世致用的宗旨。

内与外

子路问君子。子曰:“修己以敬。”曰:“如斯而已乎?”曰:“修己以安人。”曰:“如斯而已乎?”曰:“修己以安百姓。修己以安百姓,尧舜其犹病诸!”(《论语·宪问》)

“修己以敬”是关于内在修身的实践,目的是达到内圣;“修己以安人”“修己以安百姓”是关于外在事功的实践,目的是实现外王。《大学》中讲的“格物、致知、诚意、正心、修身、齐家、治国、平天下”八条目中,前五条是关于内圣的实践,后三条关于是外王的实践,而修身为其枢要。因此,儒家的实践,不但是关于外在事功的实践,还是关于内在修身的实践。这两种实践是内在统一的。王阳明的所谓“事上磨”,既指剿匪平叛等外在的事功,又指对“存天理、去人欲”的心性修炼。用今天的话说,“事上磨”就是指在改造客观世界的同时,改造主观世界。而在儒家看来,改造主观世界尤为重要,是治国之本。所以,《大学》中讲:“自天子以至于庶人,壹是皆以修身为本。”修身即是治国，治国亦是修身。

> 请问为国？曰：闻修身，未尝闻为国也。君者，仪也，仪正而景正；君者，槃也，槃圆而水圆；君者，盂也，盂方而水方。……故曰：闻修身，未尝闻为国也。（《荀子·君道》）

儒家认为，领导者个人修身所带来的力量能产生有效的执行力，这种执行力甚至胜过行政命令。正如孔子所说：“其身正，不令而行；其身不正，虽令不从。”（《论语·子路》）这就是前面所讲的“道德示范力”，或可称作“道德执行力”。因此，一个领导者或组织的执行力不仅取决于其拥有的政治权力，更取决于其是否拥有为众人所信赖的道德权威。一个领导者或组织如果失去了这种道德权威，那就极有可能陷入所谓的“塔西佗陷阱”，即无论说真话还是假话，做好事还是坏事，都将不会得到肯定和支持。纵观古今中外的历史，一旦统治者失去了人心，其后虽有明君贤臣欲揽狂澜于既倒，也往往是大势已去、无力回天了，此所谓“气数已尽”也。

讷言敏行，敏则有功

孔子是一位实干家。他认为，一个人干点事总比无所事事强：“饱食终日，无所用心，难矣哉！不有博弈者乎？为之，犹贤乎已。”（《论语·阳货》）正因为注重实干，所以他强烈反对空谈。他说：“君子以行言，小人以舌言。”（《孔子家语·颜回》）即君子以行动说话，而小人却只会夸夸其谈。

在言与行的关系问题上，孔子教导人们做到以下五点。第一，要慎重，不要轻易发言。“其言之不怍，则为之也难。”（《论语·宪问》）“君子于其言，无所苟而已矣。”（《论语·子路》）老子也说：“夫轻诺必寡信，多易必多难。”（《道德经》第六十三章）“信言不美，美言不信。”（《道德经》第八十一章）第二，以“言过其行”为耻。“君子耻其言而过其行。”（《论语·宪问》）“古者言之不出，耻躬之不逮也。”（《论语·里仁》）如果话说到了却没有做到，那就是一种耻辱。因为那是一种失信行为、不忠行为，作为君子，当然不应该那样做。“子路无宿诺”（《论语·颜渊》），应当成为我们学习的榜样。第三，多做少说。“君子欲讷于言而敏于行。”（《论语·里仁》）“（君子）敏于事而慎于言。”（《论语·学而》）第四，先做后说。“先行其言而后从之。”（《论语·为政》）第五，只做不说。孔子崇尚躬行，反对夸夸其谈，甚至一度萌发“予欲无言”的想法。“子曰：‘予欲无言。’子贡曰：‘子如不言，则小子何述焉？’子曰：‘天何言哉？四时行焉，百物生焉，天何言哉？’”（《论语·阳货》）孔子效法于天，认为人生最高的境界是“做了也不说”。

孔子为什么那么崇尚实干、反对空谈呢？因为，他认为只有实干才能取得实效，而空谈什么也不会改变。

> 子张问仁于孔子。孔子曰：“能行五者于天下为仁矣。”“请问之。”曰：“恭，宽，信，敏，惠。恭则不侮，宽则得众，信则人任焉，敏则有功，惠则足以使人。”（《论语·阳货》）

“敏则有功。”只有勤敏做事，才会博施济众、造福百姓。这不正是“仁人志士”应该做的吗?

“敏”意味着“快”。“子在川上,曰:‘逝者如斯夫!不舍昼夜。’”(《论语·子罕》)孔子感觉到时间流逝的无情和人生的短暂;如果一个人“四十、五十而无闻焉,斯亦不足畏也已”(《论语·子罕》)。人应该“三十而立”,如果到了四五十岁还没有做出成绩,大概也就不会有所作为了。子曰:“君子疾没世而名不称焉。”(《论语·卫灵公》)孔子认为,一个以“君子”为目标的人,最担心的就是在死的时候自己没有做到与“君子”这个称呼相称。所以,我们在生前总要努力为世界做点什么。孔子的人生志向就是使“老者安之,朋友信之,少者怀之”(《论语·公冶长》)。而人生要做点事情,不珍惜时间、抓住机遇怎么行呢?

管子曰:“……疾之疾之,万物之师也。为之为之,万物之时也。强之强之,万物之脂也。”(《管子·枢言》)

管子提醒人们:要加快进行探索,因为万物是众多的;要努力进行探索,因为万物是随时流逝的;要加强进行探索,因为万物是意旨精深的。

士而怀居,不足以为士矣

孔子认为“士君子”应有超脱世俗世界的精神追求。他说:

士而怀居,不足以为士矣。(《论语·宪问》)

士志于道,而耻恶衣恶食者,未足与议也。(《论语·里仁》)

君子食无求饱,居无求安,敏于事而慎于言,就有道而正焉,可谓好学也已。(《论语·学而》)

孔子说:“士如果留恋安逸的生活,便不配做士了。”如果士有了远大志向,却又讲吃讲穿,就不值得与他商议大事了。一个有梦想的人要集中精力去追求自己的理想,要为实现自己的梦想而艰苦奋斗;不要一味贪图物质享受,不要向往安逸的生活。鲁迅先生说:“一个人的脑子,容量总是有限的。这方面想得多,那方面就想得少了。”可见,古今两位圣人对这一问题的认识是相同的。

晋文公重耳的经历很能说明这个问题:

及齐,齐桓公妻之,有马二十乘。公子安之。从者以为不可。将行,谋于桑下。蚕妾在其上,以告姜氏。姜氏杀之,而谓公子曰:“子有四方之志,其闻之者,吾杀之矣。”公子曰:“无之。”姜曰:“行也!怀与安,实败名。”公子不可。姜与子犯谋,醉而遣之。醒,以戈逐子犯。(《左传·僖公二十三年》)

晋文公重耳是晋献公之子,遭到骊姬之乱的迫害,在国外颠沛流离了 19 年。即位后,他励精图治,发展生产,成为中原霸主。

公元前 644 年,晋惠公(晋献公之子,晋文公之弟)派勃鞮第二次追杀他。晋文公去了齐国,齐桓公送给他 20 辆马车,并将宗族之女齐姜许配给他。于是,他过起了安逸的生活。子犯等随从人员认为这样下去不行，便想要离开齐国。当他们在一棵桑树下商议此事时，被在树上采摘桑叶的养蚕女听到并报告给了姜氏。姜氏把这个婢女杀了，然后对晋文公说："您有称霸诸侯的远大志向，我已把偷听到的人杀了。"晋文公说："没有这事啊！"姜氏说："您走吧！眷恋享受，安于现状，是很容易毁坏一个人的。"晋文公不肯走，于是姜氏就和子犯商量，把他灌醉后，将他送走。子犯等人让晋文公喝醉后，把他抬到马车上离开了齐国国都临淄。他醒来后便拿戈追杀子犯。事实上，如果没有子犯等一批忠臣的竭力帮助，晋文公能否登上晋国的君位并成为春秋霸主，都是个未知数。

因此，君子应该"食无求饱，居无求安，敏于事而慎于言，就有道而正焉"。在这方面，颜回是个好榜样。子曰："贤哉，回也！一箪食，一瓢饮，在陋巷，人不堪其忧，回也不改其乐。贤哉，回也！"（《论语·雍也》）

颜回之所以不改其乐，是因为他心中自有其乐。当我们心中有一个不变的梦想时，这个梦想就是我们心中的太阳，它能提供给我们强大的正能量，使我们战胜一切艰难困苦，朝着既定的目标前行。

《左传·庄公二十四年》有言："俭，德之共也；侈，恶之大也。"司马光在写给儿子司马康的家训《训俭示康》中，对此作了阐释发挥："'俭，德之共也；侈，恶之大也。'共，同也；言有德者皆由俭来也。夫俭则寡欲，君子寡欲，则不役于物，可以直道而行；小人寡欲，则能谨身节用，远罪丰家。故曰：'俭，德之共也。'侈则多欲。君子多欲则贪慕富贵，枉道速祸；小人多欲则多求妄用，败家丧身；是以居官必贿，居乡必盗。故曰：'侈，恶之大也。'"

孟子曰："生于忧患，死于安乐。"这与唐代诗人李商隐在《咏史》一诗中写道的“历览前贤国与家,成由勤俭破由奢”一句都告诫我们,要摒弃贪图物质享受、追求安逸生活的思想观念,牢固树立居安思危的忧患意识和艰苦朴素的生活作风。

先之劳之,居之无倦

子路问政。子曰:“先之劳之。”请益。曰:“无倦。”(《论语·子路》)

仲弓为季氏宰,问政。子曰:“先有司,赦小过,举贤才。”(《论语·子路》)

孔子曰:“欲政之速行也,莫善乎以身先之。”(《孔子家语·入官》)

“先”是孔子政治思想中值得被重视的一个概念。如果说“政者正也”的“正”是指个人的内在修养的话,“先之劳之”的“先”就是指个人外在的行动。所谓领导者,就是领先的人,就要率先垂范,身先士卒。《大学》中讲“知所先后,则近道矣”,管子云“所谓德者,先之之谓也”(《管子·枢言》)。“先之”就是领导之“道”和领导之“德”。

所谓“先之”,就是要求别人做的,自己首先带头去做,然后别人才会跟着你做。赵简子的故事说明了这个道理:

赵简子围卫之郛郭,犀楯犀橹,立于矢石之所不及,鼓之而士不起。简子投枹曰:“乌乎!吾之士数弊也。”行人烛过免胄而对曰:“臣闻之:亦有君之不能士耳,士无弊者。昔者吾先君献公并国十七,服国三十八,战十有二胜,是民之用也。献公没,惠公即位,淫衍暴乱,身好玉女,秦人恣侵,去绛十七里,亦是人之用也。惠公没,文公授之,围卫、取邺,城濮之战,五败荆人,取尊名于天下,亦此人之用也。亦有君不能耳,士无弊也。”简子乃去楯橹,立矢石之所及,鼓之而士乘之,战大胜。简子曰:“与吾得革车千乘,不如闻行人烛过之一言也。”(《韩非子·难二》)

赵简子即赵鞅,是春秋末期晋国执政的卿,曾于公元前490年攻打卫国。最初,赵简子包围了卫国国都的外城,用由犀牛皮做的盾、橹防护着自己,站立在箭石所射不到的地方击鼓让士兵进攻,结果战士们都没有行动。赵简子丢下鼓槌抱怨说:“哎呀,我的战士这么快就疲惫了。”这时,一位掌管外交事务的官员烛过脱去头盔告诉他说:“不过是君主不能使用战士罢了,战士没有疲惫的。”接着,烛过列举了晋国历史上正反两方面的例子,说明用的都是这些人而结果却大不相同,其原因就在于君主能不能使用这些战士,而不是战士疲惫与否。赵简子明白了其中的道理,于是丢掉盾、橹,站在箭石可以射到的地方击鼓进军,士兵趁着鼓声勇敢进攻,战斗大获全胜。于是,赵简子感慨地说:“与其让我得到一千辆战车,不如听行人烛过的一句话。”那么,烛过的这句话是什么意思呢?这就是——你想让别人怎么做,你就要首先这样做。

另一则故事,则从反面证明了这个道理:禁止别人做的,你也要首先带头不做;然后,别人才会跟着不做。

> 灵公好妇人而丈夫饰者,国人尽服之,公使吏禁之,曰:“女子而男子饰,裂其衣,断其带。”裂衣断带相望,而不止。
>
> 晏子见,公问曰:“寡人使吏禁女子而男子饰,裂断其衣带,相望而不止者何也?”
>
> 晏子对曰:“君使服之于内,而禁之于外,犹悬牛首于门,而卖马肉于内也。公何以不使内勿服,则外莫敢为也。”
>
> 公曰:“善。”使内勿服,逾月,而国莫之服。(《晏子春秋·内篇杂下》)

齐灵公喜欢看自己宫内的女子穿着男装,却禁止国都中的女子穿,这种禁令是缺乏说服力的,也就没有人服从,即使让官吏采取“裂衣断带”的强制措施也无济于事;而当他采纳了晏子“公何以不使内勿服,则外莫敢为也”的谏言时,结果发生了“戏剧性”的变化——“逾月,而国莫之服”。这就证明了:强大的领导力来源于率先垂范。

其实,古代的帝王也知道执政者要带头示范的道理。比如,中国长期以来都是以农立国,帝王们就拿出一块儿田地躬耕以做天下表率。这就是“藉田”。据我国第一部记言体国别史《春秋外传》记载,立春之前,西周的天子和文武百官要斋戒三天。在此期间,天子要沐浴、饮酒。立春当天,天子先用酒湿润准备亲耕的田块,行完祭祀大礼后便象征性地犁一下田。接着,文武大臣按品秩顺序每人犁三下,剩下的则由庶民耕完。最后,天子、大臣、庶民依次分享牛、羊、猪三牲具备的祭品，籍田仪式才结束。文献记载，汉、唐、宋、明、清历代帝王都会在农历二月初搞一次“耕田秀”。这当然只具有象征意义，但其发挥的带头示范作用同周天子“藉田”的作用相同。领导者不但要带头示范，而且要持之以恒、毫不懈怠：

> 子曰：“南人有言曰：‘人而无恒，不可以作巫医。’善夫！”（《论语·子路》）
>
> 子张问政。子曰：“居之无倦，行之以忠。”（《论语·颜渊》）

孔子本人就是不知疲倦的人。他的一生是为了实现自己的理想而勤奋学习、不懈奋斗的一生，尤其是在经历了长达14年的颠沛流离并最终返回鲁国之后，他仍然斗志不减，致力于整理文化典籍、教授学生。这使他成为影响中国和世界的圣人。

“居之无倦，行之以忠”实际上就是一种“敬”，而这种“敬”来源于“责”。这种“责”，则是“士”应该具有的担当：

> 曾子曰：“士不可以不弘毅，任重而道远。仁以为己任，不亦重乎？死而后已，不亦远乎？”（《论语·泰伯》）

而这种弘毅、担当的精神，则取法于天：

> （鲁哀）公曰：“敢为君子何贵乎天道也？”孔子对曰：“贵其‘不已’”（《礼记·哀公问》）

天行健，君子以自强不息。（《周易·乾·象传》）

《诗》云：“维天之命，於穆不已。”（《中庸》）

天地之道，恒久而不已也。……圣人久于其道而天下化成。（《周易·恒·彖传》）

西汉杨雄的《法言》中有一则对话：

或谓：“仲尼事弥其年，盖天劳诸病矣夫？”

曰：“天非独劳仲尼，亦自劳也。天病乎哉？天乐天，圣乐圣。”（《法言·问明》）

有人问道：孔子一生都忙忙碌碌，事情排得满满的，大概是天故意劳累他，使他太疲倦了吧？其实，天也一样劳累啊。天覆地载，养育万物，一年四季更替变化，何尝有过休息？难道天也会觉得疲倦吗？天乐于做天所应做的事，圣人乐于圣人所应做的事，又怎么会觉得疲倦呢？“居之无倦，行之以忠”从根本上必源于一种深沉而恒久的“仁者之爱”，只有这种“仁者之爱”才会提供源源不竭的强大动力，并给人以真正的快乐。

一位优秀的领导者就应追求和拥有这样的品质——胸怀大爱、忠诚担当、坚持不懈，并且从中享受到无穷的乐趣。

第九章　文质彬彬——形象影响力

子曰："质胜文则野，文胜质则史。文质彬彬，然后君子。"

——《论语·雍也》

孔子说："质朴多于文采，就未免粗野；文采多于质朴，又未免虚浮。文采和质朴配合适当，这才是个君子。"领导形象是领导者的内在精神与外在风貌的和谐统一。

领导形象不同于一般个人的形象，而是一种具有较强"公共性"的形象。在某种意义上说，领导形象关乎整个组织、集体的形象。因此，领导形象绝不仅仅是个人的事情，也是整个组织、集体的事情，要符合组织的性质和功能，符合社会公众的一般期待。

领导形象是一种领导力

领导形象由领导者的"形"与"象"两个基本要素构成。"形"通常指人们的形体和容貌，"象"通常指因人们的形体和容貌而生发的象征和蕴含。综合起来说，领导形象的内涵包括两个基本方面:一是外在风貌,主要包括领导者在领导活动过程中的表情、举止、服饰和言谈等基本要素;二是内在品格,主要包括领导者在领导活动过程中所展现的气质和能力等基本要素。领导形象就是二者的统一。

领导形象与领导魅力是两个既相互区别又相互联系的概念。首先,二者有着本质的区别。领导形象是领导者外在风貌与内在品格的统一,而领导魅力是由领导者的社会影响力与其追随者的社会心理认同相互作用、相互统一而形成的一种领导活动现象;前者建立在领导者的实践行为和客观结果等基础之上,后者建立在领导者的社会影响力与其追随者的心理认同相结合的基础之上。其次,二者有着密切的联系。领导形象是构成领导魅力的重要基础,而领导魅力的形成又有助于提升领导形象。

作为一种非权力影响力,领导形象是领导力的组成部分,对实现领导者的领导功能具有不可忽视的作用。政治学者梅里亚姆将政治分为"感性政治"和"理性政治",而领导形象可以归为"感性政治"一类。据《独立报》披露的英国国家档案馆文件显示,撒切尔夫人在1984年内约见了她的发型师118次——平均每三天就要打理一次头发,足见她对领导形象的重视。其实,古人也是懂得领导形象的重要性的。

卫侯在楚,北宫文子见令尹围之威仪,言于卫侯曰:"令尹似君矣,将有他志。虽获其志,不能终也。《诗》云:'靡不有初,鲜克有终。'终之实难,令尹其将不免。"公曰:"子何以知之?"对曰:"《诗》云:'敬慎威仪,惟民之则。'令尹无威仪,民无则焉。民所不则，以在民上，不可以终。”公曰：“善哉！何谓威仪？”对曰：“有威而可畏谓之威，有仪而可象谓之仪。君有君之威仪，其臣畏而爱之，则而象之，故能有其国家，令闻长世。臣有臣之威仪，其下畏而爱之，故能守其官职，保族宜家。顺是以下皆如是，是以上下能相固也。……故君子在位可畏，施舍可爱，进退可度，周旋可则，容止可观，作事可法，德行可象，声气可乐；动作有文，言语有章，以临其下，谓之有威仪也。”（《左传·襄公三十一年》）

卫襄公在楚国时，北宫文子见到楚令尹围的仪表后对卫襄公说：“令尹的言行像国君了，将要有别的想法。即使他能实现这种想法，也不能善终。《诗》说：‘什么都有个开头，可是很少能有好的结束。’善终实在太难，令尹恐怕不能免于祸端了。”卫襄公问道：“你怎么知道？”北宫文子回答说：“《诗》说：‘恭敬而慎重地使用威仪，因为它是百姓的准则。’令尹没有威仪，百姓就没有准则；百姓所不会效法的人，其地位却在百姓之上，所以不能善终。”卫襄公说：“好啊！什么叫威仪？”北宫文子回答说：“有威严而使人能害怕叫作威，有仪表而使人能仿效叫作仪。国君有国君的威仪，他的臣子敬畏而爱戴他，把他作为准则而仿效他，所以国君能保有他的国家，能够名传后世。臣子有臣子的威仪，他的手下害怕而爱护他，所以他能保住他的官职，保护他的家族并使家族和睦。按照这个次序以下都能做到这样，因此上下能够互相巩固。……所以君子在官位上可以使人怕他，施舍可以使人爱他，进退可以作为法度，应付得体，容貌举止可以值得观赏，做事情可以让人学习，德行可以作为仿效，声音气度可以使人高兴；举动有修养，说话有条理，用这些来对待下面的人，这就叫作有威仪。”

领导者缺乏威仪，就不能做百姓的表率，就不是一个好的领导者，就有可能导致不得善终的结局。可见，领导形象是绝对不能忽略的。

文质彬彬，然后君子

从领导形象的内涵来看，领导形象是领导者外在形体容貌与内在精神风貌的统一。一个领导者应该注重修养自己内在的品质，这是基础；但同时，注重自己的仪表也很重要。不少领导者对于后者的重要性往往认识不足，认为仪表是小节，不讲究仪表只不过是不拘小节罢了；更有甚者，反而视其为一种“风度”。这种观念需要改变。

> 棘子成曰：“君子质而已矣，何以文为？”子贡曰：“惜乎，夫子之说君子也！驷不及舌。文犹质也，质犹文也。虎豹之鞟犹犬羊之鞟。”（《论语·颜渊》）

棘子成是卫国大夫，他说：“君子只要具有好的品质就行了，还讲什么文采呢？”子贡说：“先生您这样谈论君子，可就说错了。一言既出，驷马难追。本质就像文采，文采就像本质，二者同样重要；去掉了毛的虎皮豹皮，就如同去掉了毛的犬皮羊皮一样。”子贡批评了棘子成的片面性。而韩非干脆把文与质对立起来。他说：

礼为情貌者也,文为质饰者也。夫君子取情而去貌,好质而恶饰。夫恃貌而论情者,其情恶也;须饰而论质者,其质衰也。何以论之?和氏之璧不饰以五采;隋侯之珠不饰以银黄,其质至美,物不足以饰之。夫物之待饰而后行者,其质不美也。(《韩非子·解老》)

根据马克思主义的观点,内容和形式是辩证统一、不可分离的。内容和形式应该相互适应,过分偏重哪一方面,都会影响到彼此的内在关系。有人认为只要注重本质就行了,不必在乎形式,这其实是一种误解。不讲究形式,必然会损及内容;在一定意义上讲,形式就是内容。对于个人的修养,内在的本质固然重要,但外在的形象同样不可忽视。

哀公问曰:“绅、委、章甫,有益于仁乎?”孔子作色而对曰:“君胡然焉?衰麻苴杖者,志不存乎乐,非耳弗闻,服使然也;黼黻衮冕者,容不亵慢,非性矜庄,服使然也;介胄执戈者,无退懦之气,非体纯猛,服使然也。且臣闻之,好肆不守折,而长者不为市。窃夫其有益与无益,君子所以知。”(《孔子家语·好生》)

孔子具体论述了服装对于仁德修养的重要性,认为服装可以影响人的感情和行为。这也说明了领导者外在形象的重要性。

孟子曰:“西子蒙不洁,则人皆掩鼻而过之;虽有恶人,齐

戒沐浴,则可以祀上帝。”(《孟子·离娄下》)

孟子说:“即使像西施这样的美女,如果身上沾染了不洁净的东西,别人从她身边走过时也会捂着鼻子的。纵然一个面貌丑陋的人,斋戒沐浴后也是可以祭祀上帝的。”

领导者的形象岂可不重视?

君子不重,则不威

子曰:“君子不重,则不威;学则不固。”(《论语·学而》)

曾子有疾,孟敬子问之。曾子言曰:“鸟之将死,其鸣也哀;人之将死,其言也善。君子所贵乎道者三:动容貌,斯远暴慢矣;正颜色,斯近信矣;出辞气,斯远鄙倍矣。笾豆之事,则有司存。”(《论语·泰伯》)

孔子说:“君子如果不庄重,就没有威严;即使读书,所学的也不能巩固。”曾子卧床不起,孟敬子去探望他。曾子说道:“鸟快要死的时候,鸣叫的声音是悲哀的;人快要死的时候,说出来的话也是善良的。君子所应当重视的道有三个方面:调整自己的容貌,既可避免粗暴,又可避免轻视他人;使自己的容貌端庄、态度恭敬,这样就接近于诚信;使自己言辞严谨而有哲理,这样就可以避免粗野和背理。至于祭祀和礼节仪式,自有主管这些事务的官吏来负责。”这段话可以说是曾子的临终教诲,是肺腑之言,大概是他最宝贵的人生经验。

《礼记·曲礼》中说，人的步履要稳重，手势要恭敬，目光要端庄，语气要和蔼，声音要恬静，头颈要端直，气色要肃穆，态度要端庄。《孝经》也提出：“容貌举止可以观瞻，进退有据，可为法度。”作为一名领导者，虽然要平易近人、和蔼可亲，但还要做到严肃认真、举止端庄。因为不顾形象会影响自己的威信，甚至会因此丧身灭国。陈灵公便是一例：

> 陈灵公与孔宁、仪行父通于夏姬，皆衷其衵服以戏于朝。泄冶谏曰：“公卿宣淫，民无效焉，且闻不令，君其纳之！”公曰：“吾能改矣。”公告二子，二子请杀之，公弗禁，遂杀泄冶。（《左传·宣公九年》）
>
> 陈灵公与孔宁、仪行父饮酒于夏氏。公谓行父曰：“征舒似女。”对曰：“亦似君。”征舒病之。公出，自其厩射而杀之。二子奔楚。（《左传·宣公十年》）

陈灵公、孔宁、仪行父都与夏姬通奸，并贴身穿着夏姬的汗衣在朝廷上开玩笑。泄冶进谏说：“国君和卿宣扬淫乱，百姓就无所效法，而且对您名声不好。君王还是把那件汗衫收藏起来吧！”陈灵公说：“我会改过的。”陈灵公把泄冶的话告诉了孔宁、仪行父两个人，这两个人请求杀死泄冶，陈灵公没有禁止，于是泄冶被杀害。

第二年，陈灵公和大臣孔宁、仪行父偷偷驱车去夏姬的封地喝酒，并拿夏姬的儿子开起了玩笑。陈灵公对仪行父说，“夏征舒长得像你。”仪行父则回敬说：“长得也像你。”夏征舒被他们的玩笑惹怒，便埋伏下弓箭手，当这三人要乘车回家时，将陈灵公射杀于马厩旁,其余二人连夜跑到楚国避难。灵公的太子午则跑到了晋国,夏征舒随后自立为陈国国君。

陈灵公完全不顾自己作为一国之君的形象,和大臣鬼混在一起,斯文扫地、有失体统,其结局无疑是咎由自取。

形象塑造要讲究中庸之道

儒家讲究中庸之道,在形象的塑造上也是如此,主张形象塑造要有分寸感。比如孔子就是这样:

> 子温而厉,威而不猛,恭而安。(《论语·述而》)

孔子温和而又严厉,威严而不凶猛,庄重而又安详。这是孔子在弟子们眼中的形象。第一是温和。孔子对任何人都亲切温和,但也很严肃,使人在温和中又不敢随便造次。第二是威而不猛。一般人对威的印象是凶狠,这样并不是威,真正的威是内心道德的修养。坦荡荡的修养达到了,自然就有威。不猛是不凶暴,如舞台上的山大王,在锣鼓声中一下窜出来,一副凶暴的样子,那就是猛。孔子给人的感觉是和煦如春风却又不容侵犯。第三是恭而安。孔子对任何事、任何人非常恭敬,也很安详,既恭敬而又活泼不呆板。孔子对自我形象的塑造十分有分寸,他在弟子们眼中永远是庄严而温和、有自然的威仪而不凶狠、安详而恭敬的神态。

有的领导者就没有很好地把握自我形象上的分寸感,或失之于轻浮,或失之于威猛,从而损害了领导者的形象,影响了领导活动的实施。《资治通鉴·唐纪八》中记载，唐太宗“神采英毅，群臣进见者，皆失举措；上知之，每见人奏事，必假以辞色，冀闻规谏”。唐太宗神采英毅，群臣见了不知所措，这样下去的结果，势必使他脱离群臣，听不到真实的意见。因而，当他知道这一点后，便自觉地使脸色缓和下来，显得不那么高不可攀、不那么令人畏惧，以便多听到一些大臣的进谏。唐太宗不愧是一代名主，为了治理好国家，可谓用心良苦。这也有力地证明了领导形象的重要性。

第十章 学而不厌——学习创新力

子曰："默而识之，学而不厌，诲人不倦，何有于我哉？"

——《论语·述而》

孔子说："默默地记住所见所闻，努力学习而不厌倦，教导别人不知疲倦，这些事对于我有什么困难的呢？"孔子是一位非常爱学习的人。作为领导者，更要把学习作为自己的生活方式，作为提高领导力的重要途径和方法。

孔子的学习人生

孔子的一生是学习的一生，他这样回顾道：

吾十有五而志于学，三十而立，四十而不惑，五十而知天命，六十而耳顺，七十而从心所欲，不逾矩。（《论语·为政》）

孔子其实是一个命运很苦的人。他的祖先出身于宋国贵族，他的父亲勇猛有力并曾在鲁国贵族家做事。到了孔子这一代，却家道中落了。他幼年丧父，少年丧母，孤苦伶仃，生活艰难，“贫且贱”（《史记·孔子世家》）；长大后，不得不做许多低贱的工作以维持生计。他当过仓库管理员、牛羊饲养员。由于社会地位低下，孔子还受到了歧视。鲁国贵族季氏在家中宴飨时，孔子本想以“士”的身份参加，不料却被季氏有权势的家臣阳虎挡在了门外。他傲慢地对孔子说：“这里招待的是‘士’，而不是你这种人！”（《史记·孔子世家》：“季氏享士，非敢享子也！”）孔子吃了闭门羹，受辱而退。但是，孔子不是一个自暴自弃的人，而是一个自强自立的人——“君子病无能焉，不病人之不己知也”（《论语·卫灵公》）。要想自强自立，除了学习之外，没有别的途径。可以说，正是学习改变了孔子的命运。但是，孔子并不是把学习当作改变命运的一种手段，他的学习是一种真正的学习、纯粹的学习、终生的学习。

子曰：“十室之邑，必有忠信如丘者焉，不如丘之好学也。”（《论语·公冶长》）

学习是孔子真正的自我需要。同样是学习，人们的动机可能多种多样：有的为了考试而学，有的为了升迁而学，有的为了任务而学，有的为了装装门面而学，有的为了名利而学，等等。孔子观察到了当时的人与古人学习动机的不同，他说：“古之学者为己，今之学者为人。”（《论语·宪问》）孔子批评了当时学者的功利性太强，不是出于内心对学习的爱好而学习。所谓“为己”，就是为了自我的修养和完善,学习与人生相伴而行,“执子之手,与之偕老”,不离不弃;所谓“为人”,则恰恰相反,是为了外在的功利目的而学,把学习当作一种敲门砖或垫脚石,达成目的之后,就弃之不用。孔子的学习是“为己”的学习。这种对学习的发自内心的热爱,常人难以企及。实际上,学习已成为孔子生命中不可分隔的一部分。

学习给孔子带来了无穷的快乐。他说:

> 学而时习之,不亦说乎?有朋自远方来,不亦乐乎?人不知,而不愠,不亦君子乎?(《论语·学而》)

孔子实际上指出了“君子的三乐”:学习之乐,交友之乐,容人之乐。交友之乐是一种与人沟通和分享的快乐,容人之乐是一种道德上的超越与快感,而学习之乐是发自内心的快乐,是自己随时随地可以得到的快乐,是一种纯洁、可靠、健康、可持续的快乐。学习的快乐可以冲淡人生遭遇的痛苦,使其更容易忍受或忘记,有时甚至可以让人蔑视死亡的降临。

> 叶公问孔子于子路,子路不对。子曰:“女奚不曰,其为人也,发愤忘食,乐以忘忧,不知老之将至云尔。”(《论语·述而》)

学习之乐,一至于此!它让人忘记了吃饭,忘记了睡觉,忘记了忧愁,甚至忘记了老去和对死亡的恐惧!“朝闻道,夕死可矣。”

(《论语·里仁》) 孔子从学习中感受到的快乐是如此的强烈而持久,这是常人难以体会的。

学习铸就了孔子的辉煌人生。孔子被称为圣人,在人们的眼中是天才,不可学而得也。孔子虽然承认有天才的存在——他曾说:“生而知之者上也,学而知之者次也;困而学之,又其次也;困而不学,民斯为下矣。”(《论语·季氏》)但是孔子自己从来没有把自己看作天才:“我非生而知之者,好古,敏以求之者也。”(《论语·述而》)孔子也没把自己当成圣人:“若圣与仁,则吾岂敢? 抑为之不厌,诲人不倦,则可谓云尔已矣。”(《论语·述而》)孔子自己说得清楚明白——自己只是一个学而不厌、诲人不倦的人而已。然而,这正是一般人难以做到的。

孔子的一生,坎坷多于顺利,正如《列子》所说:“孔子明帝王之道,应时君之聘,伐树于宋,削迹于卫,穷于商周,困于陈蔡,受屈于季氏,见辱于阳虎,戚戚然以至于死。”但是,无论处于何种境况,他从没有放弃过学习。司马迁曾经评论说:“孔子晚而喜《易》——读《易》,韦编三绝。”孔子晚年非常喜欢研读《周易》,不知读了多少遍,就连串联竹简的牛皮绳都翻断了三次,这才为晦涩难懂的《周易》作了注释,并写下了《易传》。

始于学,终于学,成于学,这是孔子自己对自己一生学习经历的总结。从中我们不难看出,学习真正成为孔子的生活方式、精神追求和成长动力。孔子的学习人生几乎成为中国历代知识分子人生轨迹的范本,具有重大而深远的影响。这一点,丝毫不比孔子的思想价值和文化成就逊色,而我们对它的认识似乎还远远不够。

凡有所学，皆成性格

培根在一篇著名的随笔散文《论读书》中提出，“凡有所学，皆成性格”。他说：“读书使人充实，讨论使人机智，笔记使人准确。因此不常作笔记者须记忆特强，不常讨论者须天生聪颖，不常读书者须欺世有术，始能无知而显有知。读史使人明智，读诗使人灵秀，数学使人周密，科学使人深刻，伦理学使人庄重，逻辑修辞之学使人善辩：凡有所学，皆成性格。人之才智但有滞碍，无不可读适当之书使之顺畅，一如身体百病，皆可借相宜之运动除之。滚球利睾肾，射箭利胸肺，慢步利肠胃，骑术利头脑，诸如此类。如智力不集中，可令读数学，盖演题须全神贯注，稍有分散即须重演；如不能辨异，可令读经院哲学，盖是辈皆吹毛求疵之人；如不善求同，不善以一物阐证另一物，可令读律师之案卷。如此头脑中凡有缺陷，皆有特药可医。”

孔子曰：“入其国，其教可知也。其为人也，温柔敦厚，《诗》教也；疏通知远，《书》教也；广博易良，《乐》教也；洁静精微，《易》教也；恭俭庄敬，《礼》教也；属辞比事，《春秋》教也。”（《礼记·经解》）

可见，在这一点上，中外哲人所见略同。孔子还具体论述了学习对于完善自我人格的重要作用：

子曰:“由也,女闻六言六蔽矣乎?”对曰:“未也。”

“居! 吾语女。好仁不好学,其蔽也愚;好知不好学,其蔽也荡;好信不好学,其蔽也贼;好直不好学,其蔽也绞;好勇不好学,其蔽也乱;好刚不好学,其蔽也狂。”(《论语·阳货》)

孔子说:“子路,你听说过六种品德和六种弊病吗?”子路回答说:“没有。”孔子说:“坐下,我告诉你。爱好仁德而不爱好学习,它的弊病是受人愚弄;爱好智慧而不爱好学习,它的弊病是行为放荡;爱好诚信而不爱好学习,它的弊病是容易被人利用而害了自己;爱好直率却不爱好学习,它的弊病是说话尖刻;爱好勇敢却不爱好学习,它的弊病是犯上作乱;爱好刚强却不爱好学习,它的弊病是狂妄自大。”孔子认为,即使是属于人的美德的品质,如仁、知、信、直、勇、刚等,如果不结合学习的话,也会产生弊病。由此可见,学习对于完善人的品德有着多么重要的作用。孔子的论述包含着丰富的人生经验、社会经验和历史经验,值得我们珍视与学习。孔子自己就是通过不断的学习,来不断完善自我的。

仕而优则学

子夏曰:“仕而优则学,学而优则仕。”(《论语·子张》)

政治需要学习。正如荀子所说:“学者非必为仕,而仕者必如学。”(《荀子·大略》)以前常有人开玩笑说:“你什么都不会,就去当官吧。”仿佛当官是人生下来就能胜任的事,其实不然。不学无术的人是不能当官的，至少是当不好官的。《论语》里有个故事：

> 子路使子羔为费宰。子曰："贼夫人之子。"子路曰："有民人焉，有社稷焉，何必读书，然后为学？"子曰："是故恶夫佞者。"（《论语·先进》）

子路为季氏宰期间，推荐子羔做费邑宰，相当于今天的费县县长。二人同为孔子的弟子，有同学之谊，应该说，子路原本是一番好意。不料，孔子却大为不满，说道："这是害了别人的儿子！"子路辩解道："那地方有百姓，有土地和五谷，为什么一定要读书才算做学问呢？"孔子斥责他："你这是在强词夺理，叫人讨厌。"孔子认为不学而从政是误人子弟、害人子弟。

无独有偶，子产也认为不学而让人从政与其说爱之，不如说害之。

> 子皮欲使尹何为邑。子产曰："少，未知可否。"子皮曰："愿，吾爱之，不吾叛也。使夫往而学焉，夫亦愈知治矣。"子产曰："不可。人之爱人，求利之也。今吾子爱人则以政，犹未能操刀而使割也，其伤实多。子之爱人，伤之而已，其谁敢求爱于子？……子有美锦，不使人学制焉。大官、大邑，身之所庇也，而使学者制焉，其为美锦，不亦多乎？侨闻学而后入政，未闻以政学者也。若果行此，必有所害。譬如田猎，射御贯则能获禽，若未尝登车射御，则败绩厌覆是惧，何暇思获？"子皮曰："善哉！虎不敏。吾闻君子务知大者、远者，小人务知小者、近

者。我,小人也。衣服附在吾身,我知而慎之。大官、大邑所以庇身也,我远而慢之。微子之言,吾不知也。"(《左传·襄公三十一年》)

子皮想要让尹何来治理自己的封邑。子产说:"尹何年纪轻,不知道能不能胜任。"子皮说:"这个人谨慎善良,我喜欢他,他不会背叛我的。让他去学习一下,他也就更加知道该怎么处理事情了。"子产说:"不行。人家喜欢一个人,总是希望对这个人有利。现在您喜欢一个人却把政事交给他,这好像一个人不会用刀而让他去割东西,多半是要损伤他自己的。您喜欢他,不过是伤害他罢了,有谁还敢在您这里求得喜欢?……您有了漂亮的丝绸,是不会让别人用它来学习裁制的。大官和大的封邑是用来庇护自身的,却让学习的人去裁制,这比起漂亮的丝绸来价值不是多得多吗?我听说学习以后才能从政,没有听说用从政来学习的。如果真是这么办,一定会有所伤害。譬如打猎,熟悉射箭驾车的人就能获得猎物;如果从没有射过箭驾过车的人,那么只会担心翻车被压,哪里有闲心想获得猎物?"子皮说:"好啊!我真是不聪明。我听说君子懂得大的远的,小人只懂得小的近的。我是小人啊。衣服穿在我身上,我知道而且慎重对待它,大官和大的封邑是用来庇护自身的,我却疏远而且轻视它。如果没有您的这些话,我是不知道的。"

即便对于帝王来说,不学习也是不行的:

贞观二年,太宗谓房玄龄曰:"为人大须学问。朕往为群凶未定，东西征讨，躬亲戎事，不暇读书。比来四海安静，身处殿堂，不能自执书卷，使人读而听之。君臣父子，政教之道，共在书内。古人云：'不学，墙面，莅事惟烦。'不徒言也。却思少小时行事，大觉非也。"(《贞观政要·悔过》)

古人云：为官不学半个盗。那么，从政为什么需要学习呢？

学习可以为从政者提供思想道德保障。权力是一把双刃剑，它在善人手中，可以用来为民服务；相反，如果它落入了恶人的手里，则足以祸国殃民、害人害己。《易》云"厚德载物"，德不厚，不足以用权。盆成括就是这方面的例子：

盆成括仕于齐，孟子曰："死矣盆成括！"盆成括见杀，门人问曰："夫子何以知其将见杀？"曰："其为人也小有才，未闻君子之大道也，则足以杀其躯而已矣。"(《孟子·尽心下》)

盆成括虽小有才，但德不足。这样的人进入仕途，犹如一个稍习车技而不懂交通规则的人进入了高速公路狂奔，其危险可想而知。孟子预言盆成括死矣，不亦宜乎？

其实，古人讲学习，最重要的就是学做人的规则：

子夏曰："贤贤易色；事父母，能竭其力；事君，能致其身；与朋友交，言而有信。虽曰未学，吾必谓之学矣。"(《论语·学而》)

子曰："君子食无求饱，居无求安，敏于事而慎于言，就有

道而正焉,可谓好学也已。”(《论语·学而》)

子曰:“弟子,入则孝,出则悌,谨而信,泛爱众,而亲仁。行有余力,则以学文。”(《论语·学而》)

我们只有牢牢掌握了做人的规则,做事才有规则,做官才有规则;才会把权力放进制度的笼子里,才会避免使用权力时伤人害己。此为从政者学习之第一要义也。

学习可以为从政者奠定素质能力基础。政治是一项非常复杂的工作,需要广泛的知识、丰富的经验和多方面的领导才干。而这一切,不学习怎么能行呢?

领导干部应该把学习作为一种追求、一种爱好、一种健康的生活方式,做到好学乐学,如饥似渴地学习。只要坚持学习,必定会积少成多、积沙成塔、积跬步以至千里。

学习的态度

学习要有正确的态度,只有树立正确的学习态度,才能真正学到东西。

第一,要有实事求是的态度。只有具备实事求是的治学态度,才可以真正深入地学到东西。孔子正是因为具有实事求是的学习态度,才成为当时的大学问家的。

子曰:“知之为知之,不知为不知,是知也。”(《论语·为政》)

子曰："盖有不知而作之者，我无是也。多闻，择其善者而从之；多见而识之；知之次也。"（《论语·述而》）

子张学干禄。子曰："多闻阙疑，慎言其余，则寡尤；多见阙殆，慎行其余，则寡悔。言寡尤，行寡悔，禄在其中矣。"（《论语·为政》）

从上述引文可以看出，孔子是非常实事求是的，他认为"知道就是知道，不知道就是不知道，这才是真正的知识"。孔子对自己要求是很严格的，"有的人不懂装懂、凭空造作，我没有这种毛病。多多地听，选择其中好的加以接受；多多地看，并记在心里。这样的知识是仅次于'生而知之的'"。除此之外，孔子教导他的学生也要实事求是。他的学生子张向孔子学习求官职、得俸禄的方法。孔子告诉他："多听，有怀疑的地方，加以保留；其余有把握的部分，谨慎地说出，就能减少错误。多看，有怀疑的地方，加以保留；其余有把握的部分，谨慎地实行，就能减少懊悔。言语的错误少，行动的懊悔少，官职、俸禄就在这里面了。"孔子不仅是这样说的，也是这样做的。下面这则广为流传的故事，让我们看到了孔子实事求是的治学态度。

两小儿辩日

孔子东游，见两小儿辩斗，问其故。

一儿曰："我以日始出时去人近，而日中时远也。"

一儿以日初出远，而日中时近也。

一儿曰："日初出大如车盖；及日中，则如盘盂：此不为远者小而近者大乎？”

一儿曰：“日初出沧沧凉凉，及其日中如探汤，此不为近者热而远者凉乎？”

孔子不能决也。

两小儿笑曰：“孰为汝多知乎？”(《列子·汤问》)

孔子身为圣人，并作为当时著名的“学术权威”，面对年幼无知的小孩，他并没有爱惜自己的面子或利用自己的特殊身份，“强不知以为知”，做出硬性的回答，而是坦率地承认自己不知道，结果引来了两个小孩的嘲笑。承认自己的无知是需要勇气的，尤其面对“下人”时更是如此，更何况是被众人公认为最博学的人的孔子呢？但孔子的科学态度令人肃然起敬！如果孔子为了自己的脸面而不懂装懂，做出了错误的回答，这样的结果也许可以暂时避免两小儿的嘲笑——却有极大的可能成为流传千古的笑柄！

当前，不少人为了利益和名誉，早已把这一最重要的治学态度丢在了九霄云外，有的不懂装懂，凭空编造；有的竟干起了偷盗的勾当，抄袭别人的观点。这样的人怎能安下心来学点东西呢？

第二，要有持之以恒的韧劲。

子曰：“默而识之，学而不厌，诲人不倦，何有于我哉？”(《论语·述而》)

“学而不厌，诲人不倦”是孔子一生的真实写照。庄子说：“吾生也有涯，而知也无涯。”要用有限的人生去学习无限的知识，就需要不知疲倦、持之以恒的精神。我们先来看一个故事：

> 子贡问于孔子曰："赐倦于学矣，愿息事君。"
>
> 孔子曰："《诗》云：'温恭朝夕，执事有恪。'事君难，事君焉可息哉！"
>
> "然则赐愿息事亲。"
>
> 孔子曰："《诗》云：'孝子不匮，永锡尔类。'事亲难，事亲焉可息哉！"
>
> "然则赐愿息于妻子。"
>
> 孔子曰："《诗》云：'刑于寡妻，至于兄弟，以御于家邦。'妻子难，妻子焉可息哉！"
>
> "然则赐愿息于朋友。"
>
> 孔子曰："《诗》云：'朋友攸摄，摄以威仪。'朋友难，朋友焉可息哉！"
>
> "然则赐愿息耕。"
>
> 孔子曰："《诗》云：'昼尔于茅，宵尔索绹。亟其乘屋，其始播百谷。'耕难，耕焉可息哉！"
>
> "然则赐无息者乎？"
>
> 孔子曰："望其圹，皋如也，嵮如也，鬲如也，此则知所息矣。"子贡曰："大哉死乎！君子息焉，小人休焉。"（《荀子·大略》）

有一天，子贡觉得学习太累了，想要歇一歇，于是坦率地向老师提出了自己的想法。孔子不但没有生气，还对他的想法一一做了详细回答。子贡一开始想弃学从政，认为事君可以休息一下。孔子告诉他事君不易，要恪尽职守，怎么能休息呢！子贡又提出事亲，孔子说："想当个孝子也不易，事亲怎么能休息呢！"子贡又提出和妻子、朋友在一块儿，孔子告诉他要做妻子的榜样，要规劝自己的朋友，不能够休息。最后，子贡干脆提出回家种地，觉得这样就可以休息了。孔子说："种地要起早贪黑地劳作，种地也难，怎么能休息呢？"子贡绝望地说道："难道我就没有可以歇歇的时候了吗？"孔子说："怎么没有呢？人死进入坟墓的时候就可以休息了。"孔子循循善诱，引经据典，有理有据，雄辩地证明了做什么事都需要下功夫，都不能松懈。子贡当然体会了老师的意思，心想：得了，还是安心学习吧。

第三，要有以学为乐的境界。只有把学习看作快乐的事情，才能发自内心的热爱学习。许多人之所以不能坚持不懈地学习，就是因为其学习的动力来自于外在的需要。一旦这种需要得到满足或者不存在了，学习的动力也就减弱乃至消失了。孔子一生能够毫不懈怠地学习，就是因为他视学习为自己最大的乐趣：

> 子曰："知之者不如好之者，好之者不如乐之者。"（《论语·雍也》）

孔子把学习分为三个层次。第一个层次：知之。知之，大概是人生之必需，是为稻粱谋，如升学备考、应付招聘、评职称等，不能不学，由不得自己选择。第二个层次：好之。这就在某种程度、某种范围上超脱了生活手段的范畴，把学习上升为人生的兴趣爱好，为了这个爱好可以牺牲一些物质生活方面的利益。但这也许让自己觉得很痛苦,甚至后悔,自己的爱好并非一定给自己带来快乐。第三个层次:乐之。乐之,大概指忘记了自己的得失成败,以学习作为自己人生的快乐。因为把它作为自己人生的快乐,所以能够成为自己人生最深刻、最持久的学习动力,也就能够忍受在常人看来难以忍受的困难、挫折和痛苦。能够达到第三境界的人是很少见的,孔子就是这样的人。“叶公问孔子于子路,子路不对。子曰:‘女奚不曰,其为人也,发愤忘食,乐以忘忧,不知老之将至云尔。’”(《论语·述而》)在孔子的弟子中,能够做到这一点的大概要算颜回了。子曰:“贤哉,回也!一箪食,一瓢饮,在陋巷,人不堪其忧,回也不改其乐。贤哉,回也!”(《论语·雍也》)

子曰:“君子食无求饱,居无求安,敏于事而慎于言,就有道而正焉,可谓好学也已。”(《论语·学而》)之所以能够忍受外在物质生活的贫困,是因为有精神方面的享受。能以精神的享受战胜物质的痛苦,这是人类崇高之所在。

学习的途径

孔子的博学多才得益于他能够通过多种途径广泛而深入地进行学习,其学习的途径主要有三条。

第一,向书本学习。人们把学习叫作读书,可见向书本学习是多么重要。一个人首先要通过读书掌握人类已有的知识,学习别人的经验,才能获取生活的技能和本领。

子谓伯鱼曰:"女为《周南》《召南》矣乎？人而不为《周南》《召南》,其犹正墙面而立也与?"(《论语·阳货》)

陈亢问于伯鱼曰:"子亦有异闻乎?"对曰:"未也。尝独立,鲤趋而过庭。曰:'学诗乎?'对曰:'未也。''不学诗,无以言。'鲤退而学诗。他日,又独立,鲤趋而过庭。曰:'学礼乎?'对曰:'未也。''不学礼,无以立。'鲤退而学礼。闻斯二者。"陈亢退而喜曰:"问一得三,闻诗,闻礼,又闻君子之远其子也。"(《论语·季氏》)

伯鱼是孔子的儿子。在学习上方面,孔子虽然对自己的儿子没有特别的照顾,但也没有放任不管。《论语》中就有上述两处孔子教育儿子的记载。孔子对伯鱼说:"你学习《周南》《召南》了吗?一个人如果不学习《周南》《召南》,那就像面对墙壁而站着吧!"孔子告诉伯鱼,一个人如果不学习前人积累的知识、不了解人类文明的成果,就会处在黑暗之中,如面墙而立。孔子还告诉伯鱼,只有好好读书学习才能学会立身处世。孔子对儿子的教育是很深刻的。

子曰:"小子何莫学夫诗？诗,可以兴,可以观,可以群,可以怨。迩之事父,远之事君;多识于鸟兽草木之名。"(《论语·阳货》)

南怀瑾对这几句话作了深入细致的阐述:

诗“可以兴”，兴就是排遣情感，人的情感有时候很痛苦，人生有许多烦恼，对父母、妻、儿、朋友都无法说的，如果自己有文学或艺术境界，再不然就写写毛笔字，乱画一阵，也把怨气画去了，绘画也好，诗词更好，所以诗可以兴。这个兴是兴致，就是一切感情的发挥。

“可以观”，在诗的当中可以得到很多道理，得到很多启发。对自己的诗，也可以看出自己思想的路线与情绪。看一个人的作品，大致上就可以断定作者的个性。说写字吧，过去就名为“心画”，同样的毛笔，一万人写同样的字帖，可是一万人写出来的都不同。所以中国人看毛笔字，可以知道写字者的个性，寿命的长短，前途的祸福，现在发现钢笔字、铅笔字一样可以看出人的个性。“观”就是这个道理，从作品中可以了解人。

“可以群”，也可以合群，自己调整心境，朋友之间、社会之间，可以敬业乐群而不孤立，所谓以文会友。

“可以怨”，这很明显的，有了文学的修养，可以发牢骚了，有时心里的苦闷没有办法发出来，压制在里面，慢慢变成病。脾气大的人、情绪不好的人，心里很多痛苦压制下去，往往得肝病、精神病，所以需要修养，可是修养并不是压制，是自己疏导，不能疏导也不行，人的牢骚往哪里发？会作诗就可以发牢骚了。有文学艺术修养，在文学艺术境界上可以把牢骚发泄掉。

“迩之事父”，近一点可以孝顺父母。怎样孝顺？有艺术修养，侍奉父母，则有乐观态度。

"远之事君",远大一点可以对国家社会有贡献。

最后一句话,因为喜欢在文学方面多研究,喜欢诗词,就"多识于鸟、兽、草、木之名"。知识渊博了,等于学了现在的"博物"这一科,什么都知道了。我们要知道,孔子的时代,工具书是绝对没有的,就靠--些诗才知道。工具书从唐宋以后才有编辑;《辞源》《辞海》是民国时代,根据《渊鉴类函》《佩文韵府》这些类书编的,而这类书都是后世才有。例如汉代左思作《三都赋》,花了十年的时间,并非是文章难作,而是当时没有类书。所谓虫鱼鸟兽、人物,等等,资料难以收集,何况远在春秋时代?孔子当时所以特别提倡学诗,也是为了获得各种各样的知识。这是孔子教学生们一定要学诗的道理。(南怀瑾《论语别裁·阳货》)

书籍是人类进步的阶梯,是人类文明的载体。我们只有广泛而深入地学习人类一切优秀的历史文化,才能丰富和发展自己,才能推动历史进一步发展。

第二,向大众学习。人民群众中蕴藏着无穷的智慧和力量,而孔子认识到了这一点:

卫公孙朝问于子贡曰:"仲尼焉学?"子贡曰:"文武之道,未坠于地,在人。贤者识其大者,不贤者识其小者。莫不有文武之道焉。夫子焉不学?而亦何常师之有?"(《论语·子张》)

子曰:"三人行,必有我师焉:择其善者而从之,其不善者而改之。"(《论语·述而》)

卫国的公孙朝问子贡说:“仲尼的学问是从哪里学来的?”子贡说:“周文王武王的道,并没有失传,还留在人们中间。贤能的人可以了解它的根本,不贤的人只了解它的末节,没有什么地方无文王武王之道。我们老师无处不学,又何必要有固定的老师呢?”“圣人无常师”,正好说明了孔子是做到了随时随地向任何人学习的。孔子是真正拜人民为师的鼻祖。同时,孔子的学习又是非常理性的:别人好的地方,他就学习并且加以实践;不好的地方,他就反思自己并且加以改正。可以说,孔子的学习态度既主动又科学,值得我们学习和借鉴。孔子师徒之间也互相取长补短,真正做到了教学相长。

子夏问孔子曰:“颜回之为人奚若?”子曰:“回之仁贤于丘也。”曰:“子贡之为人奚若?”子曰:“赐之辩贤于丘也。”曰:“子路之为人奚若?”子曰:“由之勇贤于丘也。”曰:“子张之为人奚若?”子曰:“师之庄贤于丘也。”子夏避席而问曰:“然则四子者何为事夫子?”曰:“居! 吾语汝。夫回能仁而不能反,赐能辩而不能讷,由能勇而不能怯,师能庄而不能同。兼四子之有以易吾,吾弗许也,此其所以事吾而不贰也。”(《列子·仲尼》)

关于孔子虚心向别人学习的故事很多,散见于史书、诸子百家、民间传说等。现举两例:

一是孔子问礼于老子的故事:

鲁南宫敬叔言鲁君曰:“请与孔子适周。”鲁君与之一乘车，两马，一竖子俱，适周问礼，盖见老子云。辞去，而老子送之曰：“吾闻富贵者送人以财，仁人者送人以言。吾不能富贵，窃仁人之号，送子以言，曰：‘聪明深察而近于死者，好议人者也。博辩广大危其身者，发人之恶者也。为人子者毋以有己，为人臣者毋以有己。’”孔子自周反于鲁，弟子稍益进焉。（《史记·孔子世家》）

孔子向当时的老子学习，颇有收获，其弟子的数量也因此而更多了。

二是孔子拜项橐为师的故事：

传说，有一次孔子师徒在大路上行走，遇到一群孩子在路中间玩耍，其他小孩见车来了，便赶快躲避到路边，唯有一个小孩仍然站立不动。孔子问他为何不让路，只见那小孩不慌不忙地答道：“自古只听说车绕城的，没有听说过城让车的。”孔子问哪里有城，孩子指着摆在路中央的石头城，理直气壮地说道：“这不是城吗？”孔子被小孩的胆识和智慧所折服，便拜这位小孩为师。这个小孩，就是只有七岁的项橐。这当然只是一个传说，但这个传说却生动地表现了孔子虚心向众人学习的可贵精神。

项橐是春秋时期鲁国的一位神童，虽然当时只有七岁，孔夫子依然把他当作老师一般请教，后世尊项橐为圣公。《战国策·秦策五》记载：“甘罗曰：‘夫项橐生七岁而为孔子师，今臣生十二岁于兹矣！君其试臣，奚以遽言叱也？’”《三字经》记述：“昔仲尼，师项橐，古圣贤，尚勤学。”后以“项橐”代称早慧的儿童。

第三，向实践学习。俗语说，实践出真知。孔子由于早年失去父母,不得不独自谋生,这就使他有机会从实践中学到许多书本上没有的知识。《史记·孔子世家》记载:“孔子贫且贱。及长,尝为季氏史,料量平;尝为司职吏而畜蕃息。由是为司空。”孔子由于家庭贫贱,长大之后便不得不从低级的职业干起。他曾给季氏做过管理仓库的小吏,出纳钱粮算得公平准确;也曾任管理牧场的小吏,使牲畜蕃息。由于孔子非常敬业,并且做得比较出色,又升任主管营建工程的司空。这种人生经历,让孔子比较早、比较多地接触到了社会实践,从而增加了社会知识,增长了社会才干。

> 太宰问于子贡曰:“夫子圣者与!何其多能也?”子贡曰:“固天纵之将圣,又多能也。”子闻之曰:“太宰知我乎!吾少也贱,故多能鄙事。君子多乎哉?不多也!”
>
> 牢曰:“子云:‘吾不试,故艺。’”(《论语·子罕》)

太宰问子贡说:“孔夫子是位圣人吧?为什么这样多才多艺呢?”子贡说:“这本是上天让他成为圣人,而且使他多才多艺。”孔子听到后说:“太宰怎么会了解我呢?我因为少年时地位低贱,所以会许多卑贱的技艺。真正的君子会有这么多的技艺吗?是不会的。”牢说:“孔子说过,我不曾被国家所用,所以学得一些技艺。”从这些话中可以看出,早年的社会实践让孔子学习了很多知识和技能。后来,孔子“去鲁,斥乎齐,逐乎宋、卫,困于陈蔡之间,于是反鲁”(《史记·孔子世家》)。在周游列国的过程中,孔子经历了很多艰难坎坷,让他更加具体、深刻地了解到当时的社会现实,也使他的人生阅历更加丰富。这些,无疑为孔子思想的形成提供了丰厚的现实土壤和人生经验。

孔子的思想之所以能够穿越历史时空而具有长久乃至永恒的生命力，是与它拥有的现实基础分不开的。

学习的方法

在《论语》中，孔子和他的弟子们多次谈到学习方法的问题。前面谈到的学习态度和学习途径有不少也是学习方法。这里着重谈谈以下几种方法。

第一，学思并重。学思结合是最基本的学习方法，而在学习实践中，不少人往往不自觉地把学与思割裂开来。这是非常有害的。

> 子曰："学而不思则罔，思而不学则殆。"（《论语·为政》）

只学习不思考就会受骗，只空想不学习就会危险。学习和思考相结合是最重要的学习方法。

学习要有独立思考的精神，如果学习时只顾不加批判地接受而不加以思考，就有可能上当受骗。孟子云："尽信书，则不如无书。"（《孟子·尽心下》）这是相当深刻的。

第二，温故知新。这是一种很重要、很有效的学习方法。反复是学习之母，在不断学习旧知识的过程中感悟出新的东西，做到推陈出新，这也是创新的一种基本方法。

> 子曰："温故而知新，可以为师矣。"（《论语·为政》）
> 子曰："学而时习之，不亦说乎？"（《论语·学而》）

> 子夏曰："日知其所亡，月无忘其所能，可谓好学也已矣。"（《论语·子张》）

由"温故而知新，可以为师矣"一句，可见温故知新在学习中的地位和作用。不少人在读过某本书之后，便将其束之高阁、置诸脑后了。这样"一过"的读书法，往往如过眼云烟，读过也就忘了；读过的书，既然在脑海里没有留下什么深刻的痕迹，当然，也就没有什么新的理解和体会。书是看过了，但对提高自己的素质能力没有多少切实的作用。这样的学习方法，就如同黑瞎子掰棒子的方法——棒子掰了不少，最后的收获却了了。因此，要想真正学点东西，学深学透，学以致用，就必须采用温故知新的学习方法。古往今来的大学问家，大都是深谙此道的。

第三，层层深入。学习最忌浅尝辄止，对于重要的东西，要下功夫学深学透，掌握其本质规律。

> 孔子学鼓琴师襄子，十日不进。师襄子曰："可以益矣。"孔子曰："丘已习其曲矣，未得其数也。"有间，曰："已习其数，可以益矣。"孔子曰："丘未得其志也。"有间，曰："已习其志，可以益矣。"孔子曰："丘未得其为人也。"有间，曰："有所穆然深思焉，有所怡然高望而远志焉。"曰："丘得其为人，黯然而黑，几然而长，眼如望羊，如王四国，非文王其谁能为此也！"师襄子辟席再拜，曰："师盖云《文王操》也。"（《史记·孔子世家》）

孔子向师襄子学习弹琴，学了十天仍止步不进。师襄子说：

“可以增加学习内容了。”孔子说：“我已经熟习曲子，但还没有掌握演奏的技巧。”过了一段时间，师襄子说：“已经熟习演奏的技巧，可以继续往下学了。”孔子说：“我还没有领会其中的志趣。”过了一段时间，师襄子说：“已经熟习其中的志趣，可以继续往下学了。”孔子说：“我还不知道乐曲的作者啊。”过了一段时间，孔子默然沉思，心旷神怡，高瞻远望而意志升华，说道：“我知道乐曲的作者了，那人皮肤深黑，体形颀长，眼睛深邃远望，如同统治着四方诸侯，不是周文王还有谁能写作这首乐曲呢！”师襄子离开座席连行两次拜礼，说：“老师说的这乐曲叫作《文王操》啊。”

学习与创新

创新是一个民族进步的灵魂，是一个国家兴旺发达的不竭动力，也是中华民族最深沉的民族禀赋。中华民族自古以来就是富有创新精神的伟大民族。

> 富有之谓大业，日新之谓盛德。（《周易·系辞上》）
>
> 汤之盘铭曰：“苟日新，日日新，又日新。”（《礼记·大学》）

“苟日新，日日新，又日新”是商朝的开国君主成汤刻在澡盆上的警词，旨在激励自己自强不息，创新不已。文中三个“新”字，本义是指洗澡除去肌肤上的污垢，使身体焕然一新，在这里引申为精神上的弃旧图新。因此，这句话的意思是：如果能每天除旧更新，就要持之以恒。“苟日新,日日新,又日新”是从动态角度来强调不断革新的,“创新”一词即滥觞于此。

“君子之学必日新,日新者日进也。不日新者必日退,未有不进而不退者。”(《二程集·河南程氏遗书·卷第二十五》)

这是程颐之语。他认为,君子学习一定要做到日新,日新就是每一天都要有进步。清人张伯行释曰:“君子之为学也,必刻励其功,濯旧见以来新机,使其所得有日新之益。……若不日新,便是心有间断,私欲相乘,非昏则倦,日退必矣。未有半上落下,能站得住,不进而不退者。”

有人认为儒学是保守的,孔子是守旧的。这是一种偏见。其实,儒学作为一种学说思想,之所以有如此强大的生命力,历久而弥新,其秘诀就在于不断创新。从孔子创立以来,历经孟子、董仲舒、程颢、程颐、朱熹、陆九渊、王守仁、当代新儒家等一大批儒学大师的继承和创新,儒学不断以新的形态和方式焕发出新的生机和活力。孔子是非常注重创新的人,他说:“温故而知新,可以为师矣。”(《论语·为政》)这句话,长期以来被认为是一种学习的方法。实际上,它不仅是一种学习方法,还是一种创新的普遍规律。凡所创新,绝非无中生有,而是有中生无,因此,一切创新都须“温故”以学其“有”,而又必须“知新”,以生其“无”,也就是通常所说的“继承”和“发展”的关系。创新就是“继承”和“发展”的辩证统一。正是因为创新是“继承”和“发展”的统一,所以历史的脉络才

有“章”可循,“百世可知”:

> 子张问:“十世可知也?”子曰:“殷因于夏礼,所损益,可知也;周因于殷礼,所损益,可知也。其或继周者,虽百世,可知也。”(《论语·为政》)

孔子本人更是“继承”和“发展”的创新典范。柳诒徵说:

> 孔子者,中国文化之中心也。无孔子则无中国文化。自孔子以前数千年之文化,赖孔子而传;自孔子以后数千年之文化,赖孔子而开。(柳诒徵《中国文化史(上)》)

创新,是五大发展理念之首。在激烈的国际竞争中,唯创新者进,唯创新者强,唯创新者胜。生活从不眷顾因循守旧、满足现状者,从不等待不思进取、坐享其成者,而是将更多机遇留给善于和勇于创新的人们。

创新意识和创新思维是时代的要求,是作为一个新时期的领导者应该具备的基本素质。只有领导者具有了创新意识和创新思维,才能真正树立和贯彻创新的发展理念,才能创造性地开展工作,才能不断提高领导力。

第十一章　见贤思齐——自省自律力

子曰："见贤思齐焉，见不贤而内自省也。"

——《论语·里仁》

一个人应该有两双眼睛：一双眼睛向外，观察客观世界；一双眼睛向内，观察自己的主观世界。这样，才能做到在改造客观世界的同时改造自己的主观世界。这双向内的眼睛，就是人的自省自律能力。一个好的领导者、一个好的政党，要有自省自律的意识和能力。这样，才能确保自己或组织始终沿着正确的道路前进。

三省吾身

苏格拉底曾经说过，未经审思的生活是不值得过的。自省是儒家文化的鲜明特色，是儒家修身养性的重要路径。

曾子曰："吾日三省吾身——为人谋而不忠乎？与朋友交而不信乎？传不习乎？"(《论语·学而》)

孔子提出了自省的基本目标,曾子则提出了自省的具体要求。自我反省反映了儒家严己宽人的处世态度。儒家圣贤反复教导人们:凡是待人处世有行不通的时候,首先就要反省自己是否存在不仁、不信、无礼等方面的问题,而不是首先埋怨别人。

孔子说:

君子求诸己,小人求诸人。(《论语·卫灵公》)

人不知,而不愠,不亦君子乎?(《论语·学而》)

躬自厚而薄责于人,则远怨矣。(《论语·卫灵公》)

颜回说:

吾闻诸孔子曰:“言人之恶,非所以美己;言人之枉,非所以正己。”故君子攻其恶,无攻人恶。(《孔子家语·颜回》)

曾子说:

同游而不见爱者,吾必不仁也;交而不见敬者,吾必不长也;临财而不见信者,吾必不信也。三者在身,曷怨人?怨人者穷,怨天者无识。失之己而反诸人,岂不亦迂哉!(《荀子·法行》)

孟子说:

爱人不亲，反其仁；治人不治，反其智；礼人不答，反其敬——行有不得者皆反求诸己，其身正而天下归之。(《孟子·离娄上》)

仁者如射：射者正己而后发；发而不中，不怨胜己者，反求诸己而已矣。(《孟子·公孙丑上》)

朱熹说：

责己厚，故身益修；责人薄，故人易从，所以人不得而怨之。(《论语集注》)

凡事遇有不通，不怨天、不尤人，皆反求诸己，发现自身存在的问题而加以改正，这既是君子严于律己的美德所在，亦是其进德修业之基本路径。其实，儒家这一“躬自厚而薄责于人”的人生态度是基于对社会和人生经验深刻洞察的基础之上的，是人生的重要智慧。怨天尤人的结果不仅无益，反而有害。人生于世，需要我们客观理性地看待自己，这样才会变得清醒、平和。因为一个人生活于社会之中，个人的命运际遇究竟如何，是各种因素综合作用的结果，实在是我们个人左右不了的。荀子说得好：

君子能为可贵，不能使人必贵己；能为可信，不能使人必信己；能为可用，不能使人必用己。(《荀子·非十二子》)

孟子也说：

> 求则得之，舍则失之，是求有益于得也，求在我者也。求之有道，得之有命，是求无益于得也，求在外者也。（《孟子·尽心上》）

明白了这些道理，我们才会知道，我们的人生到底该在哪里着笔，那就是——首先做最好的自己！至于能不能得到别人的认可和赏识，则不必过分挂怀。与其浪费时间过分关注别人的眼光，不如沉下心来做好自己的事情。要知道，在这个世界上，你不能改变任何人——除了你自己！

自省的意义首先就在于让自己不断地发现这一点，从而不断地改变自己，让自己与世界相处得越来越好。

自省也是改变自身缺点的客观需要。每个人都有缺点和不足，而别人出于种种原因往往不能告诉自己，这就需要“自知”。如果没有养成自我反省的习惯，就很难发现自己的缺点和不足，也就无从谈起改正和弥补了。

> 人有偏蔽，终身莫自知己矣。贤者见之宽恕而不言，小人暴爱而溢言，亲戚怜嫉而贰言。人有偏蔽，恶乎不自知哉？是故君子检身常若有过。（《亢仓子·训道》）

人有偏见、受到蒙蔽，也许终生都不会知道。贤人因为性格宽容而不愿意多说你的短处，小人因有求于你而多有溢美之词，亲戚因爱护你所以常顺从你的脾气。因此,人有缺点和偏见,怎能不努力自知呢? 所以,君子要检点自己,随时反省自身,就像常有过失一样。只有这样严格地自我反省,才会使自己变得越来越聪明、越来越强大。正如司马迁所说:"反听之谓聪,内视之谓明,自胜之谓强。"(《史记·商君列传》)

自省的重点在于克服自己的私欲。时时省察并驱逐自己的私欲,直至彻底清除,这样才能成为一个纯粹的人。王阳明说得好:

省察克治之功,则无时而可间,如去盗贼,须有个扫除廓清之意。无事时,将好色、好货、好名等私逐一追究,搜寻出来,定要拔去病根,永不复起,方始为快。常如猫之捕鼠,一眼看着,一耳听着,才有一念萌动,即与克去。斩钉截铁,不可姑容,与他方便。不可窝藏,不可放他出路,方是真实用功,方能扫除廓清。到得无私可克,自有端拱时在。

……

殊不知私欲日生,如地上尘,一日不扫,便又有一层。着实用功,便见道无终穷,愈探愈深,必使精白无一毫不彻方可。

……

人若真实切己用功不已,则于此心天理之精微日见一日,私欲之细微亦日见一日。若不用克己工夫,终日只是说话而已,天理终不自见,私欲亦终不自见。如人走路一般,走得一段,方认得一段;走到歧路处,有疑便问,问了又走,方渐能到得欲到之处。今人于已知之天理不肯存,已知之人欲不肯去,且只管愁不能尽知,只管闲讲,何益之有?且待克得自己无私

可克，方愁不能尽知，亦未迟在。(王阳明《传习录》)

克服私欲，犹如战斗：一刻不能松懈，不能给它留下任何喘息的机会；直到彻底胜利，无私可克，才能收兵。

人要学会时时处处反省自己，从各个方面严格要求自己。如孔子的“三思”“九思”之说：

孔子曰：“君子有三思，而不可不思也。少而不学，长无能也；老而不教，死无思也；有而不施，穷无与也。是故君子少思长则学，老思死则教，有思穷则施也。”(《荀子·法行》)

孔子曰：“君子有九思：视思明，听思聪，色思温，貌思恭，言思忠，事思敬，疑思问，忿思难，见得思义。”(《论语·季氏》)

自省，需要我们拿“镜子”来照一照自己。唐太宗提出人有三面镜子：“夫以铜为镜，可以正衣冠；以古为镜，可以知兴替；以人为镜，可以明得失。”(《旧唐书·魏徵传》)墨子提出：“君子不镜于水而镜于人。镜于水，见面之容；镜于人，则知吉与凶。”(《墨子·非攻中》)

人生四慎

一个人容易出问题的方面，往往就在那么几个“关键点”上，如果没有清醒地把持住，就会造成“一失足成千古恨”的人生悲剧。因此，在容易犯错的“关键点”上尽力克制自己，是防止人生走向歧途的有效办法。“慎独、慎始、慎终、慎微”，就是人生面临考验的几个重要的“关键点”。所以，自古圣贤教人做人，必于此特别标示以警人，犹如深水边、悬崖处的警示牌，告诉人要当心！

关于慎独。《中庸》曰：

> 道也者，不可须臾离也，可离非道也。是故君子戒慎乎其所不睹，恐惧乎其所不闻。莫见乎隐，莫显乎微，故君子慎其独也。

“道”就是做人的基本道理，是一刻也不能离开的，要是离开了就不是真正“道”了。因此，作为一名君子要特别注意在别人看不到的地方保持谨慎戒备，在别人听不到的地方保持恐惧之心。不要在幽隐之处表现、不要在细微之事显露（不合“道”的行为）。因此，君子是非常注重慎独的。这是从“道”的普遍存在性、不可违背性来论证君子慎独的道理。无论任何时候，只要做出了有违“道”的行为，都会败露无遗；所谓“天网恢恢，疏而不漏”，所谓“莫伸手，伸手必被捉”，所谓“要想人不知，除非己莫为”等，说的都是这个道理。历史上杨震却金的故事，告诉人们的也是这个道理。

东汉安帝时的荆州刺史杨震，在史书中以“性公廉，不受私谒”著称。他去荆州赴任，道经昌邑。昌邑县令王密为表达对杨震当年的提携之恩，乘夜给他送去十两金子，并说：“天黑，无人知晓。”杨震当即批评他：“天知，神知，我知，子知，何谓无知？”王密听了杨震的一番话后“羞愧而出”。

有些人之所以不能做到“慎独”，成为“人前一套，人后一套；台上一套，台下一套”的“两面人”，就是因为心存“侥幸”，认为自己做得十分“隐蔽”，别人发现不了。其实，《大学》中说得明白：

> 小人闲居为不善，无所不至，见君子，而后厌然。掩其不善，而著其善。人之视己，如见其肺肝然，则何益矣？此谓诚于中，形于外。故君子必慎其独也。

道德低下的小人在别人看不见的时候干坏事，什么坏事都能干得出来。可是当他们看到道德高尚的君子时，就躲躲闪闪将自己伪装起来，尽力掩盖他们干的坏事，特意表现自己善良的一面。他们没有想到，这又有什么用呢？别人一眼就能看穿他们邪恶的本质，就像看透他们的心肝肺腑一样。这就是说，内在的真实德性，一定会有相应的形象表现出来。所以，君子一定要在自己独处、别人看不见的地方谨慎自己的言行举动。这是从众人监督的角度来论述慎独的重要性。曾子曰：“十目所视，十手所指，其严乎！”（《大学》）道理就在于此。

关于慎始。“慎始”一词出自《左传·襄公二十五年》：“慎始而敬终，终以不困。”这里有一个含义深刻的故事：

明代哲学家、都察院副都御史王廷相，对新进御史张瀚没讲什么大道理，只讲了自己乘轿时的一个见闻：昨天他乘轿进城遇雨，抬轿的一个轿夫穿了双新鞋，从灰厂到长安街时，这个轿夫仍择地而行，怕弄脏鞋。进城后泥泞渐多，轿夫一不小心踩进泥水之中，把一只鞋弄脏了。为了不让另一只鞋弄脏，轿夫仍择地而行，后来不小心又把这只鞋弄脏了，轿夫便“不复顾惜”了。王延相由此而告诫张瀚说:“居身之道,亦犹是耳。倘一失足,将无所不至矣!”张瀚听后,“退而佩服公言,终身不敢忘”,成为明朝的一代良臣。

这个轿夫的经历,其实是比较普遍的一种现象。我们不只对被弄脏的新鞋会“不复顾惜”,对其他东西也会这样。比如,对于刚买来的新书,我们小心翼翼,甚至要净手抹桌子之后再展卷阅读,生怕将其弄脏、弄坏了;可时间一长,随着阅读次数的增多,书不可避免地变脏或褪色了,这时,我们也就不再那么小心注意了,此所谓“破窗效应”,俗语所谓“破罐子破摔”也。因此,要特别慎重,好多人就是因为有了第一次,才有第二次、第三次……从而使自己的人生走向了岔路。

关于慎终。《诗》云:“靡不有初,鲜克有终。”这说明一个人要做到有始有终、善始善终,并非易事。一件事,如果有头无尾,还可以从头再来或者改做另一件;一个人,如果善始而不善终,那就很难挽回了,原因很简单:人生不可从头再来。人生有些事是由“多”决定“一”的,经过“多”的付出而终于有了“一”的成功,比如一个人拥有较高的领导岗位,无不是经过多年历练的结果;而有些事是由“一”决定“多”的,由于“一”次的错误而毁弃了“多”次的努力,比如一个人贪污受贿,就把其多年的名节玷污了。“不恒其德,或承之羞。”(《周易·恒》)老子说得好:

> 民之从事,常于几成而败之。慎终如始,则无败事。(《道德经》第六十四章)

作为一名领导者,要特别注意保持晚节。许多领导者,之所以在临近退休的时候出问题，就是因为他们认为，在交出权力前的最后几年捞点好处可以让自己的老年生活过得更优裕一点，可万万没有想到：自己一生的奋斗成果却毁于一旦！因此，从政为官者一定要牢记孔子的教诲："及其老也，血气既衰，戒之在得。"老年人更应有知足常乐的心态，"居易以俟命"，保持晚节，安享晚年，为自己的人生画上圆满、完美的句号，留给后人"其生也荣，其死也哀"的赞叹和思念。人生孰大于是！

关于慎微。古人云："不矜细行，终累大德。"有些人，正因为事小未引起人充分注意，或虽注意了但没有给予足够重视，结果，就倒在了这个"微"字上。道自微而生，祸自微而成。微，不可不慎也。

任何事情，都有一个由小到大、由少到多的变化过程：

> 合抱之木，生于毫末；九层之台，起于累土；千里之行，始于足下。（《道德经》第六十四章）
>
> 尽小者大，慎微者著。（《资治通鉴·汉纪九》）

因此，勿以恶小而为之，勿以善小而不为。

益者三友，损者三友

孔子说："有朋自远方来，不亦乐乎？"（《论语·学而》）爱因斯坦说："世间最好的东西，莫过于有几个头脑和心地都很正直的严正的朋友。"每个人都需要朋友。交友看起来是很个人的事情，但作为领导,交友就不仅仅是个人的事情了。身为领导干部,一定要有严格的交友原则。

第一,要慎交友。“君人者不可以不慎取臣,匹夫不可以不慎取友。友者,所以相有也。道不同,何以相有也?均薪施火,火就燥;平地注水,水流湿。夫类之相从也,如此之著也, 以友观人,焉所疑?取友善人,不可不慎,是德之基也。”(《荀子·大略》)曾国藩曾说过:“一生之成败,皆关乎朋友之贤否,不可不慎也。”如果交友不慎,可能会后患无穷,即“始交不慎,后必成仇”。古今中外,因交友不慎而惹火烧身者大有人在;在我们党员干部队伍中,因交友不慎而被拉下水者也绝非个例。有的贪官直到锒铛入狱之后才如梦初醒,后悔不迭,他们的一个重要教训就是交了一群不该交的朋友。正像一个贪官所说的那样:“说过来说过去,说到底就是那些铁哥们把自己送进了铁笼子。”

第二,要善择友。“君子择而后交,小人交而后择。”只有善于择而后交,才能分清良莠,掌握交友的主动权,避免上当受骗。

孔子曰:“益者三友,损者三友。友直,友谅,友多闻,益矣。友便辟,友善柔,友便佞,损矣。”(《论语·季氏》)

孔子曰:“有益的朋友有三种,有害的朋友有三种。同正直的人交友,同诚信的人交友,同见闻广博的人交友,是有益的。同谄媚奉承的人交友,同当面恭维背面毁谤的人交友,同夸夸其谈的人交友,是有害的。”益者三友,君子也;损者三友,小人也。对于君子,要诚心诚意地交;对于小人,则要果断地敬而远之,拒而绝之。

孔子说“无友不如己者”(《论语·学而》),对于品行不端的人,不要与之交往。交好友,增德进业;交坏友,败德毁业。古人对此多有教诲。荀子说:

> 夫人虽有性质美而心辩知,必将求贤师而事之,择良友而友之。得贤师而事之,则所闻者尧、舜、禹、汤之道也;得良友而友之,则所见者忠信敬让之行也。身日进于仁义而不自知也者,靡使然也。今与不善人处,则所闻者欺诬诈伪也,所见者污漫、淫邪、贪利之行也,身且加于刑戮而不自知者,靡使然也。传曰:“不知其子视其友,不知其君视其左右。”靡而已矣,靡而已矣。(《荀子·性恶》)

文中“靡”通“摩”,熏陶、影响之意,说明了朋友对一个人潜移默化的作用。欧阳修在其《朋党论》里说得好:

> 君子与君子以同道为朋,小人与小人以同利为朋,此自然之理也。
>
> 然臣谓小人无朋,惟君子则有之。其何故哉?小人所好者禄利也,所贪者财货也。当其同利之时,暂相党引以为朋者,伪也;及其见利而争先,或利尽而交疏,则反相贼害,虽其兄弟亲戚,不能相保。……君子则不然。所守者道义,所行者忠信,所惜者名节。以之修身,则同道而相益;以之事国,则同心而共济;终始如一,此君子之朋也。

第三,要会处友。朋友之间要以真情相处,而不能另有所图,否则就不是友谊,而是交易。正如古人所云:“以势交者,势倾则绝;以利交者,利穷则散,以色交者,色衰则尽。”只有真情才经得起时间和人世沉浮的考验。“一死一生,乃知交情。一贫一富,乃知交态。一贵一贱,交情乃见。”(《史记·汲郑列传》)真正的友谊,就像基于真爱的婚姻,无论贫富贵贱、健康疾病都不离不弃。孔子曰:“吾有所耻,有所鄙,有所殆。夫幼而不能强学,老而无以教,吾耻之;去其乡,事君而达,卒遇故人,曾无旧言,吾鄙之;与小人处而不能亲贤,吾殆之。”(《孔子家语·三恕》)对于自己混好后就不再要老朋友的人,孔子是鄙视的。

朋友之间要学会平淡相处。平平淡淡才是真,过于浓郁甜蜜反而不会持久。庄子曰:“君子之交淡若水,小人之交甘若醴;君子淡以亲,小人甘以绝。”淡如水,所以长远;甘若醴,所以不容易保持,一旦没有了甜头,交往也就断绝了。

朋友之间要互相帮助。这种帮助既包括物质生活方面的,也包括精神道德方面的。《论语》中多有论述:

> 子路曰:“愿车马衣裘与朋友共敝之而无憾。”(《论语·公冶长》)
>
> 朋友之馈,虽车马,非祭肉,不拜。(《论语·乡党》)
>
> 朋友死,无所归,曰:“于我殡。”(《论语·乡党》)
>
> 曾子曰:“君子以文会友,以友辅仁。”(《论语·颜渊》)

朋友之间不仅有通财之义,而且负有送死之情。当孔子的朋友死了却没有负责收殓的人时，孔子便道："丧葬由我来料理吧。"这里有一个孔子帮助朋友料理其母亲丧事的故事，这个朋友就是原壤，他并非是一位贤能的人：

> 原壤夷俟。子曰："幼而不孙弟，长而无述焉，老而不死，是为贼。"以杖叩其胫。（《论语·宪问》）

《礼记·檀弓下》记载：

> 孔子之故人曰原壤，其母死，夫子助之沐椁。原壤登木曰："久矣，予之不托于音也。"歌曰："狸首之斑然，执女手之卷然。"夫子为弗闻也者而过之。从者曰："子未可以已乎？"夫子曰："丘闻之，亲者毋失其为亲也，故者毋失其为故也。"

原壤两腿像八字一样张开坐在地上，等着孔子。孔子骂道："你幼时不懂礼节，长大了毫无成就，老了还白吃粮食，真是个害人精。"说完，用拐杖敲了敲他的小腿。由此可见，孔子的这位朋友对他算不上尊重，而孔子对他也不满意。但是，当这位朋友的母亲去世之后，孔子还是去帮助料理，帮他清洗棺木。原壤敲击着棺木道："我很久没有唱歌了。"唱道："斑白的狸猫之首，牵着你柔软的手。"孔子装作没听见而走开。随从的人问："先生不可以不帮他吗？"孔子道："我听说，亲人总归是亲人，老朋友总归是老朋友。"可见孔子对待朋友的真诚态度。孔子在用自己的行动去掩饰朋友的放荡不羁。朋友之间就要帮助对方纠正缺点、弥补不足，共同致力于“仁”的认识和实践。

朋友之间还要保持必要的距离与必要的克制，不能认为朋友之间什么都可以做、怎么做都可以。

子游曰：“事君数，斯辱矣；朋友数，斯疏矣。”（《论语·里仁》）

子贡问友。子曰：“忠告而善道之，不可则止，毋自辱焉。”（《论语·颜渊》）

子游说：“对待君主过于烦琐，就会招致侮辱；对待朋友过于烦琐，就会被疏远。”子贡问对待朋友的方法，孔子说道：“忠心地劝告他，好好地引导他，他不听从，也就罢了，不要自找侮辱。”距离产生美。朋友之间要注意尊重彼此，不可喋喋不休，不可越俎代庖，不可让自己的烦琐细碎填满了朋友的活动空间，那样就会相斥，导致朋友的疏远，甚至反感。正像孔子对待原壤那样，他并没有按照自己的标准去要求他。曾子曰：“狎甚则相简，庄甚则不亲。”（《孔子家语·好生》）其中的关键是在彼此相处的过程中寻找到一种令彼此相安的“度”。

益者三乐，损者三乐

孔子曰：“益者三乐，损者三乐。乐节礼乐，乐道人之善，乐多贤友，益矣。乐骄乐，乐佚游，乐晏乐，损矣。”（《论语·季氏》）

孔子说:“有益的快乐有三种,有害的快乐有三种。以得到礼乐的调节为快乐,以宣扬别人的好处为快乐,以交了很多很好的朋友为快乐,这是有益的。以骄傲自满为快乐,以游荡忘返为快乐,以饮食荒淫为快乐,这是有害的。”

每个人都有自己的兴趣爱好,领导者也不例外。但是,领导者的兴趣爱好是一把“双刃剑”:它可以起到积极的作用,也有可能被人利用。因此,领导者对自己的兴趣爱好不得不格外注意和小心,以防被人利用而被“套牢”。领导者往往掌握着更多的资源,尤其是权力资源,所以也容易成为“众矢之的”。唐太宗说:“人主惟有一心,而攻之者甚众。或以勇力,或以辩口,或以谄谀,或以奸诈,或以嗜欲,辐凑攻之,各求自售,以取宠禄。人主少懈,而受其一,则危亡随之,此其所以难也。”(《资治通鉴·唐纪十二》)唐太宗的话深刻揭示了为官的不易和可能面临的众多风险。其中,官员个人的兴趣爱好往往成为别有用心者下手的着力点,而这也恰恰是官员自身的“软肋”,是最容易被攻破的地方。清人汪辉祖在《学治续说》里说得好:“近利以利来,近色以色至,事事投其性之所近,阴窃其柄。后虽悔悟,已受牵持。”

因此,领导者对自己的兴趣爱好不可大意,要把握好一些基本的原则,这样不仅可以为自己构筑一道“防火墙”,也是使自己做到廉洁公正的保障。《明太祖实录》中载有朱元璋的一段话,他说:“人君生当谨嗜好,不为物诱,则如明镜止水,可鉴照万物。一为物诱,则如镜受垢,水之有滓,昏翳汩浊,岂能照物。”领导干部对于自己的兴趣爱好,要做到三点:一要健康,二要节制,三要清廉。

所谓健康,就是要有益于身心、有益于进德修业。

所谓节制，就是要爱之有度。领导者不能随心所欲，因为“上有所好，下必甚焉”，不可不注意自己的影响。有一次，宋太祖赵匡胤半夜起来，突然很想吃羊肝，可是犹豫了半天，始终不肯下令。随从问他：“皇上，您有什么事就尽管吩咐，我们一定照办！”太祖回答：“我若说了，每日必有一只羊被杀！”赵匡胤想到了自己这样做的后果，所以不肯下令。这正是在个人爱好方面，领导者与普通人不同的地方。相反，明末皇帝朱熹宗朱由校就不懂得这个道理。他特别专注于木器制作，手造漆器、床柜、梳匣等精巧绝伦，以至于专权的宦官将文件送他批阅时，他连看都不看，就让宦官自行处理。这成为“阉党”专权、朝廷纷乱的一个重要原因。

所谓清廉，就是不要以爱好作为谋利的工具。有的人认为直接贪钱要物未免太俗，又容易败露，便以兴趣爱好为名，行受贿之实。《人民日报》上曾刊登题为《清官谱》的漫画，写着一副对联：“铜钱银子俗物也，吾收之受之，岂不有损清白；名人字画文物也，吾拒之却之，岂不有伤风雅。”

古人云：“好船者溺，好骑者堕，君子各以所好为祸。”领导者对个人的兴趣爱好，能不保持高度警惕吗？

风成于上，俗形于下。领导干部的生活作风和生活情趣不仅关系到自身的品行和形象，更关系到党在群众中的威信和形象，对社会风气的形成、对大众生活情趣的培养，具有“上行下效”的示范功能。一名领导干部的蜕化变质往往都是从生活作风不检点、生活情趣不健康开始的，往往都是从吃喝玩乐这些看似小事的地方起步的。如果领导干部生活作风不检点、不正派，在道德情操上打开了缺口，出现了滑坡，那就很难做到清正廉洁，很难对社会风气起到正面引导和促进作用。

过则勿惮改

人非圣贤,孰能无过。那么,应该如何正确对待“过”呢?

一要虚心“知过”。虽然人人都会有过,但并非人人都能“知过”。“知过”无非两种途径:一曰自知之明,靠自我反省发现自己的错误和不足;一曰他人批评,靠别人帮助认识自己的错误和不足。俗话说,当局者迷,旁观者清。自知谈何容易?而得到别人的指点也不是一件容易的事。所以孔子认为,有人知道自己的错误并告诉自己是自己的幸运。

> 陈司败问昭公知礼乎,孔子曰:“知礼。”孔子退,揖巫马期而进之,曰:“吾闻君子不党,君子亦党乎?君取于吴,为同姓,谓之吴孟子。君而知礼,孰不知礼?”巫马期以告。子曰:“丘也幸,苟有过,人必知之。”(《论语·述而》)

陈国的司寇问:“鲁昭公知礼吗?”孔子说:“知礼。”孔子走了以后,陈国的司寇向巫马期作一作揖,说道:“我听说君子不偏袒人,难道君子也偏袒人吗?鲁君从吴国娶了一位夫人,因为是同姓,所以讳称她为吴孟子。如果鲁君知礼的话,还有谁不知礼呢?”巫马期把这番话告诉了孔子。孔子说:“我孔丘真有幸呀,一旦有了过错,人家一定会知道。”因为鲁昭公违背了同姓不通婚的规矩,所以被陈国的司寇认为不懂礼。孔子说鲁昭公知礼,这显然不符合当时的风俗，故陈国的司寇认为孔子是在偏袒鲁昭公。对此，孔子不但没有生气，没有辩解，反而认为是自己的幸运。这个世界上不犯错误的人是不存在的，人人都会犯错误。但是，并非人人都能认识到自己的错误。老子言："知人者智，自知者明。"(《道德经》第三十三章)既然自知之明不易，那么，当有人告诉你错了时，岂不应该感到幸运吗？所以，古圣先贤对于别人的善言都高度重视，并对他们充满喜悦感激之情。孟子曰：

> 子路，人告之以有过，则喜。禹闻善言，则拜。大舜有大焉，善与人同，舍己从人，乐取于人以为善，自耕稼、陶、渔以至为帝，无非取于人者。取诸人以为善，是与人为善者也。故君子莫大乎与人为善。(《孟子·公孙丑上》)

为什么闻过则喜、闻善言则拜呢？因为别人的批评是对自己的一种帮助，比如大舜，正是在别人的帮助之下才一步一步走向帝王宝座的；而缺乏这种批评也就失去了发现错误、改正错误的机会。子思曾对卫国君臣"盲目服从"的现象提出过严厉批评：

> 卫侯言计非是，而群臣和者如出一口。子思曰："以吾观卫，所谓'君不君，臣不臣'者也！"公丘懿子曰："何乃若是?"子思曰："人主自臧，则众谋不进。事是而臧之，犹却众谋，况和非以长恶乎！夫不察事之是非而悦人赞己，暗莫甚焉；不度理之所在而阿谀求容，谄莫甚焉。君暗臣谄，以居百姓之上，民不与也。若此不已，国无类矣！"子思言于卫侯曰："君之国事将日非矣！"

公曰："何故？"对曰："有由然焉。君出言自以为是，而卿大夫莫敢矫其非；卿大夫出言亦自以为是，而士庶人莫敢矫其非。君臣既自贤矣，而群下同声贤之，贤之则顺而有福，矫之则逆而有祸，如此则善安从生！《诗》曰：'具曰予圣，谁知乌之雌雄？'抑亦似君之君臣乎！"（《资治通鉴·周纪一》）

楚庄王深知其中的道理，曾以没有人能够给自己提出意见而深感忧虑不安，认为自己的国家岌岌可危了：

魏武侯谋事而当，群臣莫能逮，退朝而有喜色。吴起进曰："亦尝有以楚庄王之语闻于左右者乎？"武侯曰："楚庄王之语何如？"吴起对曰："楚庄王谋事而当，群臣莫逮，退朝而有忧色。申公巫臣进问曰：'王朝而有忧色，何也？'庄王曰：'不谷谋事而当，群臣莫能逮，是以忧也。其在仲虺之言也，曰："诸侯自为得师者王，得友者霸，得疑者存，自为谋而莫己若者亡。"今以不谷之不肖而群臣莫吾逮，吾国几于亡乎！是以忧也。'楚庄王以忧，而君以喜。"武侯逡巡再拜曰："天使夫子振寡人之过也。"（《荀子·尧问》）

谋事而当尚且如此，何况自己有缺点呢？荀子认为：

故非我而当者，吾师也；是我而当者，吾友也；谄谀我者，吾贼也。（《荀子·修身》）

批评我并且批评得对的人，是我的老师；肯定我并且肯定得对的人，是我的朋友；而阿谀奉承我的人，是陷害我的贼人。可见，批评对于人的成长是多么的重要！

其实，让别人对自己说“真话”也并非易事：

> 贞观十五年，太宗问魏徵曰：“比来朝臣都不论事，何也？”徵对曰：“陛下虚心采纳，诚宜有言者。然古人云：‘未信而谏，则以为谤己；信而不谏，则谓之尸禄。’但人之才器，各有不同。懦弱之人，怀忠直而不能言；疏远之人，恐不信而不得言；怀禄之人，虑不便身而不敢言。所以相与缄默，俯仰过日。”太宗曰：“诚如卿言。朕每思之，人臣欲谏，辄惧死亡之祸，与夫赴鼎镬、冒白刃，亦何异哉？故忠贞之臣，非不欲竭诚。竭诚者，乃是极难。所以禹拜昌言，岂不为此也！朕今开怀抱，纳谏诤。卿等无劳怖惧，遂不极言。”(《贞观政要·求谏》)

“懦弱之人怀忠直而不能言，疏远之人恐不信而不得言，怀禄之人虑不便身而不敢言。”领导者听到“真话”的机会也就很难得了。邹忌讽齐王纳谏的故事则以生活中的常见事例具体说明了不易听到“真话”的道理：

> 邹忌修八尺有余，身体昳丽。朝服衣冠窥镜，谓其妻曰：“我孰与城北徐公美？”其妻曰：“君美甚，徐公何能及君也！”城北徐公，齐国之美丽者也。忌不自信，而复问其妾曰：“吾孰与徐公美？”妾曰：“徐公何能及君也！”旦日，客从外来，与坐谈，

问之客曰:“吾与徐公孰美?”客曰:“徐公不若君之美也!”

明日,徐公来。孰视之,自以为不如;窥镜而自视,又弗如远甚。暮,寝而思之曰:“吾妻之美我者,私我也;妾之美我者,畏我也;客之美我者,欲有求于我也。”

于是入朝见威王,曰:“臣诚知不如徐公美,臣之妻私臣,臣之妾畏臣,臣之客欲有求于臣,皆以美于徐公。今齐地方千里,百二十城,宫妇左右,莫不私王;朝廷之臣,莫不畏王;四境之内,莫不有求于王。由此观之,王之蔽甚矣!”王曰:“善。”乃下令:“群臣吏民,能面刺寡人之过者,受上赏;上书谏寡人者,受中赏;能谤讥于市朝,闻寡人之耳者,受下赏。”

令初下,群臣进谏,门庭若市。数月之后,时时而间进。期年之后,虽欲言,无可进者。燕、赵、韩、魏闻之,皆朝于齐。此所谓战胜于朝廷。(《战国策·齐策一》)

我们周围的每个人都有自己个人的想法,有的爱我们,有的怕我们,有的有求于我们,有的希望借我们的过失从中取利。因此,我们不容易得到关于自己的真实评价,领导者更是如此。齐威王因为听取了邹忌的谏言而下令全国官吏和人民批评自己的过失,并对进言的人予以奖励,结果其过失日益减少以至于没有,国家也变得更加强大,诸侯国都来朝拜,取得了不战而胜的效果。

二要勇于“改过”。认识错误的目的是为了改正错误。人不怕犯错误,就怕犯了错误不改正。

子曰:“过而不改,是谓过矣。”(《论语·卫灵公》)

子曰："过，则勿惮改。"(《论语·学而》)

子贡曰："君子之过也，如日月之食焉：过也，人皆见之；更也，人皆仰之。"(《论语·子张》)

子夏曰："小人之过也必文。"(《论语·子张》)

人谁无过，过而能改，善莫大焉。(《左传·宣公二年》)

如果我们犯了错误却不改，甚至文过饰非，就会在错误的道路上越走越远，走向不可收拾的地步；如果我们犯了错误能及时改正，不但不会损害自己的威信，而且还能得到人们的同情、谅解乃至敬仰。历史上的许多例子都说明了这一点。

周处算是因为改过自新而流传千古的典型代表：

周处年少时，凶强侠气，为乡里所患，又义兴水中有蛟，山中有邅迹虎，并皆暴犯百姓，义兴人谓为三横，而处尤剧。或说处杀虎斩蛟，实冀三横唯余其一。处即刺杀虎，又入水击蛟。蛟或浮或没，行数十里，处与之俱。经三日三夜，乡里皆谓已死，更相庆。竟杀蛟而出，闻里人相庆，始知为人情所患，有自改意。乃自吴寻二陆，平原不在，正见清河，具以情告，并云："欲自修改，而年已蹉跎，终无所成。"清河曰："古人贵朝闻夕死，况君前途尚可。且人患志之不立，亦何忧令名不彰邪！"处遂改励，终为忠臣孝子。(《世说新语·自新》)

而晋灵公则可以说是因执迷不悟、死不改悔而没有好下场的典型代表：

晋灵公生性残暴,时常借故杀人。一天,因厨师送上来的熊掌炖得不透,他就残忍地把厨师处死。尸体恰好被赵盾、士季两位正直的大臣看见。他们了解情况后非常气愤,决定进宫去劝谏晋灵公。士季先去朝见,晋灵公从他的神色中看出他是为自己杀厨师这件事而来的,便假装没有看到他。直到士季往前走了三次,来到屋檐下,晋灵公才瞟了他一眼,轻描淡写地对他说:“我已经知道自己所犯的错误了,今后一定改正。”士季听晋灵公这样说,也就用温和的态度道:“谁没有过错呢？有了过错能改正,那就最好了。如果您能接受大臣正确的劝谏,就是一个好的国君。”但是,晋灵公并非真正地认识到自己的过错,行为依然残暴。相国赵盾屡次劝谏,他不仅不听,反而对此十分反感,竟派刺客去暗杀赵盾,而刺客宁可自杀也不愿去杀害正直忠贞的赵盾。晋灵公见此事不成,便改变方法,假意请赵盾进宫赴宴,准备在席间杀了他。但结果赵盾被卫士救出,他的阴谋又未能得逞。最终,这个作恶多端的国君被一个名叫赵穿的人杀死。

三要善于“思过”。聪明的人不仅能做正确的事,还能从做错的事中获取教训、增长智慧。

结　语

从一定意义上说,孔子之道可以归结为一点:如何提高领导力。因此,孔子的领导力思想是非常丰富而深刻的。关于孔子的领导力思想,笔者逐渐形成了以下几方面的认识。

一、孔子的领导力思想是东方领导力的主要思想源头和内在精髓,具有鲜明的特色和优势。东西方领导力具有非常显著的差异,这种差异主要和东西方的历史背景和文化传统有关。总体来看,西方领导力基于以科学文化为主要特色的西方文化,注重制度设计、目标考核和动机激励;而东方领导力基于以人文文化为主要特色的东方文化,注重人文关怀、道德认同和心理归属。当然,随着经济全球化的深入发展和东西方文化的交流与融合,这两种领导力的思想和实践也在不断地相互借鉴、取长补短。不过,从长远来看,由于中国经济的快速发展,以中国传统文化为主的东方文化的影响力日益增强,东方的领导力思想和管理理念必将发挥越来越广泛的作用。近期出现并走红的"后西方"一词,似乎更加清晰地昭示了这一历史趋势。

二、孔子的领导力思想具有强大的生命力,是我们治国理政的重要思想资源。中国共产党超强的领导力令世界瞩目。无论是中国的革命、建设还是改革，中国共产党都表现出非凡的领导力，从而使一个东方大国、弱国从“三座大山”的沉重压迫之下站立起来，从亡国灭种的边缘重新屹立于世界民族之林；把一个拥有十几亿人口的大国、穷国从人民吃不饱肚子、国民经济面临崩溃发展为经济成为世界第二、国家充满生机和活力的中国特色社会主义的美好今天。中国共产党的强大领导力，是与中国共产党人自身的先进性和纯洁性分不开的。但是，中国共产党也是从中国历史和文化中走出来的，是中国优秀传统文化的传承者和弘扬者。事实上，孔子的许多思想，如仁者爱人、天下己任、为政以德、讷言敏行、杀身成仁、好学多思等，对于我们党全心全意为人民服务的宗旨、以人民为中心的发展理念，以及勇于责任担当、崇尚实干、反对空谈、好学上进等思想和要求，都具有重要而深刻的影响。其实，孔子的许多思想，如“政者正也”等，与现代政治学和管理学的基本原理都是高度契合的，具有普遍而永恒的价值。

三、孔子的领导力思想体现了“领导”的本质内涵，具有内在的逻辑性，形成了一套思想理论体系。孔子虽然没有明确提出领导力概念，但“领导”的核心意思已经表露无遗。

先说“导”。因为孔子提出了比较明确的“导”的概念。子曰：“道之以政，齐之以刑，民免而无耻；道之以德，齐之以礼，有耻且格。”（《论语·为政》）孔子曰：“圣人之治化也，必刑政相参焉，太上以德教民，而以礼齐之；其次以政言导民，以刑禁之，刑不刑也。化之弗变，导之弗从，伤义以败俗，于是乎用刑矣。”（《孔子家语·刑政》）前句中的“道”就是“导”的意思，而后句直接用了“导”字。

这里的“道”和“导”都是“引导”的意思。

再说“领”。孔子虽然没有直接提出“领”的概念,但是关于“领”的思想却非常突出,认为“领”比“导”更重要。如前面引述过的:

> 子曰:“其身正,不令而行;其身不正,虽令不从。”(《论语·子路》)
>
> 子曰:“苟正其身矣,于从政乎何有?不能正其身,如正人何?”(《论语·子路》)
>
> 季康子问政于孔子。孔子对曰:“政者,正也。子帅以正,孰敢不正?”(《论语·颜渊》)
>
> 季康子患盗,问于孔子。孔子对曰:“苟子之不欲,虽赏之不窃。”(《论语·颜渊》)
>
> 子路问政。子曰:“先之劳之。”(《论语·子路》)

孔子的意思非常清楚:从政者要靠自己的模范行为在前面领着大家走,而不是靠自己手中的权力命令大家往前走。这就是“领”,而不是“逼”。在“领”的过程中,注重“导”,使大家统一思想,整齐步伐。这就是孔子“领导”思想的核心和精髓,也是“领导”活动的本质要义。

围绕着“领导力”这一核心概念,孔子的思想形成了一套内在的逻辑体系。首先,思想引领是前提。领导者首先要有思想指引力,有凝聚和引导大家共同前行的核心价值观。孔子以“仁”为其哲学基础的人本思想和民本思想,为正确的领导提供了思想遵循。

其次，责任担当是关键。领导者就意味着担当责任。再次，谋划决策、沟通协调、实践执行是领导活动的基本要素和具体过程。最后，道德示范、领导形象、学习成长、自省自律是领导者的素质保障。

四、对于以孔子思想为代表的儒家博大精深的领导力思想，我们的研究还远远不够。古人云，半部《论语》治天下。自从汉武帝推行“罢黜百家、独尊儒术”政策以来，从总体上看，儒家思想一直是传统社会的主流意识形态，并对中国封建社会的发展稳定起到了其他思想学说所不可比拟的巨大作用。这里面既有治国理政的普遍规律，也有属于当时历史特定时期的特殊规律；既有可以供现代社会借鉴的丰富经验，也有我们必须吸取的深刻教训。无论是成功的经验，还是失败的教训，都是我们必须认真加以珍视和研究的财富。推进治理体系和治理能力现代化，离不开对传统治理经验的学习和借鉴。现代和传统是不能割裂开的，正确的方式只能是返本开新、温故知新、推陈出新。这就需要我们投入时间和精力去研究我们的历史，研究我们传统治国理政的经验；而在这一方面，我们目前所做的还远远不能满足时代提出的迫切要求。

附录　孔子的从政经历

鲁定公九年(公元前501年),孔子初仕中都宰,时年51岁;定公十三年(公元前497年),孔子离开鲁国,开始周游列国,时年55岁。孔子在鲁国从政为官共4年左右。他从中都宰到摄相事,从地方到国都,全面展示了他的治国理政思想和卓越的政治才干。孔子这段从政为官的实践经历对研究儒家思想和孔子个人都具有非常重要的地位和非常独特的作用。

孔子的从政经历是孔子施政的一个具体展现,其中包含了许多治国理政的宝贵经验,值得深入研究和学习。儒家文化植根于农业文明,对于乡村治理具有巨大潜能,因此,用优秀传统文化去占领农村阵地,是乡村治理的宝贵经验。但是,现在一个非常可怕的问题在于,传统文化不断消减,而新文化又跟不上,农村的广阔天地几乎成了文化的荒漠。所以,加强农村文化建设,通过文化治理乡村,实在是重大而迫切的问题。比如,济宁开展的乡村儒学在乡村治理中已经取得了明显成效。据说,一个不孝顺的儿媳妇,在听了儒学讲堂的课之后改变很大,春节之前主动给婆婆买了身新衣服,到了春节那天喊婆婆过去吃团圆饭。婆婆起初不敢相信,直到她的儿子又去喊她，才相信了，老太太一时还难以适应，不知何故。后来，听说儿媳妇是上了儒学讲堂的缘故，她也去听了。笔者去曲阜、泗水参观时听当地人介绍，自从开展乡村儒学教育之后，村里骂人的人少了，打架的人少了，乱倒垃圾的人少了，偷东西的人少了。文化，文化，以文化人。这就是德治。这正是孔子儒家治国理政思想的精髓。

初仕中都宰

据《孔子家语》《史记·孔子世家》等文献记载，孔子于鲁定公九年（公元前501年）被任命为中都宰，刚过"知天命"之年的孔子从此开始了他的为政生涯，拥有了实现政治抱负、施展政治才华的舞台。孔子做中都宰，就是做中都的地方长官。古之中都，今之汶上。孔子是有确切记载的汶上县第一任县长，汶上是孔子为政生涯的起始地，也是其治国理政思想的实践地。

孔子初仕中都宰时，鲁国的政局刚刚缓和下来。鲁定公八年（公元前502年），即孔子出任中都宰前一年，阳虎叛乱，被"三桓"联合打败后逃到齐国，后逃到晋国。阳虎逃到齐国时企图挑动齐国入侵鲁国，但未成功。参与阳虎之乱的另一位季氏家臣公山弗扰，仍以费宰的身份盘踞费邑，他和阳虎一样知道孔子有治理天下的志向，便想让德高望重的孔子出山，让其辅助自己，以增加自己的"合法性"，孔子一度还动了心。《论语》记载：

公山弗扰以费畔，召，子欲往。子路不悦，曰："末之也，

已,何必公山氏之之也?"子曰:"夫召我者,而岂徒哉?如有用我者,吾其为东周乎?"(《论语·阳货》)

孔子打算前往费邑。子路不高兴了,说:"没有地方去便算了,为什么一定要去叛臣公山氏那里去呢?"孔子说:"那个叫我去的人,难道是白白召我吗?假若有人用我,我将使周文王、周武王的德政在东方复兴。"但是孔子最终没有去。不过,这件事也并非没有意义:一方面,它让鲁定公和季桓子认识到了孔子还是拥护自己的,没有站在叛臣一边,从而使他们增加了对孔子的信任;另一方面,他们也更加了解到孔子想要做一番事业的急切心理。

所以,鲁国君臣形成共识,任用孔子帮助治理鲁国。当时的中都是鲁诸公墓所在地,又为鲁国西部之门户,战略地位十分重要。于是,鲁定公便任命孔子为中都宰。一方面,中都地位非同寻常,关系鲁国国家安全大局,交给孔子治理,鲁定公比较放心;另一方面,任命孔子为中都宰,也有考验孔子政治才干之意,以备大用。因此,当孔子治理中都成效不凡时,立马被调到了鲁国国都,并得到连续提拔重用。从孔子个人来说,他一直以天下为己任,以恢复西周的社会制度为理想,但是在此之前,"英雄无用武之地",他缺乏实现政治抱负的机会。司马迁在《史记·孔子世家》中写道:"孔子循道弥久,温温无所试,莫能己用,曰:'盖周文武起丰镐而王,今费虽小,傥庶几乎!'"所以,当孔子被任命为中都宰时,"翩然而出",也就不难理解了。

那么,孔子是如何治理中都的呢?

第一,以礼治邑。文献记载:

孔子初仕，为中都宰，制为养生送死之节：长幼异食，强弱异任，男女别涂，路无拾遗，器不雕伪。为四寸之棺、五寸之椁、因丘陵为坟，不封不树。行之一年，而西方之诸侯则焉。（《孔子家语·相鲁》）

“长幼异食。”据《礼记·王制》载：“五十异粻。六十宿肉。七十贰膳。八十常珍。九十饮食不离寝，膳饮从于游可也。”这是说，在当时的生产力比较低、物质比较匮乏的历史条件下，要给老年人和幼童多吃些好的、有营养的食物，以利于儿童健康成长、老人幸福长寿。不仅如此，还要做到“老吾老以及人之老，幼吾幼以及人之幼”。这样治理，天下“可运于掌”。

“强弱异任”指的是生产分工问题。“轻任并，重任分，斑白者不提挈。”（《礼记·王制》）根据每个人的具体情况分配不同的任务，体现了仁政、德治思想。长幼异食反映的是分配问题，强弱异任反映的是生产问题，二者都体现了孔子不搞一刀切、不搞平均主义的思想。

“男女别涂”实际上反映的是社会治理问题。《礼记·王制》记载：“道路，男子由右，妇人由左，车从中央。父之齿随行，兄之齿雁行，朋友不相逾。”《吕氏春秋·先识览》中记载：“男子行乎涂右，女子行乎涂左。”从字面上讲是说男女各走不同的路，素不相识的男女避免接触。其实际意义在于维护和推行周礼，规范社会秩序，改善社会风气，少出或不出悖理之事，以安百姓。男女别涂，并非指孔子思想保守。孔子其实是很开放的。孔子的儿子死后，孔子劝儿媳改嫁，当儿媳在新婆家去世以后，孔子还派人去吊唁。

这里透露出古人修身的一个重要思想:“不见可欲。”《道德经》云:“不见可欲,使民心不乱。”“不见可欲”表现在社会治理中就是重在预防,也就是今天所说的源头治理。这是一个很重要的治理思想。

“为四寸之棺、五寸之椁,因丘陵为坟,不封不树。”前面讲的都是“养生”之节,这里讲的是“送死”之节。

“四寸之棺、五寸之椁”,即把内棺、外椁的厚度分别限定在四、五寸以下。《礼记·丧大记》记载:“君大棺八寸,属六寸,椑四寸。上大夫大棺八寸,属六寸。下大夫大棺六寸,属四寸。士棺六寸。”由此可见,这是针对当时西周以来贵族死后棺椁越来越大、等级越来越森严繁杂、厚葬之风日盛的情况,制定的节俭丧葬的一项措施。孔子在中都定制“四寸之棺,五寸之椁”,一是只允许世人按当时的最低标准(士的标准)来下葬,一棺一椁,不许多重;二是明确规定棺椁厚度,不许过厚。这表现了孔子一贯倡导的“戒奢尚俭”思想。孔子尽管对“礼”非常重视,但不赞成为了“礼”而铺张浪费。他说:

> 礼,与其奢也,宁俭;丧,与其易也,宁戚。(《论语·八佾》)
>
> 奢则不孙,俭则固。与其不孙也,宁固。(《论语·述而》)
>
> 麻冕,礼也;今也纯,俭,吾从众。拜下,礼也;今拜乎上,泰也。虽违众,吾从下。(《论语·子罕》)

就一般礼仪来说,与其讲排场比阔气的奢侈,宁可朴素检约;就丧礼来说,与其在礼仪上过分讲究周到,宁可发自内心的悲哀。

奢侈会显得傲慢,节俭会显得寒酸;但与其傲慢,不如寒酸。孔子说:“礼帽用麻料来做,是礼制的要求,如今用丝料做,是节俭的方式,我遵从大众。在堂下见礼叩拜,是礼制;如今改在堂上见礼叩拜,那显得傲慢。虽然违反众人,我还是坚持堂下见礼叩拜。”这表现了孔子的灵活性:只有在不违反节俭原则的前提下,才可以按照传统礼制的要求去做。

现在,我们提倡移风易俗,丧事从简,不请乐队、不吃宴席、不扯大孝服等,就是对“节俭”这一中华民族传统美德的继承和发展。我们应该清醒地认识到:无论我们的社会发展到多么繁荣的程度,浪费都是一种不可宽恕的罪恶,因为它无端败坏了人类的劳动,而且败坏了人类的道德!

“因丘陵为坟,不封不树。”这是说要节约土地,反对坟墓占用大量耕地良田,提倡把坟墓设在不能耕种的山丘上;不要筑大坟头,也不要在坟头或墓旁植树。也有人认为“不树”是指不立高大的墓葬标识物,如墓碑、墓表等,而不是说不准“植树”。关于“不封”,这里还有一个故事。《礼记·檀弓上》记载:

> 孔子既得合葬于防,曰:“吾闻之,古也墓而不坟。今丘也,东西南北之人也,不可以弗识也。”于是封之,崇四尺。孔子先反,门人后,雨甚,至。孔子问焉,曰:“尔来何迟也?”曰:“防墓崩。”孔子不应,三。孔子泫然流涕,曰:“吾闻之,古不修墓。”

可见,“不封”是古已有之的做法,孔子只不过在中都加以实行而已。孔子“因丘陵为坟,不封不树”的丧葬规定,闪耀着保护耕地、保护生态的可持续发展思想的光辉。我们今天提倡的生态安葬不正是这一思想的传承吗？其实，孔子在治理中都时是很注重保护生态环境的：

> 钓而不纲，弋不射宿。（《论语·述而》）
>
> 夫子曰："断一树，杀一兽，不以其时，非孝也。"（《礼记·祭义》）

孔子任中都宰时，常在工作之余到附近的湖里钓鱼，到讲堂里讲课。孔子钓鱼的方式和别人不同，他不用大网把鱼一网打尽。他射鸟的时候，也不射归宿鸟巢的鸟儿，因为它们要哺育幼鸟。在今汶上县次邱镇朱庄村的一朱姓村民的《朱氏宗谱》里有两幅图，就是关于孔子钓鱼和讲学的。看到这两幅图，人们不禁要问：在《朱氏宗谱》里，何以会有这两幅图？这里还有一个故事。朱庄村里绝大多数人姓朱，都是朱熹的后代。朱熹祖籍江南东路徽州府婺源县（今江西婺源）。元末天下大乱，朱熹的后代也被迫四处迁徙，最终定居在马踏湖畔，因为这里曾经是孔子任中都宰的地方。在这里，他们可以"仰先师之圣德，沐孔子之圣泽"。所以，对他们来说，把孔子讲堂和孔子钓鱼台绘进族谱是一件十分荣光的事情。而正是他们的这一初衷，竟然为历史留下了一份珍贵的资料。据汶上县次邱镇朱庄村朱姓、王姓两家的族谱所载，钓鱼台有百余平方，上有六角亭，亭内有"孔子垂钓纪念处"石碑。民国初年经核准，钓鱼台及讲堂遗址各留地六亩，永禁侵渔。但因管理不善，现仅知其故址而已。

“路无拾遗，器不雕伪”是孔子治理中都的结果。宰中都，为孔子提供了实现梦想的人生平台，孔子紧紧抓住这一机遇，以时不我待的精神把自己的理想抱负付诸实践！从孔子宰中都的施政纲领和施政实践来看，孔子实际上是把中都作为治理天下的一个试验基地来珍视的，正如《汶上县志》所说：“为政于邑小试耳，乃尼父欲以宰天下。”结果，仅仅一年，孔子便把中都治理成为“先秦时代的首善之区”，创造了治理天下的一个样板工程：“行之一年，而西方之诸侯则焉。”(《孔子家语·相鲁》)“一年，四方皆则之。”(《史记·孔子世家》)

孔子心中关于小康、大同社会的美好理想似乎都在中都大地变成了现实，因此，他更加坚定了对心中“大道”信念的向往。

定公谓孔子曰：“学子此法以治鲁国，何如？”

孔子对曰：“虽天下可乎，何但鲁国而已哉！”(《孔子家语·相鲁》)

第二，使民富裕。中都自然条件本来不错，但由于前任邑宰不作为，中都人民饥寒交迫，大多数人都以乞讨为生。孔子来到中都后以富民为第一要务，励精图治，夙兴夜寐。仅一年，中都由一片萧条变为欣欣向荣，呈现出和谐发展的生动局面。孔子采取的主要措施有以下六点：

一是兴修水利，加强农业基础设施建设。孔子初到中都大地上任时，一进入中都地界，满目凄凉，虽是春种时节，但由于中都大旱，土地龟裂，农田里少有人迹。由于水利不兴，致使天涝不能排水、天旱不能灌溉,老百姓食不果腹,衣不蔽体,不少人逃往他乡。孔子上任后大兴水利,利用中都的丰富水源造福百姓。在孔子的带领下,中都百姓废寝忘食般凿井挖渠,整个工程在春分前就完工了。中都大地呈现出一派繁忙的春种景象。到了秋收的季节,孔子和弟子们来到田野,看到的是正在成熟的庄稼。

二是因地制宜,合理安排种植结构。孔子"能别五土之性",使"物各得其所生之宜",形成了各具特色的经济结构。县境东部和东北部以植桑养蚕、纺丝织绸、打制石料石器等为主;中部平原地区系传统农业区,宜精耕细作,农作物产量较高;西部、西南部湖洼地区以渔猎、畜牧、藕菱和苇蒲柳编等业为主。

三是奖励农耕。孔子规定,凡是无主荒地,谁开垦谁所有;荒山、沼泽谁开发谁受益;三年免征税赋。

四是搞多种养殖。水的问题解决了,孔子又引导百姓养鱼、养虾、种藕、种菱。

五是积极发展工商业和对外贸易。孔子用了半年多的时间,使中都的商业、手工业也得到很大发展。中都大街上车水马龙,店铺作坊一家挨着一家,商品琳琅满目,既有本地特产,也有齐国海产鱼虾、吴越鲜笋、宋国大枣、晋国枸杞,一切农耕、生活用品应有尽有。酒肆、客栈、制陶作坊随处可见。

六是大力整顿市场秩序。为了繁荣市场,孔子狠抓市场管理,主张"器不雕伪",注重产品的质量,反对假冒伪劣现象,不允许商家以次充好、以假乱真。

孔子的上述做法,深刻影响了汶上经济的发展。由于孔子宰中都时"能别五土之性",使"物各得其所生之宜",所以汶上人民很早就能因地制宜,发挥地方优势,形成了各具特色的经济结构。此外,汶上人民向来重视手工业和商业活动,尤其以酿酒业、食品加工业较为出名。金、元两代都曾于汶上设商酒使。据《中国实业志》记载:1916—1929 年,军阀混战时期,汶上县仍相继出现私营独资和合资酿酒作坊 20 家,制粉专业户 5000 户(2.5 万人),1919 年,汶上城乡有钱店、杂货、布匹、药材、酒店等较大商号 130 余家。

第三,教化百姓。孔子认为中都已经进入富民轨道,接下来就应该教育民众。他采取多种形式对民众进行教化,行之一年,社会大治,路不拾遗、夜不闭户。孔子采取的主要措施有以下三点:

一是创办讲堂。《山东通志》记载:"圣泽书院,故名讲堂。"据记载,讲堂为孔子宰中都时与弟子讲学之所,现为汶上县实验小学,大概是渊源最早的小学了。孔子讲堂设在汶上县城南 12 公里的马踏湖岸边,那里碧水荡漾、绿柳成荫。明嘉靖年间,讲堂被湖水淹没,时任县令吴瀛把讲堂迁建于西城中,改名圣泽书院,和洙泗书院、尼山书院、春秋书院、石门书院一样,成为传播儒家文化的重要场所。

二是成立学馆,让适龄儿童都能接受教育。除此之外,孔子还在农闲时利用学馆培训乡绅、族长、村长,提高他们的道德修养,让他们平时加强对百姓的教化。

三是亲自带领弟子深入农村宣讲孝文化。孔子宰中都期间,经常带领弟子到一些村庄讲学树风,宣传施政方针,当时汶上县城南九公里的进义村周围村落稀少,仅有几十户人家。孔子在此讲学后,进义村更名为次丘村。次丘,就是孔子住过的地方。清朝中期,为避孔圣人名讳,把次丘的"丘"改为"邱",延续至今。后人也把次邱村称为讲学村或讲村。相传,孔子在此讲学多日,因公务繁忙即将离开,但村里的人们想挽留孔子,就把孔子骑的马藏在了东边村里。孔子在这里又讲了三天学后方启程回县衙。从那以后,次邱东边藏马的村子就叫留马庄。

孔子师徒的深入教化,使百姓懂礼仪、知廉耻,“路无拾遗,器不雕伪”,尊老爱幼,使中都教化大行。据说,有个瘸腿老人的儿子原本并不孝顺,但自孔子来后,他儿子一改恶习,对老人格外孝敬,常常背着行动不便的老人外出观景散心,成为远近闻名的大孝子。中都百姓反映强烈的两件伤风败俗的事,也随着孔子的到来迎刃而解:

一是公慎氏的妻子漆氏长期与人通奸,只瞒着公慎氏一人。最初,百姓虽对此十分愤恨,但没人过问;孔子宰中都后,百姓觉得漆氏此举影响太坏,便私下告知公慎氏,公慎氏很快休了漆氏。二是富豪慎溃氏“奢侈骄佚”,不按礼仪行事。但他在学馆听了孔子讲授礼仪之后,为自己的行为感到羞耻,第二天便到邑宰衙门向孔子请罪,痛改前非。解决了这两件事,礼崩乐坏的局面在中都得到彻底改变。

孔子注重孝道教化,深刻影响了汶上的社会风气。据《汶上县志》记载,汶上民风“宽博易直,不为小文,有大国之风”。

孔子不但是勤政的典范,还是廉政的榜样。他严于律己,两袖清风,一身正气,所以受到了中都人民的衷心爱戴。一年之后,当孔子因为调任鲁国司空而离开汶上时,中都百姓倾城相送,东门外十里人巷;人们对孔子恋恋不舍,纷纷拿着礼物,含泪与孔子道别。孔子虽大为感动,但谁的礼物都不收,而是对大家说:“望大家遵循礼范，长此下去中都必然万世安泰，我人虽去，脚印还留在这里。”孔子脱下一只靴子，接着说：“留下这只靴子，以示我永远立足中都，大家既然拥戴我，我走后请仍然按我的倡导行事吧！”后来人们在城东门楼上专门修建了一层楼阁，供放孔子的靴子，又叫“夫子履”。直到20世纪50年代，夫子履还被供奉在县城东门城楼上。中国清官文化中的离任留靴这一传统就是从汶上——当时的中都开始形成并传承下来的。后来，官员离任时，随行人员都会备好一双靴子，以便官员换下自己的旧靴子留给当地。这是非常具有仪式感、非常具有象征性和教育意义的一个清官文化资源。

榜样的力量是无穷的。孔子作为有史可查的汶上第一任县长，为汶上人和到汶上做官的人树立了永恒的光辉榜样。到汶上做官的人，每每想到作为圣人的继任者，便倍感荣光和自豪，故建思圣堂以纪念孔子，并向孔子学习。思圣堂始建于北宋元祐年间，由县令周师中所首创，目的在于“为政游息乎此，宜求孔子之意而致其思”，“以己之心思圣人之心，以己之政行圣人之政”（《汶上县志》）。正如万历《汶上县志》的创修者县令栗可仕在后序中所说：“余小子诵法圣贤，今既得使为汶，窃窃然喜得从圣贤之后也。矢心自许曰：‘所不愿学孔子苟禄自润，以上负朝廷设官之意，下悖父师惓惓之教者，非夫也。’”所以“汶上自古多贤令”，诸如唐朝邢审容、宋朝周师中，以及明清时期的史诚祖、孟洋、赵可怀、张惟诚、雷一龙等十余人政绩突出，百姓为之立生祠，永久祭祀。

这里介绍几位汶上地方长官中出现的“全国优秀县长”，以便了解孔子宰中都的深远影响。

明朝永乐年间县令史诚祖，解州人（古称解梁，即今山西运城市盐湖区西南15公里的解州镇，关羽故乡），自洪武中为汶上令。永乐七年（1409年），明成祖朱棣从南京起程，巡视天下，一直走到北京。他比较关心地方吏治，就派御史到各地巡察考核，御史后来向他汇报：“汶上知县史诚祖治行第一。”上令锦衣密侦之，见其釜有炊糜，甑无斗粟，衣冠粗鄙，挂之壁间，因赐白金，织金纱衣二袭，又加至四品服俸。及秩满，民万余赴阙借焉。于是公以济宁知州衔仍理汶事。朱棣便下发了一份表彰的诏书：“守令承流宣化，所以安利元元。朕统御天下，夙夜求贤，共图治理。往往下询民间，皆言苦吏苛急，能副朕心者实鲜。尔敦厚老成，恪共乃职；持身励志，一于廉公。平赋均徭，政清讼简，民心悦戴，境内称安。方古良吏，亦复何让。特擢尔济宁知州，仍视汶上县事。其益共乃职，慎终如始，以永嘉誉，钦哉。”

史诚祖被朝廷表彰之后，更加勤于政事。在他的治理下，汶上县新开垦了大量的土地，人口也大量增长，新编户籍十四“里”（“里”是古代一种基层的行政单位）。

明成祖朱棣后来还亲自视察过汶上县，看见汶上人口众多，就想把几百户居民迁徙到人口较少的胶州。百姓们自然不愿意背井离乡，在史诚祖的请求下，朱棣收回了成命。

史诚祖任职期满后，根据政绩是应当升官的，但汶上百姓舍不得史诚祖离开，就上书朝廷，请求把史诚祖留下。就这样一拖再拖，史诚祖一直待在汶上县，在任共29年。史诚祖去世后，汶上百姓不肯让史诚祖的灵柩回乡，便把他安葬在汶上县城的南边，每年都去扫墓祭祀。

明朝万历年间县令张惟诚，“为政独钟农务。创置补助厂，设牛五百有奇,籽种千余石,凡民之贫而不能耕植者,皆得贷焉。……又建常平仓,裁省诸费,以为之本。谷贱则平价籴之,贵则平价粜之。复虑郊外诸民不能就籴于邑也。置保赤仓二十座,皆如常平法。久而积谷至五万余石,惠亦溥矣”。由于他一心为民,为官清正,鞠躬尽瘁,居全国诏选二十五位政绩卓越者之首。

清朝县令雷一龙,北直通州人(今北京通州),以名进士任汶。性纯孝,太翁随养署内,每值公退食,必询所行,善则有喜色,否即怒而挞之,公跪而受仗。以故廉慈兼施,居身简素。尤喜与士子讲书课艺,无虚日。行取(明清时地方官经推荐保举后调任京职)授礼科给事中(给事中,官名。秦汉为加官,晋以后为正官。明代、清初给事中分吏、户、礼、兵、刑、工六科,辅助皇帝处理政务,并监察六部,纠弹官吏。清末废六科之名,隶属都察院,与御史同为谏官,故又称给谏)。去之日,士民遮道攀辕,号呼如失怙恃。(《康熙续修汶上县志》)

孔子的思想对汶上人从政做官亦产生了深刻影响。汶上是出干部的地方,这也许受孔子儒家学说的影响,因为儒家认为“不仕无义”。其中,“小县不大四尚书”至今为人称道。这四位尚书任职时间前后相差仅32年,均有德政,流芳后世。

汶上,因孔子的初仕地而吸引了许多帝王将相、文人墨客游览访古,寻觅圣迹。战国时代的孟子来过,并对孔子宰中都的政绩予以高度评价;西汉司马迁十分向往孔子宰中都的地方,欲“观孔子之遗风”，于是来到汶上实地考察，写下了《史记·孔子世家》，概括孔子在中都的政绩。还有唐代大书法家颜真卿、大画家吴道子、大诗人李白，北宋真宗皇帝赵恒，南宋右丞相文天祥，明代永乐皇帝朱棣、大学士杨士奇，清代康熙、乾隆二帝及尚书兼文学家王世贞等，都来拜访过圣人宰中都的遗迹，并在汶上留下了诗文书画等宝贵遗产。

司　空

孔子宰中都时，仅用一年的时间便做出了卓越政绩，因此，很快被鲁定公提拔到国都任职。《孔子家语·相鲁》记载：

> 于是二年，定公以为司空。乃别五土之性，而物各得其所生之宜，咸得厥所。
>
> 先时，季氏葬昭公于墓道之南。孔子沟而合诸墓焉。谓季桓子曰：“贬君以彰己罪，非礼也。今合之，所以掩夫子之不臣。”

所谓司空，就是主管水土管理、工程建设、制造及手工业的官。孔子做了司空之后，能够辨别山林、川泽、丘陵、高地、沼泽五类土地的习性，各种作物都被种植在适宜的环境里并得到了很好的生长。可以说，孔子是一位精通农业种植的专家。这与他少年的经历有关，他说：“吾少也贱，故多能鄙事。”“吾不试，故艺。”（《论语·子罕》）更为重要的是，孔子做中都宰时，能够深入实际调研，积累了关于不同地形地势适宜种植什么作物的丰富经验。

孔子在司空任上,还做了一件大事——“沟而合诸墓”。“先时,季氏葬昭公于墓道之南。”季氏,指季平子。因斗鸡之变,鲁昭公二十五年,昭公讨伐季平子失败,流亡于晋,死于晋地乾侯。季平子把其葬于鲁先君陵寝墓道以南,不使其与先君葬于同一墓域,这是一种贬斥行为,也是一种“非礼”行为。因为中都是鲁国国君陵墓所在地,而孔子做过中都宰,所以,对于这件事,孔子一定是铭记在心的。只是,这么大的事,当时他还没有条件做。但当他当了主管工程方面的司空之后,就有条件去做了。孔子告诉季桓子(季平子之子)“合之,所以掩夫子之不臣”,这件事就做成了。这体现了孔子“为国以礼”的指导思想。

大司寇

因为孔子任职司空期间做得也很好,所以得到了进一步提拔。《孔子家语·相鲁》记载:

> 由司空为鲁大司寇,设法而不用,无奸民。

所谓大司寇,就是主管刑狱的官,为六卿之一。“设法而不用,无奸民”,达到了孔子所说的“听讼,吾犹人也,必也使无讼乎”(《论语·颜渊》)的境界。《淮南子·泰族训》记载:“孔子为鲁司寇,道不拾遗,市贾不豫贾,田渔皆让长,而斑白不戴负,非法之所能致也。”孔子之所以能取得“非法之所能致”的结果,就是因为采取了“先教后诛”的治理策略。这里有一个“父子讼”案例：

> 孔子为鲁大司寇，有父子讼者，夫子同狴执之，三月不别。其父请止，夫子赦之焉。季孙闻之不悦，曰：“司寇欺余。曩告余曰：‘国家必先以孝。’余今戮一不孝以教民孝，不亦可乎？而又赦，何哉？”
>
> 冉有以告孔子，子喟然叹曰：“呜呼！上失其道而杀其下，非理也。不教以孝而听其狱，是杀不辜。三军大败，不可斩也。狱犴不治，不可刑也。何者？上教之不行，罪不在民故也。夫慢令谨诛，贼也；征敛无时，暴也；不试责成，虐也。政无此三者，然后刑可即也。”(《孔子家语·始诛》)

一对父子有了矛盾，向孔子提起诉讼，而孔子什么也没有说，先把他们父子俩关在一个牢房里，三个月不予审理。终于，当父亲的提出撤诉了，孔子就把他们赦免了。但这引起了季孙氏的不满，孔子听说后向其说明了“不教以孝而听其狱，是杀不辜”的道理。也有学者认为“同狴执之，三月不别”是一种拘禁，是当时西周时期的一种刑罚。这里的关键是孔子把父子俩关在同一牢房里住了三个月。对于他们父子来说，这三个月应该是不平凡的三个月。可以想见的是，也许他们经历了一个由互不相让、自我辩解到互相理解、逐渐释然乃至最后父子俩幡然悔悟、抱头痛哭而父子亲情终于战胜计较相争的思想斗争过程。这才有了“其父请止”的结果。孔子的高明之处就在于先给了他们一个自我教育的机会，争取到了一个最好的结果，因为，如果进行诉讼审理，无论哪一方诉讼赢了，受伤害的必定是他们的父子亲情。从这个意义上说，这场官司没有赢家。当今社会，一些亲人之间的诉讼案例就证明了这一点。

不仅如此，孔子还具有民主办案的自觉意识：

> 孔子为鲁司寇，断狱讼，皆进众议者而问之，曰："子以为奚若？某以为何若？"皆曰云云，如是，然后夫子曰："当从某子，几是。"（《孔子家语·好生》）

寥寥数语，一位具有民主作风、善于征求众人意见的法官形象就跃然纸上了。距今2500多年前的大司寇——孔子，真是可亲可敬、可赞可叹！

同时，孔子的司法思想也很先进：

> 孔子曰："大司寇正刑明辟以察狱，狱必三讯焉。有指无简，则不听也；附从轻，赦从重；疑狱则泛与众共之，疑则赦之，皆以小大之比成也。"（《孔子家语·刑政》）

孔子说："大司寇的职责是正定刑法辨明法令来审理案件，审案时必须听取群臣、群吏和万民的意见。有人指证但不能确定事实的，就不治罪。依法量刑时，可轻可重的从轻；如果赦免，原判较重的先赦。疑案则要广泛地向大众征求意见共同解决，如果还有疑问无法裁决，就要赦免他。"由此可见，孔子审案是非常慎重的，既体现了仁者爱人的司法思想，又注重了程序上的严格和公正。这对于促进今天的司法公正，防止冤假错案，也具有重要的借鉴意义。

除了审理案件，孔子还经常参与国家的祭祀活动。

> 孔子为鲁司寇，与于蜡。既宾事毕，乃出游于观之上，喟然而叹。
>
> 言偃侍，曰："夫子何叹也？"
>
> 孔子曰："昔大道之行，与三代之英，吾未之逮也，而有记焉。大道之行，天下为公，选贤与能，讲信修睦。故人不独亲其亲，不独子其子，老有所终，壮有所用，矜寡孤疾，皆有所养。货恶其弃于地，不必藏于己；力恶其不出于身，不必为人。是以奸谋闭而不兴，盗窃乱贼不作，故外户而不闭。谓之大同。今大道既隐，天下为家，各亲其亲，各子其子，货则为己，力则为人。大人世及以为常，城郭沟池以为固。禹汤文武，成王周公，由此而选，未有不谨于礼。礼之所兴，与天地并。如有不由礼而在位者，则以为殃。"（《孔子家语·礼运》）

孔子在任鲁国司寇时，曾参与蜡祭典礼。所谓蜡祭，指周代时于十二月合祭百神。宾客走了以后，他去到高台上观览，感慨地叹了口气。弟子言偃跟在孔子身边，问道："老师为什么叹气呢？"孔子便表达了对大同、小康社会的向往。孔子祖述尧舜，宪章文武，经常表达对他们的仰慕之情，一直以他们为榜样，并时刻准备着要"复兴"他们那时的美好社会秩序。大同、小康社会作为孔子追求的社会理想，魂牵梦绕在他的心目中，只要一有机会，他便禁不住要"试验"一下。他初仕中都宰，"一年，四方皆则之"，中都就是他的一块“试验基地”，他要以此来治理天下。虽然，孔子的目标没有实现，但“大同、小康”的美好社会理想，已经深深地刻在了民族意识中，成为中华民族的“初心”。

更值得大书特书的是，孔子在任大司寇期间，做了两件“惊天动地”的大事，即“外御强侮，内削强权”。

一是外御强侮取得了重大胜利：

> 定公十年春，及齐平。夏，齐大夫黎鉏言于景公曰：“鲁用孔丘，其势危齐。”乃使使告鲁为好会，会于夹谷。鲁定公且以乘车好往。孔子摄相事，曰：“臣闻有文事者必有武备，有武事者必有文备。古者诸侯出疆，必具官以从。请具左右司马。”定公曰：“诺。”具左右司马。会齐侯夹谷，为坛位，土阶三等，以会遇之礼相见，揖让而登。献酬之礼毕，齐有司趋而进曰：“请奏四方之乐。”景公曰：“诺。”于是旍旄羽袚矛戟剑拨鼓噪而至。孔子趋而进，历阶而登，不尽一等，举袂而言曰：“吾两君为好会，夷狄之乐何为于此！请命有司！”有司却之，不去，则左右视晏子与景公。景公心怍，麾而去之。有顷，齐有司趋而进曰：“请奏宫中之乐。”景公曰：“诺。”优倡侏儒为戏而前。孔子趋而进，历阶而登，不尽一等，曰：“匹夫而营惑诸侯者罪当诛！请命有司！”有司加法焉，手足异处。景公惧而动，知义不若，归而大恐，告其群臣曰：“鲁以君子之道辅其君，而子独以夷狄之道教寡人，使得罪于鲁君，为之奈何？”有司进对曰：“君子有过则谢以质，小人有过则谢以文。君若悼之，则谢以质。”于是齐侯乃归所侵鲁之郓、汶阳、龟阴之田以谢过。（《史

记·孔子世家》)

这便是著名的齐鲁夹谷之会。当时齐强鲁弱,齐国想欺负鲁国,进行外交讹诈。齐国君臣认为,作为鲁国代理司仪的孔子只不过是胆小如鼠的一介书生,禁不住吓唬。但出乎他们意料的是,孔子早就做好了准备——“有文事者必有武备,有武事者必有文备”。有备方能无患,孔子义正辞严、机智勇敢地挫败了齐国的阴谋,斥责了齐国武人演奏夷狄之乐,诛杀了演奏宫中之乐的优倡侏儒,更为重要的是要回了鲁国被齐国侵占的土地,弄得齐国君臣威风扫地、颜面尽失。孔子大义凛然,临危不惧,坚定捍卫了鲁国的尊严。

二是内削强权,沉重地打击了“三桓”势力:

定公十三年夏,孔子言于定公曰:“臣无藏甲,大夫毋百雉之城。”使仲由为季氏宰,将堕三都。于是叔孙氏先堕郈。季氏将堕费,公山不狃、叔孙辄率费人袭鲁。公与三子入于季氏之宫,登武子之台。费人攻之,弗克,入及公侧。孔子命申句须、乐颀下伐之,费人北。国人追之,败诸姑蔑。二子奔齐,遂堕费。将堕成,公敛处父谓孟孙曰:“堕成,齐人必至于北门。且成,孟氏之保鄣,无成是无孟氏也。我将弗堕。”十二月,公围成,弗克。(《史记·孔子世家》)

当时,鲁国由三桓(鲁国卿大夫孟孙氏、叔孙氏和季孙氏)把持朝政,鲁国公室衰弱,国君成为傀儡。“三都”指季孙氏的费邑、叔孙氏的郈邑、孟孙氏的成邑,它们超过了国都,不符合制度,所以孔子向鲁定公建议堕三都。叔孙氏、季孙氏因与家臣之间有矛盾，所以赞成；孟孙氏曾是孔子的学生，起初也不反对。叔孙氏堕郈邑很顺利，但是，季孙氏将堕费邑时却遇到了公山不狃、叔孙辄的反抗，孔子指挥申句须、乐颀打败了他们，才得以堕费邑。然而，孟孙氏被家臣公敛处父煽动，又反对堕成邑，鲁定公围之不克，孔子的堕三都计划也随之失败。虽没有取得完全胜利，但是这一行动大大打击了三桓的势力，加强了鲁国公室的地位，表现了孔子不畏权贵、敢于担当的非凡气魄。

关于内政外交的这两件大事、难事，充分表现了孔子敢于面对、勇于担当的精神品质，也使孔子作为政治家的威望如日中天，使齐国君臣意识到，他们遇到了一个“真正的对手”。

摄相事

孔子任大司寇时，还兼任了摄相事的职务：

> 孔子为鲁司寇，摄行相事，有喜色。仲由问曰：“由闻君子祸至不惧，福至不喜。今夫子得位而喜，何也？”孔子曰：“然，有是言也。不曰‘乐以贵下人’乎？”（《孔子家语·始诛》）

所谓摄相事，即为代理宰执。宰执，相当于后世宰相。孔子在摄相事期间，治理国政也是出手不凡：

> 与闻国政三月，粥羔豚者弗饰贾；男女行者别于涂；涂不

拾遗；四方之客至乎邑者不求有司，皆予之以归。（《史记·孔子世家》）

孔子开始代理国政后，在短短的三个月里，就治理得很好。卖牛羊的不多要价，男女行者别于途，路不拾遗；四方宾客来到后不用去找有关部门，就被招待得很好，有宾至如归的感觉。在这里，我们仿佛看到了孔子治下的中都那种“夜不闭户、路不拾遗”的局面在整个鲁国的再现。由此可见，孔子说治理中都的办法不但可以治理鲁国，甚至可以治理天下，这绝非虚言。孔子为什么能成为“历代帝王之师”？因为孔子自己就是一位伟大的政治家而且深谙治国之道！

在摄相事期间，孔子还做了一件颇具争议的事：

于是朝政七日而诛乱政大夫少正卯，戮之于两观之下，尸于朝三日。

子贡进曰：“夫少正卯，鲁之闻人也，今夫子为政而始诛之，或者为失乎？”

孔子曰：“居，吾语汝以其故。天下有大恶者五，而窃盗不与焉。一曰心逆而险，二曰行僻而坚，三曰言伪而辩，四曰记丑而博，五曰顺非而泽。此五者，有一于人，则不免君子之诛。而少正卯皆兼有之：其居处足以撮徒成党，其谈说足以饰邪荣众，其强御足以反是独立。此乃人之奸雄者也，不可以不除。夫殷汤诛尹谐、文王诛潘正、周公诛管蔡、太公诛华士、管仲诛付乙、子产诛史何，凡此七子皆异世而同诛者，以七子异世而

同恶,故不可赦也。诗云:'忧心悄悄,愠于群小。'小人成群,斯足忧矣。"(《孔子家语·始诛》)

关于孔子诛少正卯之事,有人认为是"圣人治奸",有人认为是孔子"公报私仇"(《论衡·讲瑞》:少正卯在鲁,与孔子并。孔子之门,三盈三虚,唯颜渊不去,颜渊独知孔子圣也)。这一问题的关键在于对上述引文中第一段话的理解。有学者认为,"诛"即惩罚、讨伐,"戮"指羞辱,"尸"指代祭的人。这段话的意思是:孔子当政七天便谴责扰乱政务、蛊惑人心的大夫少正卯,在宫门前批判他,并让他在公众面前示众三天,让大家认清他的真实面目。其实,孔子提倡为政以德、为国以礼,并非反对使用刑法,而是主张德主刑辅、礼法合治、礼在法前。对于子贡的质疑,孔子详细解释了这样做的理由。孔子主张为政要宽猛相济,而面对鲁国当时的局势,孔子认为不"猛"不足以为治,故而采取了此蕃做法。这正表现了孔子勇于担当的精神品格。

国　老

孔子治理鲁国短短几个月就取得了显著成效,齐国很快也听说了此事。他们生怕孔子长期执政下去,会使鲁国变强大而齐国受到威胁,于是他们打起了歪主意:

齐人闻而惧,曰:"孔子为官必霸,霸则吾地近焉,我之为先并矣。盍致地焉?"黎鉏曰:"请先尝沮之;沮之而不可则致地，庸迟乎！”于是选齐国中女子好者八十人，皆衣文衣而舞康乐，文马三十驷，遗鲁君。陈女乐文马于鲁城南高门外，季桓子微服往观再三，将受，乃语鲁君为周道游，往观终日，怠于政事。子路曰：“夫子可以行矣。”孔子曰：“鲁今且郊，如致膰乎大夫，则吾犹可以止。”桓子卒受齐女乐，三日不听政；郊，又不致膰俎于大夫。孔子遂行，宿乎屯。而师己送，曰：“夫子则非罪。”孔子曰：“吾歌可夫？”歌曰：“彼妇之口，可以出走；彼妇之谒，可以死败。盖优哉游哉，维以卒岁！”师己反，桓子曰：“孔子亦何言？”师己以实告。桓子喟然叹曰：“夫子罪我以群婢故也夫！”（《史记·孔子世家》）

齐国准备了80名好女、120匹好马，以此为“武器”进攻鲁国，没想到鲁国竟然真的中了齐国的“糖衣炮弹”！可见鲁国国君昏庸到了何种地步！孔子受到冷落和排挤，不得不离开鲁国，开始了长达14年的周游列国的生活。

鲁哀公十一年（公元前484年），季康子派人迎孔子归鲁。此时的孔子，已经是68岁的老人了。孔子回到鲁国后，虽未做官，但仍然时刻关心着政事：

冉子退朝。子曰：“何晏也？”对曰：“有政。”子曰：“其事也。如有政，虽不吾以，吾其与闻之。”（《论语·子路》）

有时候，遇到国内外的大事，孔子仍然坚持按照礼制进言，明知不可为而为之：

陈成子弑简公。孔子沐浴而朝，告于哀公曰："陈恒弑其君，请讨之。"公曰："告夫三子！"孔子曰："以吾从大夫之后，不敢不告也。君曰'告夫三子'者！"之三子告，不可。孔子曰："以吾从大夫之后，不敢不告也。"（《论语·宪问》）

更多的时候，孔子是用自己的言行教导做官的弟子：

季康子欲以一井田出法赋焉，使访孔子。子曰："丘弗识也。"冉有三发，卒曰："子为国老，待子而行，若之何子之不言？"孔子不对，而私于冉有曰："求，汝来。汝弗闻乎，先王制土，藉田以力，而底其远近；赋里以入，而量其无有；任力以夫，而议其老幼。于是鳏、寡、孤、疾、老者，军旅之出则征之，无则已。……君子之行，必度于礼，施取其厚，事举其中，敛从其薄。若是其已，丘亦足矣。不度于礼，而贪冒无厌，则虽赋田，将有不足。且季孙若以行之而取法，则有周公之典在。若欲犯法，则苟行之，又何访焉？"（《孔子家语·正论解》）

"用田赋"就是"案田而赋"，以亩的单位代替户的单位。"初税亩"始于公元前594年，即春秋时期鲁宣公十五年。孔子认为，"初税亩，非礼也"。因为这意味着农民既要无偿耕种公田，提供劳役地租，又要把自己"私田"收成的十分之一作为实物税上缴，相当于承担了双份土地税。这是与孔子的富民思想相违背的：

哀公问政于孔子。孔子对曰:"政之急者,莫大乎使民富且寿也。"公曰:"为之奈何?"孔子曰:"省力役,薄赋敛,则民富矣;敦礼教,远罪疾,则民寿矣。"公曰:"寡人欲行夫子之言,恐吾国贫矣。"孔子曰:"《诗》云:'恺悌君子,民之父母。'未有子富而父母贫者也。"(《孔子家语·贤君》)

因此,孔子对于作为季氏家臣而又助其敛财的冉求就不能不表示十分的失望和生气了:

季氏富于周公,而求也为之聚敛而附益之。子曰:"非吾徒也。小子鸣鼓而攻之,可也。"(《论语·先进》)

要和冉求断绝师徒关系,这大概是孔子对学生最严厉的批评了。由此可见,晚年的孔子仍然坚持着自己仁政爱民的政治理想。

后 记

经过断断续续地阅读、思考和写作，终于为这本小书画上了最后一个句号。虽然，它仍然显得那样稚气未脱，但同样带给我初为人母似的喜悦。因为，毕竟它是我的第一本小书，就像我的第一个孩子。

读书、教学、写作是我生活的三大要素，也是我真心喜欢和追求的生活方式。只不过，三者之中，读书和教学几乎占了我人生的全部。现在，为什么忽然想起要写一本书呢？因为它是我从小就开始萌生、一直萦绕在心头、至今挥之不去的梦想。人生苦短，猛然回首，自己已届天命之年，好像突然感觉到人生的急迫，再也禁不起浪掷光阴了。我心想，是时候做点自己想做的事情了，于是想起了写一本书。

当时，正好在读《论语》。《论语》是孔子师徒之间的谈话记录，一问一答，一言一语，看似简单而又极其深刻。我被《论语》折服了，我震撼于孔子的智慧，震撼于我们祖先的伟大。许多时候，我都觉得孔子是在面对我们这个世界侃侃而谈，我们就是他的学生。

孔子谈论的核心是什么？他最想告诉他的弟子和世人的是什

么？是他的“道”。而这个“道”的核心又是什么？是如何治理好当时已经失序的天下，孔子谈仁，谈义，谈孝，谈悌，谈忠，谈信……都是为了治理好国家、治理好天下。这就是孔子的人生理想——我这样阅读和思考着。

后来，随着阅读范围的逐步扩大，我越发认识到先圣先贤们谈论的一个重要话题就是如何治国理政。儒家谈“仁政”，法家谈“法治”，道家谈“无为”，墨家谈“兼爱”……虽然“道”不同，但“殊途而同归，一致而百虑”，其目的都是为了治理好天下！

我决定从最主张经世致用的儒家入手，从孔子入手，聚焦于“领导力”问题，写一本小书，算是向自己、向时代交出的一份作业吧。至于成绩如何，我心中却是忐忑的。

这本小书的写作是孤独的，因为我生活在一个经济不算发达的小县城，我感到最大的困难是独学而无友、孤陋而寡闻。但同时，我要感谢这个生我养我的地方，因为它是一个名副其实的文化大县——它是孔子做中都宰的地方，也是瘗藏佛牙的佛教圣地，还是大运河文化科技创新的制高点南旺分水枢纽工程的所在地。正是这种丰富多彩的文化背景给予我学习文化、研究文化的氛围和信心。我更要感谢这个时代。这是一个充满梦想的时代，在中国梦的巨大感召力之下，每个人都有拥有梦想、追逐梦想、实现梦想的权力——不管是多么微末的人，也不管是多么微末的梦。总之，有梦就好，生活就有意义，有色彩，有奔头。这个时代不仅给了我梦想，还给了我实现梦想的便利：有那么多人译注了那么多的经典，他们都是我素未谋面的良师益友；而互联网又使我只要敲敲键盘就能买到几乎所有想买的书！这在多大程度上弥补了乡间闭塞的缺憾，只有身临其境的人才知道。

最让我感动的是我的老师，济宁学院儒学与地域文化研究传播中心副主任、孔子研究院特聘研究员刘振佳教授。他对本书的写作与修改都提出了极具针对性的意见；不但如此，还在百忙之中为我这本小书写了热情洋溢、充满鼓励的序言。刘教授关爱后生、奖掖后学的高风亮节令我没齿难忘。尤其让我感到意外惊喜的是，在刘教授的热情引荐之下，这本小书有幸得到了知名书法家、济宁市书法家协会副主席兼秘书长、山东省书法家协会理事、中国书法家协会会员、山东济宁学院美术系教授乌峰先生的书名题字。这为这本小书平添了多少光辉！我还要感谢齐鲁书社的贺伟先生，没有他的支持和指导、智慧和经验、辛勤和付出，就没有现在这本小书梓行面世的机会和成绩。最后，我要把这本小书献给我的家人，没有他们的理解和支持，我是很难奢谈什么“梦想”的。

孔子的思想博大精深，影响历久弥新。由于本人学识浅陋，再加上所处乡间的条件所限，书虽小而错误疏漏一定不少，敬请方家不吝赐教。

图书在版编目(CIP)数据

半部《论语》治天下：孔子谈领导力／李曰春著.
-- 济南：齐鲁书社,2018. 1
ISBN 978-7-5333-3900-5

Ⅰ. ①半…　Ⅱ. ①李…　Ⅲ. ①儒家—哲学思想—应用—领导学　Ⅳ. ①C933

中国版本图书馆 CIP 数据核字(2017)第 326856 号

半部《论语》治天下——孔子谈领导力
BANBU LUNYU ZHI TIANXIA
李曰春　著

主管单位	山东出版传媒股份有限公司
出版发行	齊魯書社
社　　址	济南市英雄山路 189 号
邮　　编	250002
网　　址	www. qlss. com. cn
电子邮箱	qilupress@ 126. com
营销中心	(0531)82098521　82098519
印　　刷	日照日报印务中心
开　　本	880mm × 1230mm　1/32
印　　张	10. 75
插　　页	2
字　　数	199 千
版　　次	2018 年 1 月第 1 版
印　　次	2018 年 1 月第 1 次印刷
印　　数	1—2000
标准书号	ISBN 978 - 7 - 5333 - 3900 - 5
定　　价	**35. 00 元**